女孩
成长百科全书

[英]朱莉安娜·福斯特 等著　王怡康 等译

GUANGXI NORMAL UNIVERSITY PRESS
广西师范大学出版社
·桂林·

NÜHAI CHENGZHANG BAIKE QUANSHU
女孩成长百科全书

出版统筹：汤文辉　　　　　　责任编辑：戚　浩
品牌总监：张少敏　　　　　　助理编辑：纪平平
选题策划：李茂军　戚　浩　　美术编辑：刘淑媛
营销编辑：欧阳蔚文　　　　　责任技编：郭　鹏

图书在版编目（CIP）数据

女孩成长百科全书 /（英）朱莉安娜•福斯特等著 ; 王怡康等译. -- 桂林 : 广西师范大学出版社，2024.6
ISBN 978-7-5598-7061-2

Ⅰ. ①女… Ⅱ. ①朱… ②王… Ⅲ. ①男生一青少年教育 Ⅳ. ①G775

中国国家版本馆 CIP 数据核字（2024）第 112188 号

广西师范大学出版社出版发行
（广西桂林市五里店路 9 号　邮政编码：541004
网址：http://www.bbtpress.com）
出版人：黄轩庄
全国新华书店经销
北京博海升彩色印刷有限公司印刷
（北京市通州区金桥科技产业基地环宇路 6 号　邮政编码：100076）
开本：720 mm × 1 010 mm　1/16
印张：19.5　　　　字数：337 千
2024 年 6 月第 1 版　　2024 年 6 月第 1 次印刷
定价：118.00 元

女孩成长必修课

强大女孩更可爱

巧手女孩心更灵

珍贵友谊要维护

魅力女孩懂这些

女孩必须有秘密

女孩成长必修课

如何在15分钟内整理好房间

你的卧室可能看起来就像要开始进行杂货拍卖的样子，但你可以在 15 分钟内就让它变得整洁亮丽。当你发现自己可以在 15 分钟内就取得这样的效果时，你可能会下定决心要将卧室打理得井井有条……

在你开始整理卧室之前

播放一些你最喜爱的音乐吧。如果歌曲具有很强的节奏感，你可以跟着哼唱一番，这样整理房间的工作就显得有趣多啦。

拿几个垃圾袋、一个托盘和几只空箱子。你还需要准备一块湿布和一个真空吸尘器。将窗帘拉开，窗户打开，让新鲜空气进入室内。

从这里开始整理吧

为什么不试着让某个人给你计时呢？

倒计时 15 分钟。将房间里四处散落的衣服放到一起，将它们一一归类。将脏衣服放进洗衣袋里，再将洗衣袋从房间里移出去。将剩余的衣服收进衣柜和抽屉里，关紧衣柜和抽屉。

倒计时 12 分钟。将不属于你的房间的东西收集起来（诸如你吃剩的脏盘子之类的物品），将它们放在托盘里。将托盘放到你的房间外面，稍后再给它们一一分类。

倒计时 11 分钟。将地板上和任何可见的表面上的垃圾收集在一起，将它们全部都倒进垃圾袋里。你也可以将垃圾进行分类，以便稍后进行回收处理。把垃圾袋从房间里拎出去。

倒计时 9 分钟。花 1 分钟的时间将所有散落的小饰品、文具和毛绒玩具放回原处。在规定的时间内尽可能多地完成任务。

倒计时 8 分钟。花 1 分钟的时间将书籍和散落的纸张清理一番，堆叠整齐。再强调一次，在规定的时间内尽可能多地完成任务。

倒计时 7 分钟。今天没有足够的时间来将所有物品彻底归位或分类啦。将其余散落的物品收集在一起（诸如散落一地的照片、落单的袜子），再将它们倾倒进一个空箱子里。与把它们都塞到床下相比，这个方法要好得多。将它们放置在房间的角落里或桌子下面。把它们聚集在一起会激励你去处理。

倒计时 5 分钟。拿一块湿布，将房间里布满灰尘的表面擦净。

倒计时 3 分钟。整理你的床铺，将被子叠好，枕头摆正。

倒计时 2 分钟。用真空吸尘器清理地板。首先清理地板的主要区域，如果还有剩余时间的话，将地板的角落等边缘区域也清理干净。

时间到！很好，你做得太棒啦。现在，要不要清理一下客厅呢?

如何做个功课出色的好学生

聪明女生总有功课出色的秘诀。看看下面这些小贴士，记住要做什么、不要做什么，争取下个月也成为班里的尖子生。

要吃益脑食品，如鱼、蛋类、沙拉、奶酪及豆类。早晨要吃得有营养，可以给身体提供充足的能量，让大脑高速运转。

不要一边看电视一边做作业，做作业时周围一定要安静，这样才能集中注意力。一放学就做作业，这样当天学习的知识才能记得更清楚。

要调查研究。如果你对某个课题尤为感兴趣，那就在课后做一些调查研究。比如，如果你喜欢外太空，那就去图书馆找些天文学方面的书，报纸上关于行星的知识也可以剪下来。

不要早晨才收拾书包，这样容易落下需要的东西。要在头一天晚上就把第二天需要的东西准备好。井井有条才会开启顺利的一天，这样的话，到学校也会很早，自然就有充分的时间让自己平静下来，为这一天的学习做好准备。

一定要让朋友或家人帮自己测试一下学过的知识。这样更容易记住所学内容，并清楚地意识到不懂之处，以便查漏补缺。

如何训练你的大脑

你可能不是最擅长解数学题或知道世界上所有国家首都的人，但你可能是家庭里或学校里最具有创造力的人。尽最大努力发掘你的这项潜能吧。

挑战回形针

除了将纸张夹在一起外，你还可以用回形针做更多的事情。花 2 分钟的时间，按自己的喜好，充分发挥自己的创造力，将你能想到的回形针的用途写下来。

当 2 分钟结束时，数一数你写下了多少种用途。

4 种是人们提出的回形针用途的平均数目。

提出回形针的 8 种用途的人很多。

提出回形针的 12 种用途的人很少。

16 种用途，只有千分之一的人能想到回形针有这么多种用途。

为什么不邀请你的朋友和家人一起尝试一番，看看谁是最具有创造力的人呢？

下面罗列了一些关于回形针用途的想法，可以给你一些启发。

◎ 做书签。

◎ 作为抽奖售货活动中最糟糕的奖品。

◎ 当作钓鱼钩。

◎ 将回形针串在一起制作成项链。

◎ 用来别住快要掉下来的裙子。

◎ 用来清理堵塞的卷笔刀。

◎ 用来在图片上画小圆点。

◎ 当作坚果壳小船的船锚（详见“如何制作坚果壳小船”一节）。

◎ 作为洋娃娃的晾衣架。

◎ 作为手机取卡针。

如何在考试前复习功课

要在不受打扰的、安静的地方学习。有些人发现播放一些背景音乐有助于他们集中注意力，但要把电视机关上。

不要拖延。在考试到来之前，画一张时间表并坚持按照时间表来复习。将你需要复习的功课列一张清单，合理分配你的时间。清单上要包括吃正餐的休息时间，还要抽空到室外呼吸新鲜空气并做做运动。

不要在集中复习一门功课期间转换功课，这样做只会让你的效率变低。

参照你做的课堂笔记来制作复习笔记，但不要仅仅将你的课堂笔记抄写下来。将重点提炼出来，并用不同颜色的笔标出来。

将你需要记住的知识点和数字写在可以随身携带的“记忆卡片”上。只要你有 5 分钟的空闲时间，就将它们复习一遍吧。

如果你遇到不理解的内容，将它用笔记录下来，询问老师，再复习一遍。

在每个复习阶段结束后，请你的朋友或父母帮你测试你是否记住了那些重要的知识点。

最重要的是——不要因为即将到来的考试惊慌失措。如果你感觉有压力，可以找人谈谈心。提醒自己，哪怕你在考试中失败了，世界也不会毁灭。你只需全力以赴，就会得到更好的结果。

如何提高记忆力

提高记忆力的最佳方法就是锻炼你的大脑。试着每天做一些猜谜游戏，有的报纸上会有“每日猜谜”的板块，你也可以购买猜谜书。

学习一项技能也是锻炼大脑的好方法。试着学习某种新技能，诸如如何演奏乐器或者如何编织。

提高你的观察能力。请你的朋友从房屋周围收集 15 件小物品，将它们放在托盘里，端到你面前。一种方法是，观察眼前的物品 30 秒，然后起身离开，试着用笔写下你记得的所有物品。另一种方法是，在你用手覆盖住双眼的同时，让你的朋友移走其中一件物品，然后睁眼观察哪件物品从托盘中消失了。

记住事情最简单的方法之一就是重复。你练习的次数越多，你记住东西的速度就越快。试着每个星期都学习一首新诗吧。大声朗读几次，直到你可以背诵出来为止。

作为记忆工具的一种，记忆术也是一个十分便捷的方法。记忆术的诀窍在于，你要试着将你需要记住的信息和简单的句子联系在一起。韵律对于记忆也大有帮助。下面这首韵律诗可以帮助你记住每个月到底有多少天。

一三五七八十腊（十二月），
三十一天永不差；
四六九冬（十一月）三十整，
二月特殊不可忘；
平年二月二十八，
闰年二月把一加。

如何成为拼写高手

英语单词拼写十分困难，因为它不是遵循一套简单的规则（好吧，并不总是这样）。你电脑上的“拼写检查助手”并不能在考试或拼写测验中帮助你什么。想要成为一名出色的拼写者并没有什么捷径可走，但下面提出了一些重要的建议。

◎ 尽可能增加阅读量——图书、报纸、杂志等，任何你可以接触到的资源。注意页面上单词的“形状”，这样你就能意识到它们有没有写错啦。如果你遇到了以前从未见过的单词，试着将它记住。遵循“看、思考、盖住、写下、检查”这个程序：看着单词并对它进行思考，接着将它盖住，看看你是否可以凭着记忆将它写下来，接着再检查你写下的单词是否正确。

◎ 玩单词游戏是提高你的拼写水平的有效方法之一。你可以试着玩一些诸如猜字（首字母缩写的）游戏、填字游戏以及找词游戏（从排在格子里的字母中找出隐藏于其中的词）等。

◎ 拼写往往有规律，但你也要记住例外的情况，每条规律总是有例外的情况发生的——例外的情况包括单词 neighbour（邻居）、height（高度）、weird（怪异的）。

◎ 如果你总是将某些单词拼写错误，为什么不试着寻找有助于记忆的方法来帮助你拼写单词呢？举个例子，“单词 separate（分开）中有 a rat（一只老鼠）”。

如何了解自己的感受

学会了解自己的感受是成长的重要组成部分。你越清楚自己为什么会有某种感受，就越能轻松自如地做真实的自己。下面这些莫名其妙的感受，你有没有？弄清楚为什么会有如此种种感受之后，赶紧寻找解决方案吧。

场景 1：过去一个星期我都和闺蜜在一起，可是，这个星期她突然不理我了，一直跟另一个朋友形影不离。我感到很生气！

为什么会生气？如果朋友忽视你，和别人形影不离，这很可能会让你心生嫉妒，感觉受到了伤害。生气也是感觉失望的一个正常反应。

解决方案：和朋友开门见山，谈谈她的行为。问问她你是否做错了什么事，而自己没意识到。如果她没有任何回应，依然我行我素，并不顾及你的感受，那说明她一开始就不是你真正的朋友。

场景 2：我希望自己也能像学校里那群漂亮女生一样，酷劲十足。即使和她们穿着同样的衣服，我也没有她们好看。我真的想和她们一样。

为什么会羡慕他人？或许你以为自己要是像某人那样，一切问题就都迎刃而解了。有这样的想法很正常，可是，你错了！

解决方案：要接纳自己的独特之处，勇敢尝试与众不同的风格。和别人趋同不是酷，只是一种顺从的姿态。最酷的还是做自己。

场景 3：我真的很擅长表演，而且喜欢成为大家关注的焦点。可是，最近我发现戏剧俱乐部的人都不愿意和我搭档，这是怎么回事？

为什么感觉被冷落？如果你总想占据焦点的位置，时间长了，其他人可能会很烦、很沮丧，自然就不愿意和你一起工作了。

解决方案：在某方面有兴趣、有天赋当然很好，但是，也要保证同一组的其他人有机会参与其中。在一个团队中，每一个人都应该有机会散发光芒。

如何保持自信

自信的女孩并非生来就充满自信，只不过是她们找到了相信自己能行的方法而已。下面就是让你充满自信的 5 条小秘诀。

秘诀 1：敢于表现出自己的不同之处。不要害怕与他人不同。自信的女孩当然知道，做自己才是最酷的！

秘诀 2：走路时一定要挺胸，抬头，充满自信，和别人对视时要大大方方。

秘诀 3：寻找真正懂你、喜欢你的朋友。如果朋友相信你，你也会相信自己的！

秘诀 4：真实。如果处处假装，就很难保持自信。做真正的自己就很好。

秘诀 5：微笑。即使感觉不开心，也要尽量微笑，这样的话，你就会自然地流露出自信。

如何让他人感觉舒适

如果和你相处感觉很放松，那大家肯定愿意花更多的时间和你为伴。学学下面几招，让他人因你而感到轻松自在吧。

要在意朋友的感受。如果朋友看上去郁郁寡欢，不怎么说话，那他很可能是心情不好，这时就不要喊他四处疯跑了。问问他是否愿意跟你诉说心里的问题。如果他不愿意，那就带他一起看一场喜剧电影，让他放松一下。

练习开放式的肢体语言。多用友好的肢体语言，会令他人备感舒适。比如，双手掌心向上摊开，以示自己诚实可靠。模仿对方的手部动作，也会让对方感觉你喜欢他。具体可以参考“如何解读肢体语言”一节，了解肢体语言背后的秘密信息。

使用对方的名字。在一句话讲完时加上对方的名字，可以让对方感觉你对他感兴趣，在乎他的感受。这也说明你在以一种直接、随意的方式与其聊天。当然，使用对方的名字也要适度，否则听上去会很怪！

如何打败坏心情

你是否有时感觉很郁闷？没关系，聪明的女生总是知道怎么在感觉郁闷时找回好心情。她们的秘密就在下面哦。

要吃些巧克力犒劳自己。巧克力可以提升体内血清素的水平，而血清素有助于使人感觉快乐。

不要经常吃垃圾食品。当然了，偶尔一次没关系，否则会影响身体健康，进

而影响心情。

要培养新的爱好。比如，参加戏剧小组或健身俱乐部，这样就会交到更多的朋友。

不要做“沙发土豆”。越是坐着不动，感觉就会越糟糕。和朋友一起到花园里走走，就会感觉精神焕发，有足够的信心面对一切了。

要保持积极乐观的心态。和朋友一起，相互写出自己喜欢对方的 5 个理由，看到朋友那么珍视你，一定会备受鼓舞。

如何缓解紧张情绪

很多事情都会引发紧张情绪，比如乘坐飞机、新学期第一天、看牙医、做演讲或考试等。下面这些练习有助于缓解紧张情绪，让你自信满满哦。

深呼吸

紧张的时候呼吸往往会很快，大量的氧气就会被输送到全身，头昏也就在所难免了。这个时候进行深呼吸，你就会马上平静下来，感觉一切尽在掌握之中了。

心里七上八下的时候，用鼻子慢慢吸气，然后用嘴慢慢呼气。默默数“1”，然后重复这一步骤，默默数“2”，一直数到“10”。如果中间记不清数到几了，就从头再来。

发挥想象力

在让你感到紧张的那件事到来的前一天，花点儿时间想象一下第二天的场景。如果是考试，那就想象着自己充满自信地走进考场，找到座位时很平静，打开试卷，发现第一题你会做，感觉很开心！考试的前一天，让这些场景在脑海中反复出现，感觉平静自信的画面每出现一次，到真正开始考试时你的感觉就会好十倍哦。

放松身体

感觉紧张时，全身肌肉往往都会紧绷。为避免出现这种情况，可以静静地在脑海中将全身各个部位想一遍，从脚趾慢慢往上，先绷紧，再放松。同时用缓慢平静的语调对自己说："放松脚趾，我的脚趾很舒服。"然后到下一部分："放松脚踝，我的脚踝很舒服。"依次往上。

小心，不要因为太过放松而睡着了哦。

如何做到彬彬有礼

彬彬有礼的女生在言行举止、待人接物方面都会给他人留下好印象。如何做到这一点呢？

将感谢的话写下来。如果有人送礼物给你，一定要记得写感谢卡或感谢信。详细写出你会怎么使用对方赠送的礼物、礼物对你多么有用，比如："感谢你送我颜料盒。我都等不及了，想立刻去度假，用它作画。"

感谢他人的热情好客。如果你去朋友家喝茶、吃饭或留宿，结束后千万不要悄悄地离开。一定要感谢对方父母的热情招待。

不要制造噪声污染。如果在图书馆或电影院，记得将手机调成静音模式，其他电子产品的音量也要调小。如果你和小伙伴在哈哈大笑时，有人让你稍微小点儿声，你一定要客客气气地道歉并改正。

餐桌礼仪铭记在心。满口食物的时候不要说话，不要粗鲁地越过别人的餐盘去取东西。一定记得感谢厨师为大家做了美味的餐食。

如何道歉

亲口承认自己做错了并不是一件容易的事。如果你想说“对不起”，不妨花点儿心思，以示自己是真心的。下面这些方法就不错。

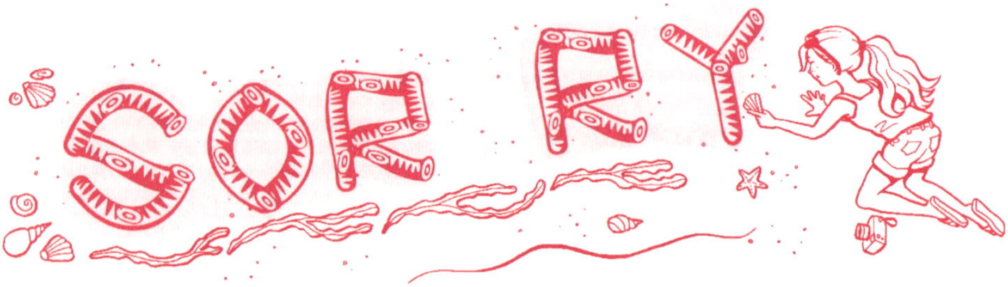

做海报。在 A3 大小的纸上用黑体字写出道歉的话。例如，“亲爱的爸爸，对不起！爱你的（此处加上自己的名字）”。将海报悬挂在爸爸可以看到的地方，比如，挂在自家门口，他出门上班时肯定会看到；挂在浴室镜子旁边，爸爸早晨刮胡子时也会看到。

大大的“SORRY”。用各种材料“写”出大大的“SORRY”。可以在草地上用小石子和小树枝，或者在海滩上用贝壳和海草摆出这几个字母；还可以充分利用厨房用具，如用餐具和牛奶瓶盖在餐桌上摆出“SORRY”字样。

小贴士：如果对方不在身边，可以将你的“作品”用手机拍下来，然后发给他。

如何与父母相处

想一想，除了好朋友，最了解你的或许就是父母了。他们会教你很多新知识，而且你会发现，如果你们能更好地了解彼此，他们就会给你更多的自由。看看下面几条建议，学会跟父母相处吧。

多向父母请教。所有的成年人都喜欢被他人认为是某方面的“专家”。因此，你可以抓住这一点，向父母多多学习，彼此的关系或许也会因此而拉近不少。

跟父母说说你的一天。如果你刚想好好歇歇，却被他们逮着问这问那，那确实挺烦。要避免这种情况，可以主动跟父母说说话，不必非得讨论什么特别的事情。比如，课间休息时你玩了什么新游戏、你特别喜欢班里的新项目等事情都可以，这样的话，父母就不会追着你问，你也就可以自由自在地做自己想做的事了。

弄明白父母的好恶。父母和你一样，也有自己喜欢的、讨厌的事情，也有他们的爱好。试着弄清楚他们最爱的音乐，说不定你还会因此而挖掘出一些怀旧乐队，和父母一样对他们的音乐百听不厌呢。这样你对父母就会有更多的了解，也会和他们相处得更为融洽。

如何才能理解妈妈

你很爱妈妈，即便如此，两个人也时常会误解对方。下面就是每个女生都应该了解的 5 条和妈妈相处的诀窍。

诀窍 1：妈妈都喜欢聊天。你不必把自己做的所有事情都一一汇报，只要让她更多地融入你的生活就好。跟她说说学校里的事，例如你和朋友相处得如何。

诀窍 2：妈妈也有心情不好的时候，这一点和你或者你的朋友没什么两样。如果妈妈心情不好，就给她一个拥抱，让她知道你多么爱她，多么在乎她的感受吧。

诀窍 3：妈妈提醒、交代你做的事，不要讨价还价。想一想她为什么要这么做。比如，如果她总是提醒你不要把毛巾胡乱丢在浴室里，要记得把毛巾捡起来挂好，每次用完毛巾就挂好，就不用频繁地清洗了。

诀窍 4：创造相互陪伴的机会。一起做饭、一起整理老照片、一起做园艺……你们在一起的时间越多，相处起来就会越舒适。

诀窍 5：听妈妈的建议。妈妈肯定从生活中积累了不少经验教训，这些对你会非常有用。如果你有什么烦心事，就跟妈妈说一说，她或许知道你应该怎么做。

如何听懂父母的话外音

你有没有过这样的感觉——父母总是用他们自己才能听得懂的暗语和你交流。如果想要明白他们真正的想法，就看看下面这些“翻译”，了解他们的话外音吧！

父母说：“学会自己洗衣服很重要。”

意思是：我有那么多事情要做，如果你能帮帮忙，肯定会好很多。

父母说：“我会考虑考虑的。”

意思是：不行。

父母说：“你介不介意给我泡杯茶呀？”

意思是：我工作了一周很辛苦，如果你可以照顾我一下，我会很高兴。

父母说：“你的数学作业我是不会帮忙的，自己独立完成很重要。”

意思是：我不帮你，是想让你独立完成。

父母说：“我们觉得下周周末你去陪陪爷爷奶奶会比较好。”

意思是：我们需要喘口气，你也该去看看爷爷奶奶了！

如何说服父母

是否想跟父母再要一些零花钱？是否想说服他们同意你在朋友家过夜？不管为了什么，如果想要说服他们，就看看下面这些妙招吧。

拍“马屁”屡试不爽。即使爸爸今天穿的是花衬衫，看上去就像 20 世纪 70 年代的风格，也要夸赞他酷极了。谁都喜欢听赞美的话。

做一星期模范女儿。一回家就写作业；吃完饭就立即收拾餐盘，然后全部洗干净……当然，这样的一周肯定不怎么有趣，可是，如果能让父母改变想法，达成你的愿望，就是值得的。

写一份报告。采用书面形式，详细列出父母“同意”和“不同意”你做的事情，说明你的理由，召开家庭会议，讨论你的报告。不要生气，也不要沮丧，讲清楚自己的情况即可。

如何绘制家谱图

给你的家庭绘制一张家谱图是一件十分美妙的事。可以请你的亲戚帮助你写出各位长辈的姓名，了解一些他们的相关信息。

写家谱的时候，最好是用倒叙的方式。

首先在一大张纸的最底端写上你自己的名字。

按照年龄排序。在和你的名字水平的线上写下你兄弟姐妹的名字，年龄最大的写在最左边，年龄最小的写在最右边。

用标尺在每一个名字上方画一条垂直的短线，将这些短线的顶端用一条长长的水平线连接在一起。从水平线中间向上画一条垂直线，将你的名字和你兄弟姐妹的名字连接起来。

在这条垂直线顶端，画一条短的水平线，形成“T”字形，并将你父亲的名字写在水平线的左端，将母亲的名字写在水平线的右端。

接下来，将你母亲的兄弟姐妹的名字写在她名字的右端，将你父亲的兄弟姐妹的名字写在他名字的左端。同样按照年龄排序，把最年长的长辈放在最左端，最年轻的长辈放在最右端。

用同样的方法，将父系兄弟姐妹的名字用水平线连接起来，再向上画一条垂直线，将他们的父母（你的祖父母）的名字连接起来。将母系兄弟姐妹的名字和他们的父母（你的外祖父母）的名字也做同样处理。

写下你祖父母和他们的兄弟姐妹的名字，将他们的名字和他们的父母（你的曾祖父母）的名字连接起来。

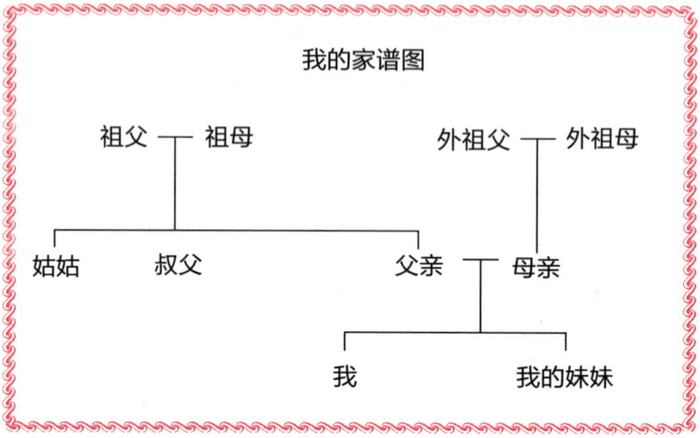

遵照同样的方法写下去，直到你将家谱追溯到谁都不记得的人为止。

小贴士：如果找得到的话，你可以将家谱图中一些人的出生日期添加上去，还有那些已经逝去的亲戚的出生和去世日期。

如何把新年计划进行到底

新的一年开始了，你决心改掉一些坏习惯、学习一些新技能，这是一件好事。可是，如果你的这些美好想法没有明确的计划，没有化为行动，就会半途而废，没有意义。怎么办？看看下面的建议，或许能帮助你把新年计划进行到底。

首先，计划不要太多。一下列出 10 条新年计划可不行。确定两三条自己真正想要实现的，然后做出更具体的行动计划，有助于自己把计划坚持到底。

切合实际，细化目标。如果你不弹吉他，那就不要扬言年底会成为乐队的吉他手。把新年计划拆分成更小的目标，分阶段坚持去做，更容易完成计划。

要积极正向的思维引导。把想改掉的坏习惯，用正向表达，不要以消极的方式写下来。例如，把“我再也不咬指甲了”改成“我要好好保护指甲”。

替他人着想。研究表明，如果你的计划能帮到他人，让他人受益，你就更容易坚持下去。比如，计划花更多的时间陪妈妈，有利于增进你和妈妈的感情，妈妈也会很受用，这种好的结果会促使你更有动力去完成你的计划。

在日程表上记下每一点进步。如果你每周都坚持按照计划去做了，就在日程表上贴一颗星星或画一个笑脸，你会备受鼓舞并继续坚持下去。

如何获得成功

大多数人生赢家心态都很积极，也正因为如此，他们才能攀到人生的顶峰。看看下面这些，寻找一下成功的秘诀。

积极思考

你要想获得成功，就要有积极的思维，凡事都要进行积极主动的思考。而积极思考意味着你首先必须相信自己会赢。正因为如此，你才会花更多的时间去争取成功与胜利，而不是去关注电视播放什么节目。

举个例子，运动会你想赢得两人三足跑项目，那就想一想自己为什么要赢，把理由写下来。比如，如果今年赢了，那就五连胜了；之前从来没有赢过，所以想要赢一次；因为想和闺蜜一起赢得比赛，把这一时刻永远记在心里。

比赛的头一天晚上，躺在床上，尽可能集中注意力，在脑海中过一遍想要赢得比赛的理由，仔细想一遍，想象着自己超越对手，冲过终点线的画面，想象着自己拿到奖品的画面。比赛当日，你就会充满动力。

认真参与，志在必得

赢家从来不会回避竞争，他们只会积极参与，并且坚信自己胜券在握。因此，下一次朋友邀请你参加学校的科技比赛时，不妨鼓起勇气一试，即使你知道比你高一年级的同学也参加了，也不要放弃。积极参与，认真准备，同样也是一种动力。

不要随大流

赢家往往不会随大流，相反，他们会寻找机会挑战自我，另辟蹊径，达成目标。

如果朋友总抱怨放学后没有机会一起玩耍，那是不是可以试着在你们学校组织一个兴趣小组，这样大家就可以在一起活动了。你可以向学校老师提交方案，或许他们会被你的创意打动，这样你和朋友就可以在学校开展课外活动了。大胆思考，创新思考，像赢家一样，开动脑筋吧！

如何成功演讲

当众讲话，不管是在教室里参加演讲比赛，还是在全校师生面前做演讲，都会让人紧张。成功的演讲家都有一些能吸引观众注意力、让大家为之喝彩的小妙招。

直视观众。演讲的时候眼睛飘忽不定地看着远方，观众就会怀疑你可能不喜欢他们在场。演讲过程中要和大家有眼神交流。

运气发声。不管是在较大的教室里还是大厅中，如果要面对很多人讲话，就要学会运气发声，以便让大家都能听清。这并不是说要大声叫喊，而是正常说话，只不过声调要高一些而已。

牢牢吸引观众的注意力。要想达到最理想的演讲效果，演讲的时候就要从容不迫，娓娓道来，这样才能从头到尾吸引观众的注意力。

变换声调。演讲时不要一直用同一声调平铺直叙。

语调要有高低变化，该强调的地方要变换声调强调，这样才能让观众注意到关键点。

准备提示卡。演讲时最好是将演讲内容熟记，如果做不到，也不要把所有内容都写下来，然后头也不抬地对着发言稿念一遍。可以准备一些手掌大小的提示卡，在上面写下演讲的要点，加上关键词、关键句，提醒自己要讲的内容。演讲的时候，要抬头看着观众，必要时，偶尔瞟一眼提示卡，以免遗忘要点。

增加演讲的幽默感。适当插入一些幽默的话语就可以让观众兴趣大增，关注你所说的话。可以事先准备一两个笑话，让你的演讲在笑声中结束。

如何发表获奖感言

你获得了某个奖项的提名，最终你在众多被提名者中脱颖而出，获胜了！这个时候，需要你在有限的时间内发表一份精彩的获奖感言，此时你如何才能表现出色，让大家啧啧称赞呢？参考下面的小贴士，在麦克风前留下自己迷人的风采吧。

◎ 如果可以，选择一种有趣的方式走上舞台，跑步穿过座位、翻个跟头、被大家簇拥着举过头顶或者跳着舞都不错，关键是给大家留下深刻印象。

◎ 记住，要表达自己从众多优秀的被提名者中胜出，倍感荣幸。

◎ 感动到落泪当然很棒，但是，感动归感动，发言依然要清晰。

◎ 默记需要感谢的重要人员名单，最后还要来一句补充：“当然，还有其他需要感谢的人，你们一定知道我此刻的感激之情。”

◎ 音乐响起，迅速走下舞台。

小贴士：如果没有胜出，也要面带微笑，保持愉快的心情，热烈鼓掌为获胜者庆祝。

如何护理皮肤和头发

你可以利用在冰箱里和厨房碗橱里找到的食材，让你的皮肤看起来光滑水嫩，让你的头发看起来亮丽而有光泽。

◎ 去角质（去除死皮）。将一汤勺纯酸奶、一点儿蜂蜜和一茶勺砂糖混合搅拌均匀。将混合物涂在面颊上轻柔地摩擦，以达到去角质的目的，然后仔细清洗干净。

◎ 面膜。如果你是干性肤质，切四分之一的酪梨（牛油果），去皮去核，捣成泥状，加入两汤勺蜂蜜和一个蛋黄，搅拌均匀后将它敷在你的面颊上（避开你的双眼部位），让混合物在你的面颊上停留 15 分钟，然后用温水清洗干净。

◎ 眼部护理。想要祛除黑眼圈，可以将一个新鲜的无花果切成两半，覆盖在眼部周围 15 分钟。

◎ 改变发质。想要拥有丝绸般柔滑的头发，你可以经常给头发涂抹一下自制的发膜哦。做法很简单，在碗里放个蛋黄，再将一茶勺橄榄油一滴一滴地混合，添加一杯温水搅拌均匀。洗完头发之后，将这个混合物均匀地抹在头发上，停留几分钟，然后用清水冲洗干净。此外，每个月一次，在你洗完头发后，可以用一罐跑了气的啤酒冲洗头发。在清洗之前，要让头发都浸在啤酒之中。

谨记： 不要使用任何会引起你过敏的食物。

如何只带一只旅行包去旅行

富有经验的旅行者从来不会拎着很多的旅行包上路。许多女孩子都长发飘飘地穿过机场和火车站，而她们手里却只拎着一只旅行包。想要成为她们中的一员，掌握聪明的打包方法才是秘诀。

首先，找一个合适的旅行包。它要足够小巧，可以作为手提行李带到飞机上去（专业的行李商店会知道包包的尺寸），要轻便、易于携带并独具特色。

将你出行所需要的东西列一张清单，再检查一下清单，把其中一些可有可无的东西剔除。将最后留在清单上的每一件必需品都准备好、放在一起，确保清单上的物品没有遗漏。这张清单也不要丢掉，这样，当你返回家中时，还可以检查一番是否忘记了什么东西。

尽量挑选一些可以混搭的衣服，这样既能满足出门在外的穿衣需求，也能减少行李的负担。

将护肤品倒进小瓶子里，把任何可能会泄漏液体的包装装入塑料袋里。

将你的内衣、袜子打包塞进鞋子里，这样不仅可以节省空间，还可以防止你的鞋子被挤压。

将你要带的衣服叠放整齐，然后将它们打包装进旅行包里。接着，将一些零碎物品塞进剩余的空隙之中。

如何应对想家

远离朋友、父母，远离家中温暖的床，你的心情是不是有点儿糟糕？该怎么办呢？看看下面的小贴士，或许你就知道该怎么应对了。

家的感觉

离家之前，选一些家人或朋友的照片，装进行李箱。到达目的地后，把照片摆在床边，如果晚上特别想念他们，只要翻个身，就能看到一张张熟悉的脸正朝你微笑。

记住，想家人的时候，打个电话或发封电子邮件都是很方便的。每天在固定的时间和父母联系不是很好吗？就算白天的时间不确定，晚上也可以坚持在固定的时间和他们联系。

抛开抑郁的心情

内心装满积极的想法。不要这么想：要是我在家，我就可以蜷缩在沙发上，和妹妹一起看电影了。相反，你应该告诉自己：什么时候我都可以看电影啊。今天我要尝试一些新鲜刺激的事情。

提醒自己，你只是暂时离开家，只要回去，卧室、房子、家人都依然如故。既然是假期，和平日不同，那就充分利用，好好计划一番。保持积极心态，在日记中写下你的新经历，每天至少列出 3 件有趣的事情。别念念不忘家的舒适，才能更好地体味冒险的快乐。

提前计划

心情抑郁的时候，很可能只是你对假期感觉失望而已。或许你对这次外出期待了很久很久，但真正出来了之后，你发现根本没有想象中那么有趣。于是你就把失望和想家混为一谈了。若果真如此，那就赶紧计划一些让你感兴趣的事吧，改变你对假期的感受，你才能真正享受其中的快乐，这一点很重要。

分担痛苦

如果真的想念家人，那也别闷在心里。找个可以信赖的人倾诉一下，或许他会说“自己也经常想家”呢。

如何节约能源

你可以做一些事情来节约能源，让地球免于因污染、温室气体而毁灭。以下是一些十分简单但行之有效的做法。

◎ 确保你家所有的灯具都采用节能灯泡，时刻记住将不需要的灯具及时关掉。

◎ 当你不需要使用游戏机、电视机、视频播放器、录像机及立体声音响时，将它们彻底关掉。如果待机的红灯呈现出闪烁的状态，则表明这些设备仍然在用电。

◎ 确保你的家庭将一切可循环使用的物品投入可回收垃圾箱。如报纸、玻璃、旧衣物、纸板箱、塑料储物盒和纸张等都是可回收利用的物品。

◎ 你不想要的那些玩具、书或唱片不要扔掉，可以把它们捐赠给当地的慈善组织。

◎ 尽可能地对物品进行再利用。比如，去超市购物时，自备可重复使用的购物袋。

◎ 注意节约用水。当你清洗餐具时，不要一直开着水龙头，先把餐具放在水盆里擦洗一遍再用水冲洗。

◎ 如果你感觉寒冷或炎热，可以适当增减衣物，尽量减少空调的使用。

如何分辨某个人是否说了真话

想要准确地判断你的朋友是说了真话还是撒了弥天大谎，是不可能的，但有一些经典的说谎迹象可以帮助你判断。

◎ 一个充满愧疚感的人通常说的话要比他平常说的话多。为了让你相信，说谎者通常会添加许多不必要的细节描述，一定要留心这一点。当然，或许你的朋友滔滔不绝地讲话，只是为了避免谈话中出现令人感到不舒服的沉默或停顿。

◎ 坐立不安，不自觉地多次触摸自己的脸颊、摸自己的头发，眨眼频率先慢后快，抓耳挠腮等不同寻常的迹象，显示出说谎者由于说谎而在某种程度上感到紧张。

◎ 下意识地做出用手捂嘴、掩鼻等小动作，这些典型的迹象说明对方想要掩饰自己的谎言。

◎ 人们试图回忆某些信息片段时，更倾向于抬眼向左上方看；人们试图编造某些虚假信息时，更倾向于抬眼向右上方看。

◎ 对方是否总是试图转移话题呢？她可能有些转移话题的明显行为——一边用手指向某个方向，一边说话："噢，你瞧那儿！"或者你主动地转移话题，然后观察对方的反应——如果对方说谎了，会很高兴并且呈现出十分放松的状态。一个无辜的人可能看起来会十分困惑，不知道你为什么要突然改变话题。

◎ 避免眼神交流是某个人在说谎时呈现出的明显迹象。然而，许多人都知道这一点。有些说谎者为了迷惑你，可能会试图和你做多次眼神交流。因此，无论是缺少眼神交流还是过多的眼神交流，你都要留心。

小贴士：以上列出的这些说谎后表现出来的行为是较为笼统的，并不能做为判断是否说谎的标准依据。如果你的朋友表现出以上某几点迹象，也并不意味着对方就一定说谎了。不要受怀疑情绪的驱使，就去随意指责对方，伤害你们的友谊。

如何解读肢体语言

你知道吗？通过对方的肢体动作，我们可以知道对方的一些真正的想法！肢体语言是一种不借助口头表达，通过肢体动作表情达意的人际交流方式，下面就通过几种常见的肢体动作来分析一下其要表达的意思吧。

镜　像

如果有人模仿你的动作，也就是你怎么做对方就怎么做，这说明对方喜欢你，想让你们看上去很像。也可能说明对方和你在一起时有些紧张。如果是这样，那就尽量让对方放松一些、自如一些吧。

双臂交叉抱在胸前

如果聊天时对方将双臂交叉抱在胸前，这可能表示对方有一些沮丧或是被你惹生气了。注意你的言语，对方随时都可能和你吵起来哦。

歪　头

下意识的歪头动作说明对方想告诉你，他没有什么危险性，不会对你造成威胁。妈妈和小宝宝说话时往往会这样。歪头还可以表示对方所说的话你不必当真，只是个玩笑而已。

手掌摊开

如果对方和你说话的时候手掌摊开对着你，往往表示对方很开朗、诚实。如果手掌伸开，手指并拢，说明对方希望你对他说的话充满信心。

直　视

双方有眼神交流，也就是双方都直视对方，说明双方在一起很舒适。如果对方回避你的目光，那就要注意对方是否骗了你。

如何制作气压计预测天气状况

气压计是测量大气压变化的工具，它能让你了解到天气会如何变化。遵循以下指示说明，你可以自己制作一个简单的气压计。

你需要用到以下物品：

◎ 气球、手工刀、橡皮筋。

◎ 玻璃杯、吸管、胶带、纸、铅笔。

操作方法：

❶给气球充气，让它伸展开来，接着再把所有的气体放出来。

❷将气球横切成两半，取用没有吹气口的一半。

❸将这半个气球拉伸开，覆盖在一个空玻璃杯上，并用橡皮筋将它紧紧地绕着杯子边缘绑住。

❹将一根吸管平放在气球“杯盖”上，让吸管的一端位于中间的位置，用胶带将它固定。

❺将你做的气压计靠墙放置，并在墙上钉一张纸，用铅笔在纸上标注出吸管一端初始的位置。

❻现在你可以预测天气了。在天气发生变化之前，气压会先发生变化。当天

气要放晴时，气压升高，会促使气球“杯盖”向下挤压，吸管端则会向上倾斜。当快要下雨时，气压降低，会促使气球“杯盖”向上鼓，吸管端则会向下倾斜。你在纸上标记的不同印记会显示出每天的气压变化。

如何避免时差的影响

你如果要坐飞机到某个与你所在地处于不同时区的地方度假，提前三天为你的旅途做准备吧。

第一天：吃一顿富含高蛋白的早餐和午餐，可选如培根、鸡蛋、香肠或牛排等食物。此外，还要吃一顿富含碳水化合物的晚餐，比如意大利面、土豆或米饭。

第二天：只吃少量的食物。

第三天：你可以随心所欲地吃上一顿。

启程日：你一登上飞机，就可将你的手表调至目的地的时间。接着，确保你根据手表上显示的时间，按照正常作息活动。在飞机上，喝充足的水。

如果你的目的地处于白天的话，要在飞机上保持清醒的状态。如果你的目的地处于夜晚，那就在飞机上睡一觉吧。使用眼罩和耳塞或头戴式耳机来隔绝噪声和亮光。

如果你在中午抵达目的地，不要睡觉，洗个澡，外出去享受生活吧。按照你正常的作息时间吃晚餐，然后上床睡觉。

如何说服父母允许你养宠物

在你试图说服父母买宠物之前，确定你真的想养一只宠物，并做好承担全部责任的准备。

仔细思考一下你家可以容纳并照料的动物类型。你可能非常想养一匹小马驹，但如果你住在城市里的话，这可能不是一个好主意。

确定了你想养的宠物，你就要对你选择喂养的动物尽可能多地做调查。你了

解的知识越多，就越容易让你的父母相信，你是真的在考虑这件事。

在找你的父母谈话之前，将他们可能提出的所有反对意见列一张清单。针对他们所有的顾虑，想一些合理的回答。

坚持你的请求，但一定要保持镇静和礼貌。发脾气和哭闹只能证明你还不够成熟，没有足够的能力去照料一只宠物。

如果你的一个朋友养了一只你想养的宠物，可以邀请他和你的父母进行一场关于宠物照料的谈话，帮你达成心愿。

如果你的父母十分固执地认为你不能拥有自己渴望养的小狗的话，可以请求他们考虑一下，让你养一只更小一点儿的宠物，如一只仓鼠或一条金鱼。如果你能长时间地照料好这只小动物，他们可能会重新考虑给你买一只你真正想要养的小狗。还有一种可能是，或许你会发现你和你的鱼类朋友在一起十分快乐，那就谢天谢地啦。

如何练习花样跳绳

跳绳是一种保持身体健康的绝佳的锻炼方式，而且也十分有趣。掌握以下这些复杂的跳绳技巧，让你的朋友们惊叹不已吧。

首先练习以下这些基本动作。

◎ 向后跳：将绳子向后翻，而不是向前翻。

◎ 双重跳：高高跳起，在落地之前，将绳子翻两次。

◎ 换脚跳：先是右脚着地，再左脚着地。

◎ 交叉跳：跳绳时，将你的双臂在身前交叉。

◎ 曲折跳：膝盖转向右方着地，接着膝盖转向左方着地——仿佛你在一个曲折的斜坡上滑雪一样。

◎ 叉开脚跳：让你的双脚分开着地，再将双脚并拢着地。

◎ 8 字跳：当你站立不动时，让绳子按 8 字花样移动。

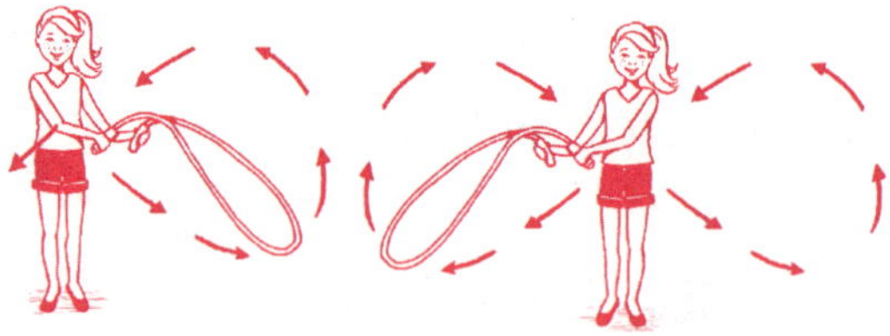

◎ 平衡跳：当你摇动绳子时，将你的右手置于右膝下方，继续跳并用左脚着地。接着，将你的左手置于左膝下方并用右脚着地。

你掌握了以上这些基本动作后，试着将它们整合成下面这些连续的跳绳动作吧：5 次双重跳、5 次向后跳、10 次换脚跳、5 次 8 字跳、2 次交叉跳、5 次叉开脚跳、2 次平衡跳。

你也可以自己编一些跳绳动作并整合成一套动作。

如何练习劈叉

如果定期做以下这些伸展练习，你想要劈叉就容易多了。想提高灵活度需要花费不少时间，所以不要急于求成，否则你会弄伤自己。

首先，跳绳或在场地慢跑 5 分钟来热身。

保持你的双腿和背部挺直，向下弯腰，试着触摸你的脚指头。保持这个姿势 30 秒。

接下来，坐在地上，将双腿向前伸直，膝盖并拢。弯腰，将手臂向前伸展，试着去触摸你的脚指头。保持背部挺直的姿势，尽可能地试着让胸部靠近你的腿部。保持这个姿势 30 秒。

现在跪下来，将双手置于身体两侧，放在地面上来支撑身体的重量。将一条腿伸到身后，放松。让你的身体朝地面下沉。保持这个姿势 60 秒，然后换一条腿。

在做完每一套伸展动作之后，摆出劈叉的姿势，看看你能压到多低的位置。随着你身体灵活度的提高，你会发现自己可以将身体越压越低。注意不要让自己拉伤，感觉有任何不适，立刻停下来。有些人天生就比其他人的身体更柔软一些，所以不要将你压低的进展和朋友的相比较。

小贴士： 做这些伸展动作时，一定要穿宽松、舒适的衣服和运动鞋。

如何滑冰

在你将脚踏进溜冰场之前，要确保你已经做好了充分的准备。溜冰场的冰面十分光滑，很容易摔倒，每个人在起步时都会摔倒几次。所以，戴上护膝、护肘和厚手套来保护自己吧。

首先要确保你的溜冰鞋合脚，不会摩擦你的脚后跟或挤压你的脚指头。

当第一次站在溜冰场上时，你需要花点时间找到平衡点。如果有可能，和一个已经知道如何溜冰的人一起玩吧，让他稳稳地扶住你，拉着你在冰面上滑动，直到你习惯了这种感觉。

保持膝盖稍稍向前弯曲的姿势，这个姿势有助于你保持平衡，以你不能看到自己的脚指头为准。肩膀稍稍向前倾，和膝盖保持一致。

试着放松你的身体，尤其是你的膝盖，这有助于你维持平衡。这样，如果你摔倒了，也能降低你受伤的风险。如果你感觉自己要向后方摔去，试着克制自己想要伸出手臂的冲动，摔个仰面朝天总比手腕脱臼好吧！

向前滑冰时，先将重心移至你的左脚，将右脚向外送出，斜着滑过冰面。再将重心转移到右脚，左脚向外送出，斜着滑过冰面，重复练习这个动作。当你感觉自己更自信时，你可以试着滑得更远一些。多次练习后，你就可以在冰面上畅游无阻了。

停下来的最简便的方法就是一只脚移到身后，将滑冰鞋的前端戳进冰面。用后脚在冰面上拖动来降低速度，直到你停下来为止。

如何成为一名花样游泳者

如果你身体强健、动作灵活并且善于在水下屏住呼吸，花样游泳可能就是最适合你的一项运动。所谓花样游泳，就是表演一系列的游泳动作，同时要和你所在游泳小组中的其他游泳者保持完全协调一致的动作。

下面介绍想要成为花样游泳者需要遵循的 10 个步骤，只要做到以下这 10

个步骤，就可以确保你在每次比赛中都能给裁判留下深刻的印象。

❶决定你想要参加双人游泳赛还是小组游泳赛。小组游泳赛最多可以由 8 个女孩组队。双人游泳赛被称为“双人花样游泳表演”，双人组队，更易于保持节奏一致。

❷装扮得体。确保你的队伍穿着与表演风格相匹配的泳装。将头发梳成整洁的发髻，并佩戴统一的弹性编织带（女子束发用的）。

❸戴上鼻夹。这个装备十分有必要，因为当你倾身头朝下钻到水下时，它可以防止水冲进你的鼻子里！

❹谨慎地选择适合你的队伍表演用的音乐。节奏感强烈的音乐作为表演配乐都比较合适，尤其是音乐剧中的音乐。

小贴士：将你携带的音乐播放器与游泳池保持安全距离是十分必要的。

❺在进入游泳池之前，表演一些精彩的“岸上动作”，给裁判留下一个好印象吧。动作要迅速一些，在入水之前，你们只有 10 秒钟时间表演“岸上动作”。

❻在表演游泳动作期间，千万不要让你的双手或双脚触碰到游泳池的底部，否则裁判会给你判罚。

❼练习在水下睁眼，你需要查看你的队员在做些什么。

❽练习在水下屏住呼吸。顶尖的花样游泳者在表演复杂的动作时，可以在水下屏住呼吸长达 1 分钟呢。

❾练习基础动作，直到它们成为你的惯常动作。可以查看随后列出的基础动作指导。

❿保持微笑！即使你已经真的筋疲力尽了，也要保持微笑，这可以让观众相信这些表演对你来说只是小菜一碟。

花样游泳的基础动作

下面是对花样游泳中基础动作的指导说明。

跃出水面。首先要快速地将头部露出水面，你的目标是将身体尽可能多的部分浮在水面之上。

连续性动作。这是由所有队员一起一个接一个完成的一系列动作，通常是快速的连续性动作。

水中旋转。在水中快速旋转 180 度。

单足芭蕾。每位游泳者需要平躺在水面上，一只脚平放在水面上，而另一只脚在空中伸直。

打蛋器。双腿踩水，保持身体稳定直立，手臂自由摆放。

直立姿势。这个姿势需要你在水中倒立，但不能触碰到游泳池底部。你的双腿要向上伸直并伸出水面，注意你的脚趾也要伸直。

如何练习“拜日式”瑜伽

如果你从未尝试过瑜伽，这就是一个很好的开端。“拜日式”瑜伽是一种由 12 个动作组成的瑜伽练习方法，有助于伸展身体、静心冥想，让你一整天都保持神采奕奕的状态。

这些动作要按照正确的顺序练习，应该如行云流水般自然转换。

不能着急，要坚持慢慢地练习。要动作轻柔地伸展身体，在舒服的范围内尽可能地伸展。如果在做任何一个伸展动作时身体部位感到疼痛，最好立刻停下来。

❶双脚并拢站立，双手合十放在你的胸前，摆成祈祷的姿势，轻柔地吸气。

❷将手臂举高，朝向天空，手掌心相对，眼睛向上看，身体慢慢向后弯曲。你应该在身体舒适的范围内尽量向后弯曲。

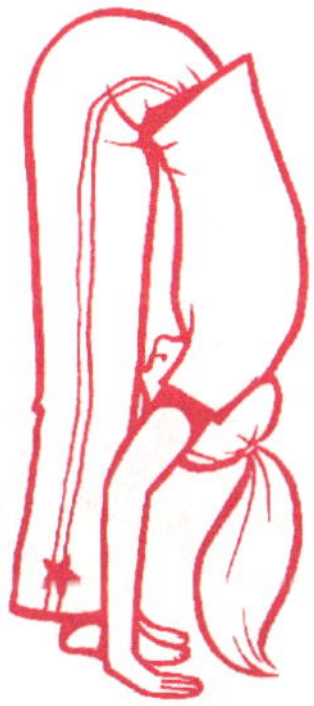

❸呼气并将你的身体尽量向前弯曲，膝盖保持直立（如果你的双手无法触碰到脚趾，也不用担心）。

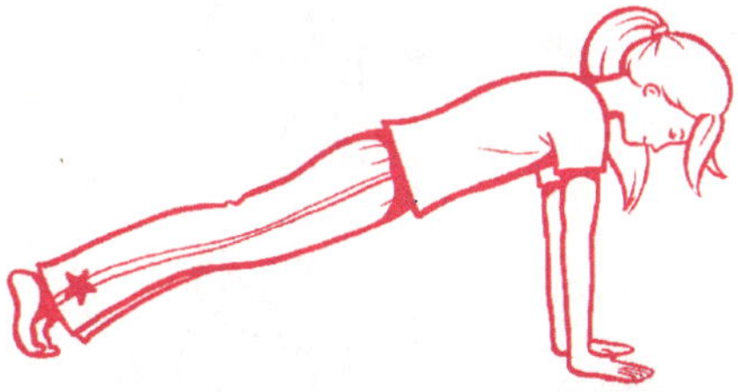

❹吸气并将你的右腿向后方伸出，将膝盖放在地板上，眼睛向前看。

❺将左腿向后方伸出，和你的右腿保持一致。如果可以的话，用你的双手和脚趾支撑住你的身体。这个姿势被称为“斜板式”。

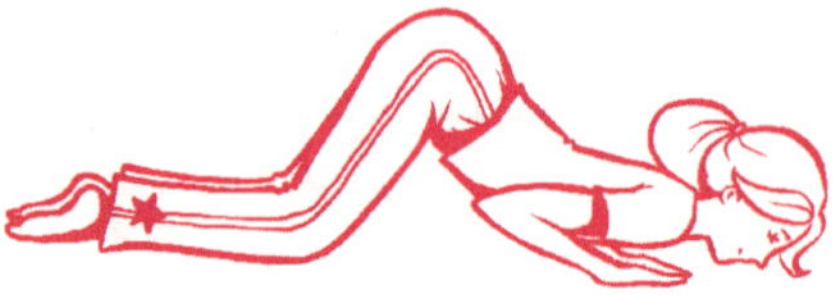

❻当你将膝盖、胸部和前额放低至地面时，呼气。当你弯曲双臂时，维持手肘在身体两侧的姿势。

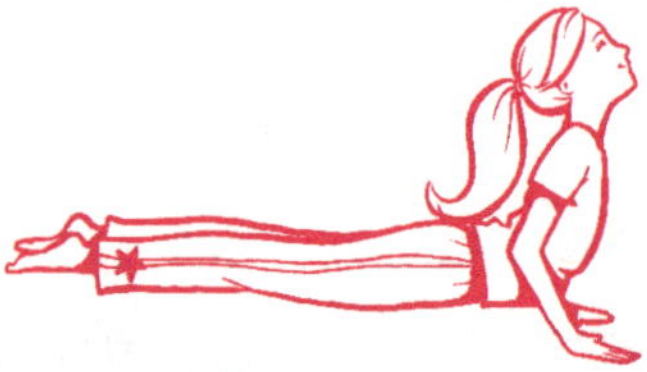

❼吸气，挺起胸部并将头部和颈部向上伸展。这个姿势被称为“眼镜蛇式”。

❽呼气，伸展你的双臂并将身体向后推，让你的臀部悬空，双腿伸直。这个姿势被称为“下犬式”。

❾当你弯曲右腿时，吸气，将右腿向前伸并将它置于双手之间的位置上。

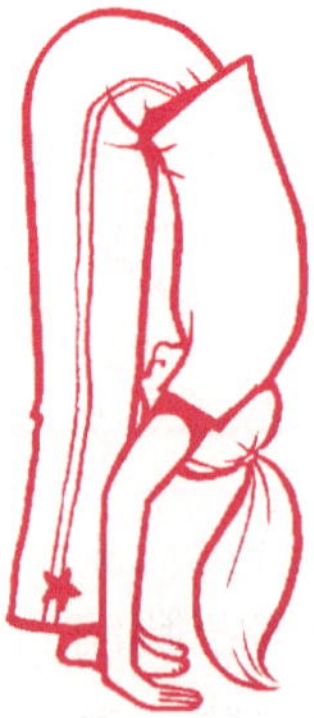

❿呼气，将你的左脚收回到右脚旁边的位置上。双腿伸直，膝盖保持不动，身体向前弯曲，用双手去触碰双脚两侧的地板。

⓫当你吸气时，将你的双臂向前伸展，接着再轻柔地将身体向后弯曲。将你的双臂贴近耳朵。

⑫ 呼气并回到初始姿势，逐渐将你的手臂放低。将你的双手置于胸前，摆成祈祷的姿势。

如何做到姿态完美的横手倒立

❶找一块地面平坦的区域，这个地方没有任何家具或其他障碍物，以防你摔倒的时候身体受伤。有草坪的区域是一个很棒的选择，因为那里的地面更柔软。

❷挺直身子站立，将双臂举过头顶。

❸下移你的手臂正对你面前的地面。与此同时，弯曲上身。

❹当你的双手触及地面时，将身体重心从脚部移到手部，双脚蹬地上踢。这是横手倒立最难的部分。如果双脚踢得不够高，身体无法倒立。如果踢得太用力，又容易翻身太过而摔倒。

❺如果你发现很难让双脚向上保持姿势，可以靠墙练习一下，或者找个朋友扶住你的小腿来帮你维持姿势稳定。

❻稍稍移动你的双手，直到你可以很好地维持平衡的姿态。

如何放松你的双脚

辛苦奔波一天之后，双脚又酸又累是难免的。教你一个简单又便捷的方法，让你疲惫的双脚快速恢复吧。

将脚在事先加入海盐的热水中浸泡 5 分钟，然后平躺在地板上，双脚抬高，架在沙发边上，保持 10 分钟。

如何识别你的诞生石

“（经雕琢的）宝石”是一种可以切割、打磨的矿石，它们可以用来制作光彩夺目的珠宝。有些宝石与一年中的 12 个月份有着密不可分的联系，可以代表 12 个月出生的人，这些宝石被称为“诞生石”。

从下表中找出你的诞生石吧。

月份	诞生石	诞生石的颜色
1 月	石榴石	深红色
2 月	紫水晶	紫色
3 月	海蓝宝石	淡蓝色
4 月	金刚石	白色
5 月	绿宝石	翠绿色
6 月	月光石	奶油色
7 月	红宝石	红色
8 月	橄榄石	淡绿色
9 月	蓝宝石	碧蓝色
10 月	粉碧玺	粉红色
11 月	黄宝石	黄色
12 月	绿松石	蔚蓝色

如果你有机会戴上自己的诞生石，那简直是太幸运啦。

如果没有诞生石，可以试着穿一件和你的诞生石颜色相仿的衣服。毕竟，每个人的生命中都需要一点儿好运吧。

如何吹出最大的泡泡糖泡泡

首先，将一块泡泡糖塞进嘴里，用力咀嚼。泡泡糖越大，你可以吹出的泡泡就越大。要确保泡泡糖的柔软度和弹性。

其次，用舌头将泡泡糖固定在上颚后端和下门牙之间并压平。

再次，用舌头将泡泡糖的中间部位从牙齿中推挤出来，使伸出的舌头上完美包裹着泡泡糖，用嘴唇轻轻将伸出的舌头部分封住。

最后，慢慢吹气，将舌尖上的泡泡糖吹起来。在它爆炸并粘满你的脸和头发之前，看看你能将它吹到多大。

如何用手指吹出声音响亮的口哨

具体步骤如下。

❶洗手。将拇指指端和食指指端抵在一起，形成一个字母“O”形。

❷将这两根手指放进嘴里，尽可能放到第一个关节处，将手指的指甲指向舌头的中央部位。

❸合上嘴唇，用嘴唇将手指压紧，这样空气就只能从嘴唇和手指间的空隙出来。

❹将舌头抵住你的下齿后方。

❺平稳地呼气，用你的舌头将空气从手指间的缝隙中挤压出来。用手指压住下唇。

❻坚持练习，每次稍稍移动你的手指、嘴唇和舌头，直到你听到口哨的响声。

如何解开九宫格游戏之谜

九宫格游戏是一种历史悠久的数字解谜游戏。解谜的目标是要将格子里所有缺失的数字都填满。在九宫格游戏的格子里，如下图每一行有 9 个正方形、每一列也有 9 个正方形，这 81 个正方形被分成 9 个箱子，每个箱子里有 9 个正方形。在九宫格游戏中，一些数字已经被放置在格子里。你的任务就是推算出每个空格里应该填的数字，不管是行、列，还是每个箱子，保证必须包含 1 到 9 这几个数字，且每个数字只能填一次，不能重复。

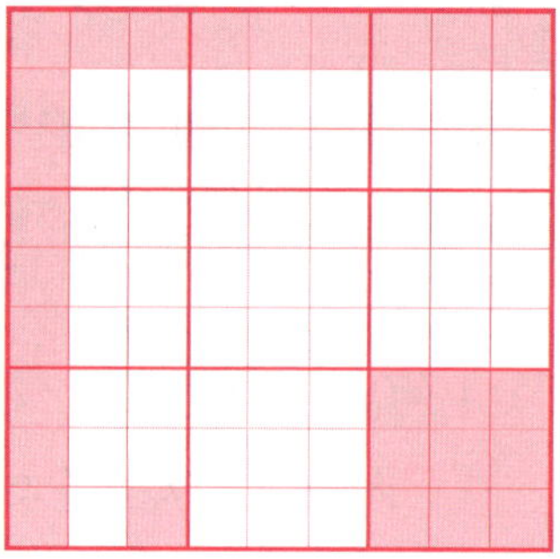

右图是九宫格游戏的部分演示图。猜猜看最上面一行的格子里和靠右边的箱子里都少了哪个数字。

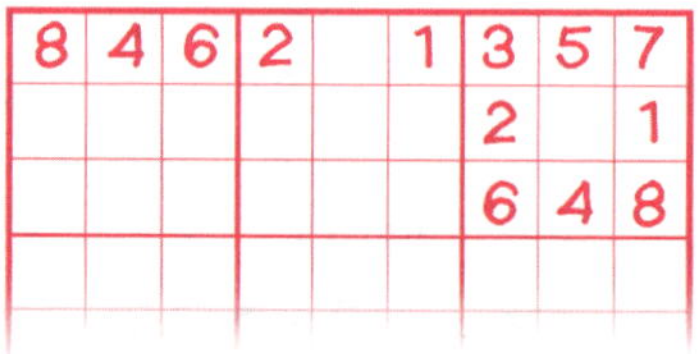

你会看到最上面一行包括 1、2、3、4、5、6、7、8 这几个数字，唯一缺少的数字就是 9 了。靠右边的箱子里也是同样的情况。

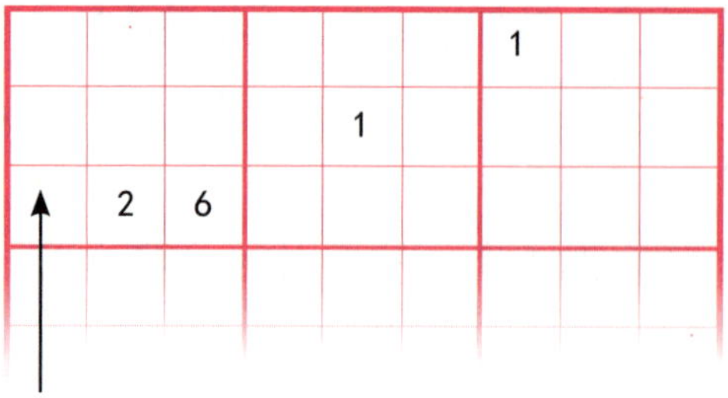

将数字 1 放在这个空格里

逐行进行解谜。在左图这个例子中，中间的箱子的第二行和右边的箱子的第一行都包含一个数字 1，左边的箱子中的数字 1 就只能填在左边箱子的第三行的空格之中。

纵列进行解谜。右图所示中间的箱子的第二行和右边的箱子的第一行都包含一个数字 1，要推算出左边的箱子里的数字 1 应填在第三行的哪个空格之中，还需要别的条件。因为靠左边的箱子里的这一行有两个空格，两个空格都有可能填数字 1。

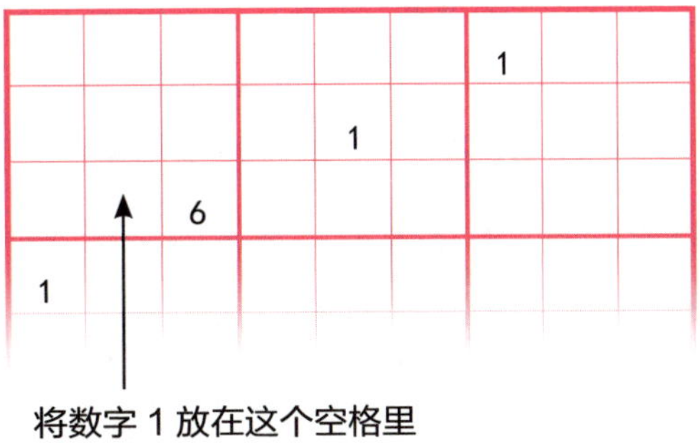

你观察一下第一列，就会发现这一列里面已经包含一个数字 1 了，因此，数字 1 就不可能填在左边箱子的第一列的第三行，剩下的唯一一个位置就是第二列的第三行了。

按照箱子逐个解谜。如下图所示，在靠右边的箱子里，应该将数字 1 填在哪个空格里呢？

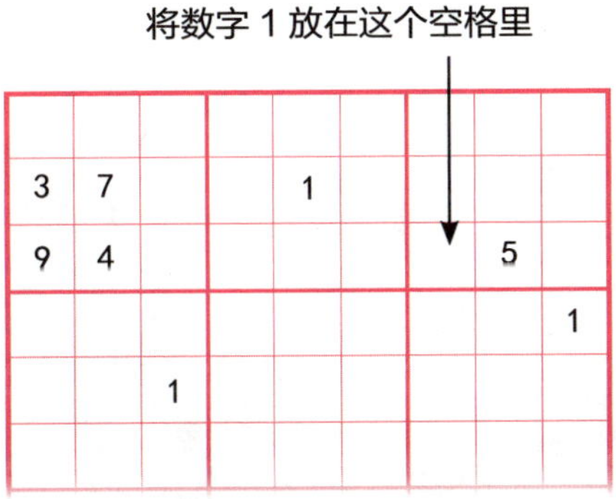

你可以将列和行综合考虑，然后推算出数字 1 不可能出现的位置。

要做到这一点，你要看看靠左边的箱子。这个箱子里的数字 1 不可能出现在第一行第三列，只能出现在第一行的两个空格里。

这意味着数字 1 不可能出现在第一行靠右边的箱子里。中间的箱子的第二行有数学 1，第九列有数学 1，将这些小方格排除，并将第九列排除，现在，你可以看到数字 1 只能出现在右边箱子里唯一的一个小方格里。

如你所见，解开九宫格游戏之谜的技巧在于你要推算出一个数字不可能出现在哪个空格里，以及它可以出现在哪个空格里。

现在，使用你掌握到的新技能来解开下面的两个九宫格游戏之谜吧。

8	9	2	5		3	6	7	4
1	5	3	6	4	7	9		8
4		6	9	2	8	1	3	5
5	3	4		6				2
	6	1		7		5	8	
7				5		4	6	9
3	8	7	1	9	5	2		6
2		9	7	8	6	3	5	1
6	1	5	2		4	8	9	7

谜底

8	9	2	5	1	3	6	7	4
1	5	3	6	4	7	9	2	8
4	7	6	9	2	8	1	3	5
5	3	4	8	6	9	7	1	2
9	6	1	4	7	2	5	8	3
7	2	8	3	5	1	4	6	9
3	8	7	1	9	5	2	4	6
2	4	9	7	8	6	3	5	1
6	1	5	2	3	4	8	9	7

6			5	1	3	4	7	8
1	5	4	8	6	7	3		2
3			9		2	6	5	1
2	4	1	7					
8			1	2	4			9
					8	1	2	4
5	1	3	6		9			7
4		8	2	3	5	9	1	6
9	2	6	4	7	1			3

谜底

6	9	2	5	1	3	4	7	8
1	5	4	8	6	7	3	9	2
3	8	7	9	4	2	6	5	1
2	4	1	7	9	6	8	3	5
8	3	5	1	2	4	7	6	9
7	6	9	3	5	8	1	2	4
5	1	3	6	8	9	2	4	7
4	7	8	2	3	5	9	1	6
9	2	6	4	7	1	5	8	3

如何成为魔术师

每一位伟大的魔术师都深知一个道理：成功的秘诀就是要做好充足的准备。以下是进行精妙绝伦的表演要遵循的黄金法则。

◎ 一遍又一遍地练习每一个你要表演的魔术，直到你在睡梦中也可以完成表演。在镜子前排练，你可以看到观众会看到的情形。

◎ 在表演魔术时，组织好你的语言。一场精妙绝伦、妙趣横生的实况解说可以分散观众的注意力，他们会一直困惑这个魔术究竟是如何表演成功的。

◎ 永远不要在同样的观众面前表演同一个魔术两次，永远不要揭示魔术是怎样完成的。

◎ 在表演开场前，给你的观众布置好就座的席位，许多魔术需要让人们直视你的正面，不能看到你背后的情形。

◎ 无论何时，尽可能地向你的观众借一些小道具，诸如硬币和铅笔。通过这种方式，他们就会确信这些道具是完全真实的。

如何表演手影戏

用以下这些令人惊叹的手影戏让你的家人和朋友大吃一惊吧。

蜗牛

狗

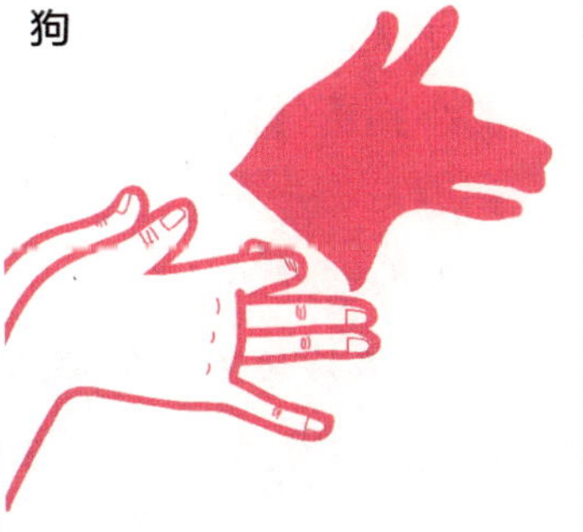

公鸡

猫咪

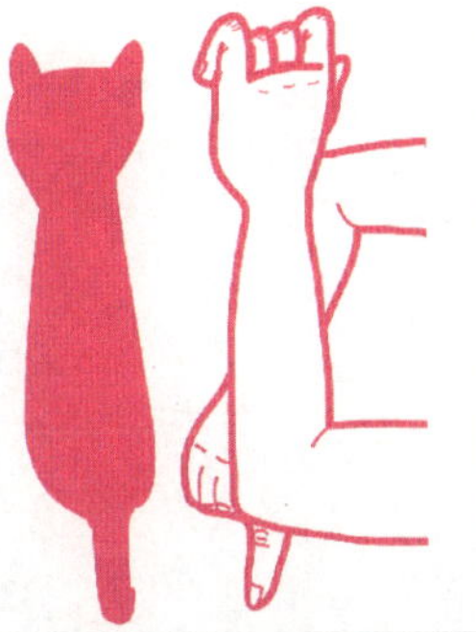

鹅

如何计算小狗的“人类年龄”

一只小狗可以成为女孩子最好的朋友，但你的犬类朋友要比你成长得更快一些。下面介绍了一些用把小狗年龄换算成相应的人类年龄的方法。

一种简单的计算方法是，1 年的狗龄相当于 7 年的人类年龄，也就是说，2 年的狗龄相当于 14 年的人类年龄，以此类推。但 1 岁的小狗除外，因为处于这个年龄段的小狗更像是一个青少年，几乎已经发育成熟了——而不像 7 岁的人类。

还有一种更为精准的计算方法。对于很多犬种来说，它们的平均寿命是 12 年。人类年龄的 15 岁等同于狗龄的 1 岁，在 15 岁人类年龄的基础上再加上 10 年，等同于狗龄的 2 岁。之后每年叠加 5 岁，就可推算出小狗以后每年的人类年龄。

小狗的年龄	人类的年龄
1	15
2	25
3	30
4	35
5	40
6	45
7	50

如何教小猫坐下

很多人认为无法训练我们的猫科朋友，因为它们天生一副不受约束的姿态，但这种说法可不是真的——你真的可以教会你的猫坐下。

❶在你开始训练你的猫之前，确保你的猫处于一种放松、愉悦的状态之中。抚摸它，让它感到舒适安心。

❷向你的猫展示一块可食用的餐点（比如说一块猫食饼干），然后对它说："毛茸茸（使用你的猫的名字），坐下来吧！"

❸将手里的餐点移动到猫的头顶上方。当它凝视着餐点时，它必须坐下来才能维持身体平衡——如果它不坐下来，动作轻柔地按压它的后腿。

❹当它坐下来时，对它大加赞赏，并将餐点喂给它吃。

经过几次训练，你的猫会了解到，当它坐下来时，它就可以得到餐点作为奖赏。哪怕你不将餐点移动到它的头顶上方，它也会照做的。耐心一点儿，坚持训练你的猫吧。如果你发现你或你的猫的情绪变得十分沮丧，那就停下来，另找一个时间再训练吧。

小贴士： 如果你在喂食时间点之前训练你的猫，可能会得到更好的训练效果。

如何训练小狗和人类握手

任何人都能教会他们的小狗坐下来或跑到他们身边，如果能教会小狗和你握手，那你就可以向全世界展示你们是亲密的好友。

当小狗约 12 周大的时候，你就可以开始训练它了。训练时一定要坚持不懈并耐心十足。你应该一直立场坚定、态度坚决，但永远不要对小狗大喊大叫或抽打它。

❶让你的小狗在你面前坐下来。当它听话时，称赞它并给它提供一顿可口的食物作为奖赏。

❷温柔地拿起它的一只前爪，不要握得太紧，将它的前爪放进你的手掌里。与此同时，对它说：“握握手吧。”

❸立刻用美食奖赏你的小狗，重复练习几次这个动作。

❹伸出你的手来，下达“握握手吧”这个命令。当你重复这个命令时，给你的小狗一次机会，让它把前爪放进你摊开的手掌中。如果几秒钟后它不照做，在发出“握握手吧”这个命令时，拿起它的前爪放进自己的手掌中。

坚持这个训练，最终你一定会得偿所愿的。

如何让人相信你是动物达人

当你和朋友漫谈时，以下这些论据可以说服你的朋友相信你是动物达人。当你陈述这些论据时，可以使用“我的消息来源表明”“我的研究显示”“我确信我的同学们不会质疑这一点”这类话开头。

“猫咪的每只耳朵上有 32 块肌肉。”

“鳄鱼不能把舌头伸出来。”

“人类几乎听不见鸭子的嘎嘎声产生的回音。”

“北极熊通常用左前肢抓住猎物。”

“蜗牛可以沉睡 3 年之久。”

“骨顶鸡是最会游泳的鸡。”

“工蚁的睡眠时间只有蚁后的一半。”

“刺猬的心跳可以达到每分钟 200 次。”

“驴子可以同时看到自己的四只脚。”

“鼹鼠可以挖出长达 270 米的隧道。”

“鸵鸟的眼睛比其大脑还要大。”

“蝴蝶用脚来品尝植物。”

“如果你切掉蟑螂的头，它还可以存活一个星期甚至更久，直到它饿死。”

“海豚睡觉时一只眼睛是睁开的。”

“鼻涕虫有两对触角。”

“长颈鹿可以用舌头来清理耳朵。”

“鲨鱼没有骨头。”

“袋鼠不能倒着走路。”

用悠悠球实现“遛狗”的动作技巧

这是一个关于悠悠球的小把戏，并不需要你真的有一条小狗。最好在木地板或瓷砖地面上演示。

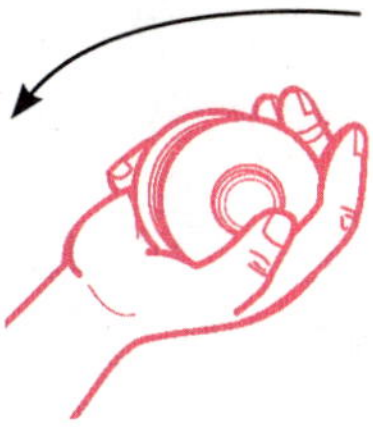

❶手掌朝上，握住悠悠球。将你的中指穿过线环。确保线从你手指握住的悠悠球顶端卷起，正对着你的身体，参照右图中箭头指示的方向。

❷手肘弯曲，再伸直。当你的手臂在身体前方保持伸直的状态时，轻轻摇晃你的腰部，将悠悠球上下摆动。

❸将你的手掌翻转朝下，让悠悠球下降时，放低你的手臂。当悠悠球抵达地面时，停止放低你的手臂，将悠悠球的线向上拉。这样，悠悠球就会被收回到你的手中。

重复步骤 2 和步骤 3 的指示说明，当悠悠球朝下坠落时，让它接触地面，它会沿着地面滚动，这就能实现用悠悠球“遛狗”的动作技巧了。

如何让朋友相信你拥有魔力

下面介绍两个小把戏，可以供你打发独处的时光，这会让你惊叹不已。你掌握了玩这些小把戏的方法，可以在你的朋友们面前表演一番，他们会相信你拥有神奇的魔力。

让你的手臂悬浮在空中

保持站立的姿势，双臂垂直放在身体两侧，靠墙站立。用你的右手臂外侧按压在墙壁上，数到 30 这个数字，迅速从墙壁边走开，你会发现你的手臂神奇地悬浮在空中。

伸长手臂，缩短手臂

尽可能地将你的右手臂向身体一侧伸展，移动位置，直到你右手的指尖触碰到墙壁。现在，弯曲你的右手臂，让你右手的手指触碰到你的右肩膀，你的左手触碰你的右手肘。接着再将你的右手臂伸直，这时你会发现它神奇地“收缩”了，而你的右手指尖无法触碰到墙壁了。这真是太奇怪啦！

事实上，这两个小把戏中根本就没有任何魔法的成分。施展这两个小把戏的秘诀是你的骨头、关节和肌肉的运动。

强大女孩更可爱

如何应对受欺负的情形

大部分人在一生中某个阶段都受过别人的欺负。如果你受了欺负，要知道这并非你自己的过错，有问题的是那个恃强凌弱的人。对此采取相关行动是至关重要的。下面是一些建议。

找一位你信任的老师、家长或其他成年人，明确地告诉他们到底发生了什么事情，仅仅是和他们分享你遇到的问题就会让你感觉好很多。他们可以给予你支持，给你建议，帮助你树立信心、坚持做自己。大多数学校对这种恃强凌弱的现象都有严格的处理规定，你的老师们会妥善处理此类问题的。

练习让自己看起来充满自信，声音听起来也底气十足。恃强凌弱的人其实都很胆小，他们专挑那些他们认为比自己软弱的人下手。当你走在校园里时，应直起腰背、抬头挺胸，用清晰明澈、坚定有力的嗓音说话，敢于直视别人的眼睛。

无论何时，尽可能地忽视那些意图让你感到恐惧或自我感觉不佳的行为。要让那些恃强凌弱的人相信，你并没有被他们困扰或因为他们的话而受伤，他们很快就会感到无趣，让你一个人待着了。

在受欺负的情形出现之前，试着想一些方法来处理这些棘手的情况。练习说一些你可能会对嘲弄你的人说的话。哭喊通常只会让事情变得更糟，机灵、随意的话语，既不显得粗鲁，也不显得嘲讽，会让你看起来自信并能控制住事件的发展。无论何时，都要保持镇静和理智。

有一种人，恃强凌弱的人是不会挑他们下手的，那就是周围都是支持他的朋友的人。注意那些似乎总是单独行动的人，努力了解他们。通过这种方式，你会结交到许多朋友。这时候，那些欺负你的人就会放弃了。

没有人应该受到欺负。不要对恃强凌弱的人一再忍让，不要鼓励他们的这种行为。还有，永远、永远不要成为这种恃强凌弱的人。

如何在争论中获胜

要想在争论中获胜，除了保持冷静外，还要注意以下几点。

了解争论的内容。科学事实是在争论中以智取胜的法宝。产生争论时，要把科学事实当作武器。比如，早餐你想吃巧克力，那就解释一下，研究已经发现，巧克力有助于提升体内血清素的水平，而血清素有利于人们保持愉快的心情。让妈妈相信，周一的早晨适量吃些巧克力也不错。

补充“弹药”。如果你感觉在争论中有些吃力，那就假装需要去卫生间，暂时离开，然后迅速从互联网上收集信息，或者打电话向朋友求助。

不要让步。对于对方提的每一点，都予以回应，简单一句“对，我明白，但我完全不同意你的想法”就可以，这样对方很快就会感觉无趣，让你开口说话了。

态度冷静。如果无计可施了，你就保持冷静，把说话声音尽量压低，露出微笑的模样。你的对手很快就会被迷惑，然后你说什么他都会点头认可。

如何使用海姆利希手法急救

也许某一天，当你在学校或一家餐厅中享用午餐时，发现有人被食物噎到了。这时，你可以使用一种有效的急救方法来帮助他，这种方法就是海姆利希手法。

被噎住的人的气管中塞了一个小物体，比如一块食物，他不能正常地说话或呼吸，因此，你需要迅速行动起来。下面介绍这种腹部冲击法的步骤。

❶让他的身体前倾，试着让他将堵塞的物体咳出来。如果这个方法不起作用，从背后用你的手臂环绕住被噎者的腰部。

❷一只手握成拳，将握成拳的手的大拇指的一侧放在被噎者的肚脐上方和胸

腔下方的位置。

③用另一只手抓住你的拳头，在被噎者的腹部猛烈按压。

④动作要突然、迅速，用力向内上方移动。不要用你的双臂去按压——只要使用来自你双手的力量就可以啦。这个动作可以将堵塞的物体从被噎者的气管中压出来。如果这个动作刚开始不起作用，那就继续实施下去，直到起作用为止。

谨记：这种方法不适用于婴幼儿、孕妇或过度肥胖者，而且只能在紧急情况下使用。如果实施不当的话，你本应该救助的人有可能会因此受伤。

如何分辨北方

当你外出走动时，如果你能够分辨出北方的方向，一定能给你的家人或朋友留下深刻的印象。

手表分辨法

你需要用到一块手表（带有指针的手表，而不是电子类手表）。此外，你还需要能够看到太阳的位置，但这并不意味着必须是晴天（千万不要直视太阳，因为直视太阳会对你的眼睛造成极大的损伤）。

将手表在手掌中摊平，并转动手表直至时针指向太阳所在的方向。

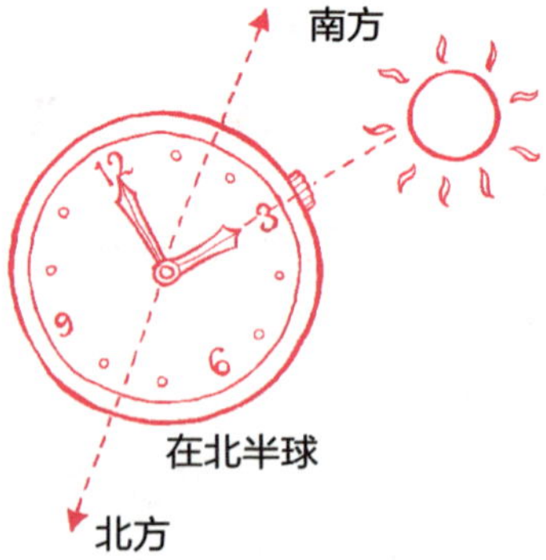

在北半球，太阳在正午时指向正南方。你可以通过时针和表盘上 12 点之间形成的角度计算出南北线。

在右边这个示例图中，时间是下午 3 点，因此南北线运行在表盘上 1 点和 2 点之间的中间位置上。这告诉你，在北半球，正南方位于 1 点和 2 点之间的中间位置上，因此，正北方就位于 7 点和 8 点之间的中间位置。

在南半球，太阳在正午时指向正北方，因此，在以上示例图中，正北方就位于 1 点和 2 点之间的中间位置上。

棍子分辨法

如果你根本没有手表，那你可以在地面上放置一根小棍子，通过测量它在一天中不同时刻投射的阴影找到北方。

你需要用到以下物品：

◎ 一根又长又直的棍子、两块中等大小的鹅卵石。

◎ 一处水平地面、一根绳子、一根小嫩枝。

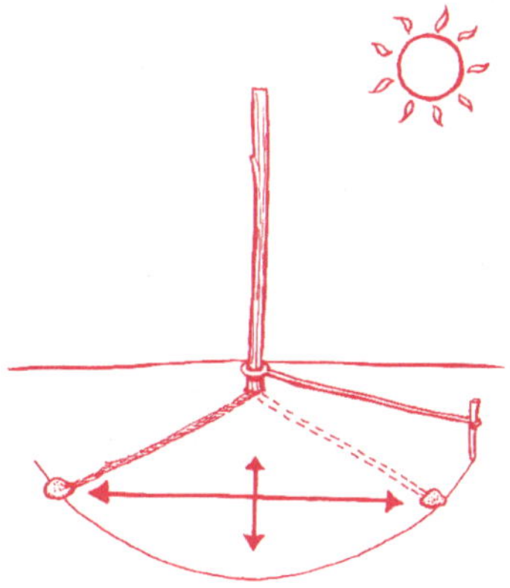

操作方法：

❶早晨，将棍子放在地面上，在棍子投射的阴影处顶端放置一块鹅卵石。

❷以棍子为中心画一条呈半圆形的线（为了做到这一点，将绳子一端系在棍子上，将一根小嫩枝系在绳子的另一端并在地面上画线）。这条线与棍子之间的距离应该等于鹅卵石与棍子之间的距离。

❸随着时间的推移，接近正午 12 点时，棍子的阴影会变得越来越短。随着下午时间的推移，棍子的阴影会变得越来越长。等到棍子的阴影再次触碰到半圆形的线的边缘时，用第二块鹅卵石标记出其顶端的位置。

❹当太阳在天空中从东向西移动时，棍子的阴影会向相反的方向移动，即从西向东。位于你早晨放置的鹅卵石和下午放置的鹅卵石之间的那条连线就代表着东西方向的线，因此，如果你在这条线上再画一条垂线，就可以辨认出北方和南方啦。

如何找到北极星

上千年来，探险者和航海家一直利用北极星来辨别方向和纬度（位于赤道北还是赤道南）。下面介绍了如何在夜空中找到北极星的方法。

首先，找到北斗七星，它们也被称为天罡。这个星群看起来像是一只炖锅（这个星群的形状取决于你所在的位置以及当时的月份，北斗七星的形状可能会颠倒过来或向一边倾斜）。一旦你发现了北斗七星，将距离“炖锅”边缘最远的两颗星与“锅柄”区分开来，确认这两颗星的位置。这两颗星通常被称为“指极星”，因为它们指向北极星。一旦你发现了它们，在脑海中勾画一条虚拟的线将它们连接起来，这条线会指引你一直向北，找到一颗硕大而明亮的星星，那就是北极星。

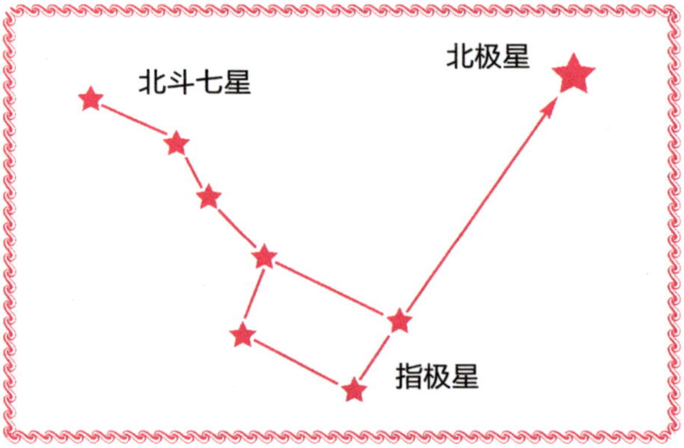

如何制作简易指南针

挑选一片芫荽叶，让它在盛满水的杯子的水面上浮动。

找一根缝衣针。握着针眼，将它在一块磁铁的边缘向着同一个方向重复摩擦至少 50 次。这样做会让针产生磁化的效果。如果没有磁铁，你可以使用丝绸将针磁化，但效果会大大减弱。

小心翼翼地将针放置在水杯中的叶子上，观察叶子的转动情况。最终，针会与地球北极圈和南极圈的连线保持水平，针头指向北极的方向。

如何测量一棵树的高度

要知道一棵树的高度，你不需要爬到高高的树枝上，用长长的卷尺来测量并计算树的高度。下面介绍一种简单的测量方法。

你需要用到以下物品：

◎ 一条色彩明亮的彩色缎带、一个测量卷尺。

◎ 一支铅笔、一棵树。

操作方法：

❶将缎带缠绕在距离树底 1.5 米处的树干上。

❷从树旁走开，直到你可以看到整棵树和你做的标记为止。将你手中的铅笔举高到眼睛的高度，闭上一只眼。让你的铅笔底端和树底对齐，并将你的大拇指放在铅笔上，直到它和树干上的标记对齐为止。这样，你在铅笔上用大拇指测量的距离可以认为等于 1.5 米。

❸以大拇指标记处和铅笔底端为两个端点，向上翻转铅笔，直至一个端点到达树顶，数一数你翻转了多少次，然后将这个数字加 1 后再乘 1.5。比如，如果你翻转了 2 次，那么这棵树就有 4.5 米高。

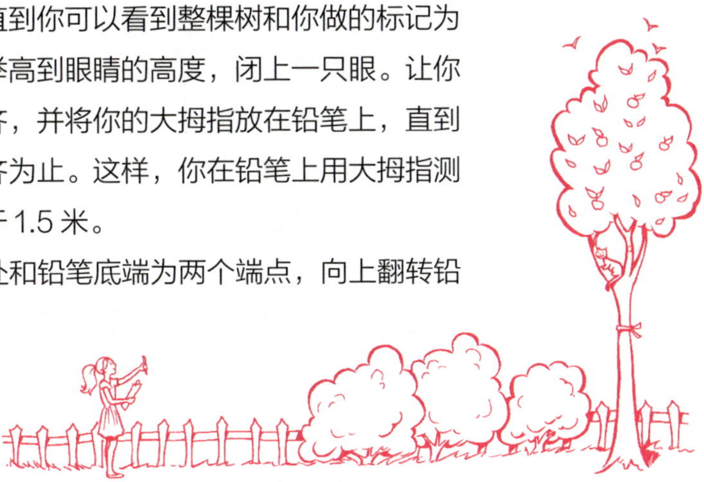

如何逮住蜘蛛

如果你不愿意和一只蜘蛛共享你的房间，不要试图将它压扁。可以想想怎样才能捕捉到它，再将它转移到其他的地方去。

◎ 如果蜘蛛在不太高的墙面或窗台上徘徊，只要将一个大玻璃杯扣在它上面即可。用一张硬卡片沿着杯口的边缘插入。现在，你可以安全地将蜘蛛拿到花园里，并将它从玻璃杯中释放出去啦。

◎ 如果蜘蛛已经结网了，你只需要将玻璃杯放置在它下面，当蜘蛛感知到危险时，就会从网上掉下来掉进杯子里。同样用一张纸板将它封在玻璃杯里。

◎ 如果蜘蛛爬到了墙面或天花板的高处，试着用鸡毛掸把它掸下来，然后尽快把它移到外面去。

如何避免被闪电击中

闪电是云与云之间、云与地之间或者云体各部位之间的强烈放电现象。在暴风雨来临之际，你常会看到天空中出现一道道明亮的闪光。被闪电击中的概率实际上只有百万分之一，但这并不意味着你不应该在某些特定的场合多加留心。下面介绍了避免被闪电击中的方法。

◎ 闪电总会找到抵达地面最快速的方法。与通过空气传播相比，一棵高大的树木，甚至是你的身体，都是能让闪电以更快的速度抵达地面的传播途径。因此，最佳建议就是，在雷雨天气里，尽量待在室内。

◎ 如果你正在乘坐交通工具，那还是待在里面吧。闪电更容易击中金属物品而不是人类，所以你要做的是关紧门窗，不要触摸交通工具内任何金属材质的物品。

◎ 如果你真的置身于室外，那么记得远离那些积水或位于高处、无遮蔽物的地面，以及高大的物体，如旗杆。不要携带任何可以让你增高的物品，尤其是金属制品，如高尔夫球杆和雨伞。如果你能计算出看到一道闪电和听到随之而来的滚滚雷声之间的间隔时间，那么你就能分辨出暴风雨距离你有多远。每 3 秒钟对应 1000 米的距离，如果时间间隔少于 15 秒，那就说明暴风雨临近啦，你最好是迅速躲避。如果就近没有可以躲避风雨的地方，那就蹲伏下来，待在原地不动，直到暴风雨过去。

如何在荒野中扎营

想象一下，你乘坐的飞机坠落在荒野之中，在救援队抵达之前，你需要努力让自己存活下来。

与没有水相比，你可以在没有食物的情况下存活得更久一些，因此，找到水源是第一要务。你需要找到一个可以扎营的地方，附近要有水源，但水源不能距离你扎营的地方太近，因为野兽可能会聚集在那里饮水。

你需要搭建一个披屋，让自己免于太阳暴晒或雨水侵袭。每个披屋都需要有一个坚固的支撑结构。看看你能否找到一棵倒下的树、一处天然洞穴或一块巨大的岩石来搭建你的披屋。将大枝条收集起来，在树干或岩壁处找一个角度将它们支撑起来。确保你躺下时，枝条下方有足够让你容身的空间。

收集小一些的树枝，用它们来填充搭建的大树枝间的空隙部分。接下来，将树叶、青草、苔藓、蕨类植物或任何你能找到的其他东西覆盖在枝条上面。这样做可以阻挡一些风雨侵入你的披屋内，还可以帮你保温。

收集一大堆干木头来生火。你也可以使用树皮甚至是干燥的动物粪便来生火。在距离你搭建的披屋至少十步远的地方生火——你总不想被烟雾呛到或令干燥的披屋起火吧。

为了在夜晚降临后保持温度，你可以在火堆上烧烤岩石，然后将它们埋到地下，再睡到上面。

让火堆一直保持燃烧和明亮的状态十分有必要。此外，还要在火堆旁放置一堆潮湿的树叶备用。如果你听到直升机等飞机从头顶飞过的声音，那么将树叶从火苗顶端扔进去，制造一缕浓烟来引起他人的注意。

当你外出觅食时，一定要小心。不要被那些蘑菇引诱，很多人都很难辨别哪些可以吃，哪些是有毒的。浆果也是很危险的食物。按惯例来说，大部分白色或黄色的浆果都是有毒的，而大部分蓝色或黑色的浆果都是无毒的，但也有例外。你最好的选择就是食用昆虫。这也许听起来令人作呕，但它们十分营养而且不太可能对人体有危害。

如果你知道有人会来寻找你，那么最好待在同一个地方。

如何在沙漠中生存

当你发现自己独自置身于沙漠中时，你要做的最重要的事就是给自己找一处能遮蔽阳光的庇护所，比如一处有灌丛植物或岩石投下阴影的地方。白天待在庇护所里，夜晚再出来活动吧，晚上会凉爽一些。

你面临的最大问题是缺少水。为了确保你能有一处水源，自己动手建造一个“太阳能蒸馏器”吧。(见图示)

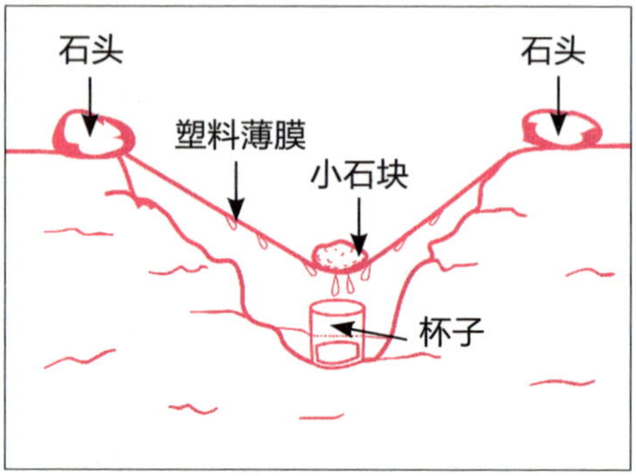

拿一个塑料袋，从开口的一侧向下剪，沿着塑料袋的底边剪开。将它铺开，这样你就有一块大的塑料薄膜啦。在地面挖一个浅浅的洞，将一只杯子垂直地放在洞口中央的沙子里，要将杯子埋到地表以下。用塑料薄膜将洞口覆盖住，并用石头在洞口的边缘位置固定薄膜。将一个小石块放置在塑料薄膜的中央，使其正好位于杯子正上方。水蒸气会慢慢凝结在塑料薄膜下方并滴进杯子里。

你制作的太阳能蒸馏器并不能给你提供充足的水，因此，你需要尽可能地储存体液。水分流失的最大诱因就是流汗。所以，不要哭泣、说话或在灼热的空气中粗喘——你需要闭紧嘴巴，用鼻子呼吸，这样可以减少你体内水分流失。确保你的行动缓慢而有节奏，让排汗量保持在最低程度。

当你感觉燥热的时候，千万不要脱掉衣服。将你的身体尽可能地遮盖起来，以保护你的皮肤不受太阳和热风的伤害。如果有帽子，就戴着它吧，这样能防止你中暑并帮身体储存水分。如果没有帽子，就在你的头上系一块布，确保它能遮盖住你的后颈。

留意你经受过多热气而中暑的迹象：如果你感觉非常疲惫并神志迷乱，查看你的尿液颜色，如果它呈现出深棕黄色，就说明你脱水了。当你发现任何这些中暑的迹象时，喝几滴水吧。连续每个小时都喝一点儿水。

沙漠中广袤无垠的地域会让你低估距离的远近。按照惯例来说，你在沙漠中看到的东西实际的距离总是比你想象中的距离要远三倍。

沙尘暴在沙漠中出现得十分频繁。如果你陷入沙尘暴之中，保持镇静。寻找一个可以躲避的地方，用衣服盖住你的鼻子和嘴巴，侧躺下来，背对着沙尘暴袭来的方向，直到沙尘暴平息为止。

如何在雪崩中活下来

当山坡上的积雪变厚到它想冲到山坡下时，雪崩就发生了。每年都有人丧生于数吨重的、滑动的积雪中。因此，如果想要去滑雪，你需要知道如何避开雪崩现场——很多雪崩都是因为人站在松动的积雪上，积雪无法承受人的重量而引起的。

要时刻保持警觉状态。在你准备滑雪之前，听一听收音机或电视机上播报的关于你所在地区的雪崩预警。

在斜坡上，要留心最近因为暴雪和强风，以及温度的快速变化而产生的雪中空隙和踩下去感到空荡荡的积雪。雪崩更易于发生在陡峭的、朝北的斜坡上。

总是随身携带一部手机准备呼救，还要准备一个雪崩救难讯号器——这个设备会告诉救援人员你所在的位置。

一旦发现雪崩，以及当雪加速朝你袭来时，你需要迅速行动起来。不要试图跑得比雪还快——雪滑行的速度远快于人的速度。扔下你所有的滑雪装备吧，当你摔倒时，它们可能会伤害到你。当你被积雪包围时，试着待在积雪的顶端，以“游泳”的姿态向上爬行。如果你从积雪上滑下来了，试着抓住一棵树或抓住一株灌木吧。

当雪崩减速下来时，用你的双手覆盖住脸，并将你的身体团成球。当你停止移动时，迅速将你的双手前后挥动，用你的双手在你的脸颊前方制造出一个空气壁。积雪在几秒钟之内就会将你严密地覆盖住，因此做到这一点十分重要。

打开你的雪崩救难讯号器，稳住不动，坚信救援队伍就在赶来的途中。

如何在荒岛上生存

你是否想过，如果你流落到一座荒岛上，陷入孤立无援的困境时该怎么办呢？下面介绍了在等待救援队伍到来时，改善你的处境的最佳方法。

寻找水源

没有人可以在没有水的情况下存活。荒岛上灼热的高温会让你流很多汗，并很快陷入脱水的状态之中。因此，找到水源是你的第一要务。

足够幸运的情况是，可以在荒岛上找到淡水水源。沿着海岸寻找流入海洋的溪流，循着溪流往回走，尽可能找到溪流的源头。在你饮用这些溪水之前，要查看一下溪水是否干净清澈，有没有散发出异味。第一次只喝少量的水就可以，之后的每一天再逐渐增加饮水量。这样可以确保在你饮用太多水之前，检查此处水源是否真的安全。

如果无法找到淡水水源，就需要你收集水啦。这里介绍两种收集水的方法。第一种方法，下雨时，用你手边的容器收集雨水。白天要将你收集的雨水存放在一个凉爽、多树荫的地方，防止雨水蒸发。第二种方法，每天早晨收集植物叶子上的露水——这是极好的饮用水。用一块干净的布吸附露水，然后将布上的露水挤进储存水的容器中。

寻找庇护所

在荒岛上，远离太阳散发的灼热光线是十分必要的，因此，接下来要做的就是寻求庇护所。寻找一些可以作为你的庇护所的地基，诸如一块干燥的、露出地面的岩石，一棵倒下的大树，甚至是一处洞穴。收集芦苇、嫩枝及大片的树叶，用它们来搭建你的庇护所。你可以试着将树枝编织在一起，在上面摆放干树叶、松针或欧洲藤。

寻找食物

一些医生说人类可以在连续 4～6 个星期没有食物的情况下存活下来。然而，如果你连续好几天不进食，你就会因为身体太虚弱而无法寻找食物了。为什么不试着用绳子制作一根钓竿，用一根棍子和一根安全别针制作一个钓钩，看看你是否足够幸运能钓到鱼呢？还有一种方法是，你可以尝试用一根削尖的棍子来刺鱼。如果这种方法也失败了，大部分的海藻也是可食用的，只是你需要将它们煮一会儿。

椰子水是一种很棒的饮品，荒岛上如果有椰子树，可以看看树下有没有椰子掉落下来。如何打开坚硬的椰壳呢？

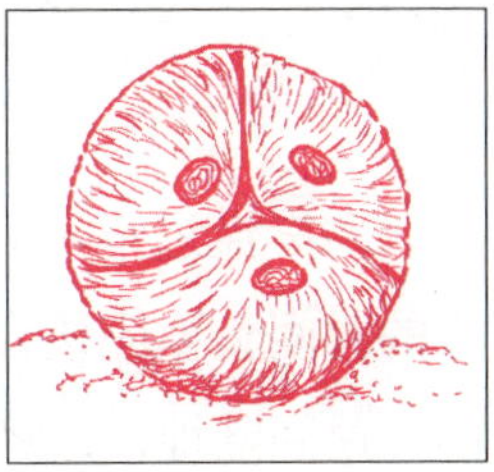

❶除去椰子的外壳——毛状的外层。在椰子的一端，你会看到三处凹痕——就像两只眼睛和一张嘴巴。

❷将这端握在手里，找到“双眼”之间的接缝。循着这条接缝抵达椰子中间的位置。

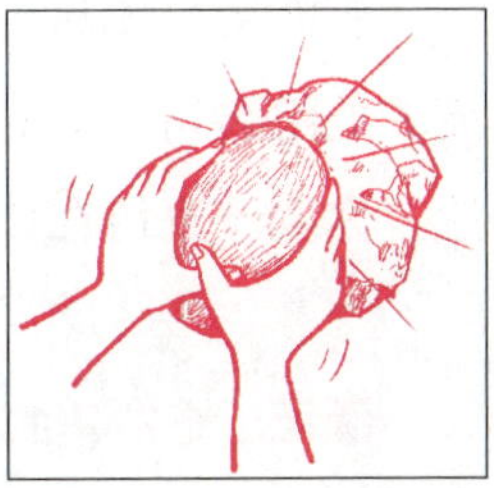

❸找一块大的石块，转动椰子，用石块对着那条接缝来回敲打。一般在用石块重击几下之后，椰子应该就会碎成两半。

❹用一个贝壳或一块岩石将椰子内部乳白色的椰肉掏出来。在你食用之前，先闻一闻椰子内部的味道。如果闻起来有些泛酸或发霉，那就将它扔掉吧。

如何在离岸流中自救

离岸流速度很快，以垂直于海岸的方向向外海流去。它可以将体格强健的游泳者从岸边拉到海里，倘若你知道如何应对离岸流，你就可以安全地返回岸上了。

如果你正在游泳，突然意识到自己正在被一阵离岸流拉到海里，不要惊慌，要保持头脑清醒。你完全有可能返回岸边，而离岸流也不会将你拉到海底。

不要用力挣扎试图游回海岸，你的力气还不足以抵抗离岸流，徒劳无功的挣扎只会让你筋疲力尽。你可以保持在和海岸线平行的方向游动。如果离岸流过于猛烈，令你无法实施这个动作，就在海中静静地等待，直到离岸流将你带到一片平静的水域。

离岸流通常不会超过 10 米宽。一旦你沿着和海岸线平行的方向游动了足够长的时间，你应该会抵达不受离岸流影响的外围水域。接下来，你就应该游向海岸，返回陆地，或者你可以让海浪将你带回海岸。

有游客嬉闹玩耍的沙滩上，通常会有标语警示在这个水域是否易于受到离岸流的危险袭击。留意这些警示标语，千万不要在那些标明不安全地带的水域中游泳。你要一直待在沙滩附近的水域，那里有训练有素的救生员到处巡逻。

谨记： 不要单独游进海里，如果你的游泳技术并不娴熟，还是待在浅水区吧。

如何避免被河马咬到

如果你认为河马是一种可爱有趣、姿态从容、在泥浆中打滚的动物，那你就需要三思啦——它们可能具有极强的侵略性噢。如果河马认为有人侵入了它们的领地，它们就会发动攻击。它们体形巨大，通常重达 4 吨，还拥有尖锐的长牙。据说，河马能将鳄鱼咬成两半呢。

了解了河马的这些特征，你应该尽可能远离河马的栖息地。但不怕一万，就怕万一，下面介绍几个避免被河马咬到的小窍门。

◎ 尽你最大可能远离河马。尤其要注意避开两种类型的河马——保护幼崽的母河马，以及在干旱时期因缺乏食物供给而饥肠辘辘的河马。

◎ 如果一匹河马张开了它的大口，它极有可能不是在打哈欠，也不是因为太无聊了。它可能是在向你展示它有巨大的牙齿，随时都可能发动攻击。你一定要留心这个富有攻击性的警示。

◎ 通过缓慢向后退的动作向河马表示你并不足以对它构成任何威胁。如果河马看到你主动从它的领地中退出，它通常不会在中途驱赶你，也不会咬你。

◎ 试着移动并确定你站在河马的下风处，这样风就不会将你的气味直接传递到河马的鼻孔中，也不会将危险的讯息传递到河马的大脑之中。

◎ 千万不要阻塞河马下水的通道。这个动作一定会让河马狂性大发，这一点绝对要避免。

◎ 逃跑并不会给你带来多大益处，因为河马可以轻而易举地超过你。万不得已的情况下，以你最快的速度跑到最近的一棵树旁——爬上树，大声呼救吧。

如何避开鲨鱼的袭击

实际上你受到鲨鱼袭击的可能性很小。尽管被这种体形巨大、性情凶猛的捕猎者袭击的概率很小，但你还是要尽最大可能减少这种风险。被鲨鱼生吞可不是你到海边度假的目的。

◎ 你可以不去海边游泳，这样就没有被鲨鱼袭击的风险。如果不得不去海边，你可以远离容易受鲨鱼袭击的热点海域，如美国东部（尤其是佛罗里达州）的海域，那里比世界上的其他地方更容易受到鲨鱼攻击。

◎ 留心收音机或电视机中关于你所在水域出现鲨鱼的警告。

◎ 不要单独下海游泳，与一群游泳者相比，鲨鱼更偏向于袭击那些单独的游泳者。

◎ 如果你的泳衣是亮色的或有强烈的对比色，就更容易引起鲨鱼的注意——鲨鱼的视力不是很好，它们对鲜艳的物品更感兴趣。不要佩戴任何珠宝或其他闪亮的物品，因为鲨鱼有可能会将它们错当成水中闪闪发光的鱼鳞。

◎ 避开水花四溅的水域，这里可能会吸引鲨鱼的注意，因为这种水域中可能有陷入困境中的生物。

◎ 不要在黎明、黄昏或夜晚时下海游泳——鲨鱼在这些时刻更喜欢猎食。

◎ 鲨鱼通常潜伏在沙堤和地势陡峭的地方。远离这些区域，或时刻留意水中是否有鱼鳍移向你所在的方向。

◎ 鲨鱼通常以它们拥有能在千里之外的水域探测出血液气息的能力而著称。如果你身上有任何出血伤口，就不要下海游泳啦。

◎ 鲨鱼以小鱼和海产哺乳动物为食，所以你不要进入那些易于潜伏着“咬人”生物的水域游泳——你可能会处于鲨鱼聚餐的中心。潜水的海鸟是这些水域的一种迹象，说明这里有许多鱼，而这些鱼会引来鲨鱼。

如何应对发狂的大象

如果你很不幸地和一头发狂的大象面对面，知道该如何应对十分必要。

◎ 总是待在大象的下风处。要做到这一点，你必须分辨出风向。让风越过大象吹向你，这样大象就很难辨认出你的气味啦。舔舔你的手指，将它伸到空中，辨认出风的方向。

◎ 学会辨认出一头假装发怒的大象和一头真的狂躁追逐你的大象之间的区别。不幸的是，读懂大象的身体语言这项技巧需要多年的观察才能掌握。如果大象的耳朵呈现出放松的状态，可能它只是在假装发怒；如果待在原地静止不动，说明它对你失去了兴趣；如果大象扇动并摇晃它的双耳，那它就极有可能是真的发怒了……

◎ 如果你必须逃跑的话，试着按“之”字形跑动吧！因为大象庞大的身躯，让它很难迅速地转换方向。

◎ 不要想当然地认为将一只老鼠放置在大象身上就可以让大象逃走，大象并不是真的害怕啮齿动物。

◎ 不要试图跳入水中来逃脱大象的追赶，大象可是很好的游泳健将。与其相比，还不如爬到树上呢，它不擅长爬树。

◎ 如果你在不停地逃跑，而大象又在不断接近你，向它扔一个诱饵吧！你的夹克衫或一根粗壮的树枝都可以作为完美的诱饵。如果你身边恰好有一大堆花生的话，你也可以拿这些花生作为诱饵。

如何在一群食人鱼的攻击中存活下来

你也许听说过一群食人鱼在几秒钟内就能将一个人吞食得只剩下骨头，但这种说法并不准确。

实际上，这些有尖利牙齿的鱼并不符合它们在人们脑中臭名昭著的印象。食人鱼多种多样，有些食人鱼还是真正的素食主义者呢。

即使是最危险的食人鱼也不捕猎大型哺乳类动物（像你这样的），这是事实。然而，食人鱼有可能会极为险恶地咬你一口——事实上，它可以轻易咬断你的一根手指或脚趾。

你应该为任何突发情况做好充分的准备，尤其是当你遇到那些长着尖利牙齿的、凶猛的鱼类时。下面介绍了一些如何在有食人鱼的水域中保护好你的手指和脚趾的方法。

◎ 对食人鱼的栖息地要多加留心——它们主要居住在南美洲水流缓慢的河水、溪流和湖泊里。其中最凶险的是红腹食人鱼。

◎ 不要进入暴雨后形成的大水塘。食人鱼可能会被困在这些水塘里。如果它们真的待在水塘里，那它们一定十分饥饿，更具有攻击性。

◎ 干旱的季节是十分危险的，在这个季节进入南美洲的河水中是不明智的。在这个季节，食人鱼可能陷入了食物匮乏期，因此，它们会变得饥饿难耐。

◎ 避开临近垃圾堆的水域或有鸟儿筑巢的树木的水域，因为这些地方可以为食人鱼提供丰富的食物，食人鱼更倾向于潜伏在这些地方。

◎ 食人鱼可以嗅到水中鲜血的味道，因此，如果你的身上有伤口，不要涉足水域。

◎ 如果你真的看到了食人鱼，不要惊慌，用手臂和腿用力击水只能引来更多的猎食者。要保持镇静，平缓地从水中移动到岸边。当你从水中出来，处在相对安全的地方时，再惊慌也不迟。

如何打水漂

让一块石头在湖面或河面上跳跃几次需要一定的技巧。多练习，或许你有可能打破世界纪录呢。

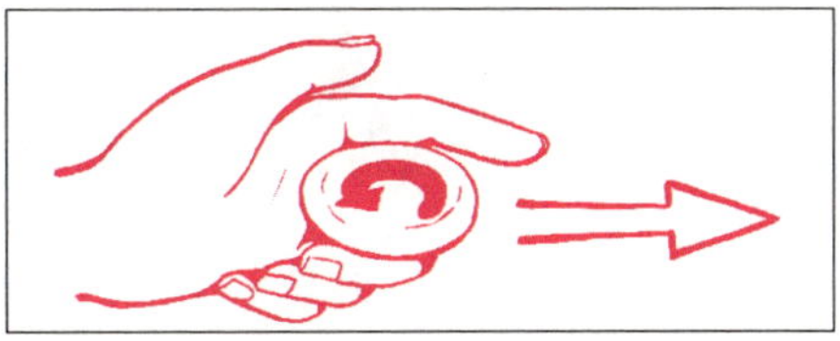

挑选一块平滑的椭圆形石头，大小要可以轻而易举地握在手中。再找一处平静的水域，比如一个湖泊或小池塘。侧身站在水边，双脚分开，屈膝站立。

食指弯曲，握住石头的边缘，将你的大拇指平放在食指上方。你的中指放在食指下方，以确保当你投掷石头时，它可以保持水平的姿势。

将你的手臂缩回来，再猛地伸出去。抛出石头时，用你的手腕和食指让石头旋转。要尽可能地将石头抛掷在水面附近，几乎和水面持平最好。如果想要达到专业水准，你可以瞄准石头的入水路径和水面之间 20 度角的地方。石头前方应该稍稍高于后方，这样石头在水面上跳跃的概率就更大了。

如何让雪橇滑行得更快一些

下面列出了一些快速滑雪橇的重要提示。

你需要一双雪地靴，并且鞋底要防滑，以免滑倒。但滑雪橇时就截然不同啦。你的雪橇底部越光滑，与地面之间的摩擦力就越小，滑行起来就越顺畅。减少你的雪橇和地面积雪之间摩擦的最佳方法就是用烛蜡、植物油或家具光亮剂擦拭雪橇底部。

只有在冰块结实堆压的地面上，你才能获得最快的加速度。连续几次在同一路径上滑行也可以达到理想的速度和效果，或者沿着在你之前的雪橇滑行者的路径也可以。

下面还有一些滑雪橇的安全提示，你也要注意。

◎ 首先要获得使用滑行雪橇的许可，而且要确保有一位成年人知道你滑行雪橇的地方。

◎ 只在安全区域滑行，避开公路、车道和悬崖上方的区域。

◎ 不要在黑暗中滑行。

◎ 不要将雪橇直接滑进一大堆积雪之中，除非你十分了解这个区域的地理状况，因为积雪可能会隐匿树桩或带刺的铁丝网等。

◎ 学会如何停下雪橇及转向。

谨记：如果你的雪橇无法停下来或你失去了对雪橇的控制，立即脱离雪橇吧。不要担心你的雪橇，当它停止滑行时，你就能取回它啦。

如何自己制造“闪电”

自己来制造一次迷你型“闪电”吧。下面就是如何制造“闪电”的相关介绍。

你需要用到以下物品：

◎ 一只吹起来的气球、一块毛料布、一个曲别针。

操作方法：

❶天气干燥才可以产生最好的闪电效果，因此，不要费神在潮湿的季节或有雾的天气中尝试。让房间变暗——房间越暗，你看到的自制闪电就越清晰。

❷把气球在毛料布上摩擦约 30 秒钟。

❸将气球拿到靠近曲别针的地方。

❹你应该能看到气球和曲别针之间出现了一个火花爆裂的痕迹——如叉形闪电一般。事实上，这是你在气球表面摩擦而引起的静电和曲别针的金属产生了闪电效应。

如何写你的第一本自传

自传记录的是一个人的真实经历，内容关乎个人生活。通过读你的自传，他人可以清楚地了解你，因此，现在就动动笔，记下写自传的几个要点吧。

◎ 记日记。回看日记，能让你想起某一天你有什么样的感受。日记可以给自传增添不少情感色彩。

◎ 读一读偶像的自传，找一些灵感。

◎ 向家人和朋友求助，问问他们你小时候有哪些逸闻趣事。如果他们能证明你还是婴儿时就显出了过人的天赋，那就更好了。

◎ 记住，一定要诚实。如果夸大其词，那么被发现后会非常尴尬。

◎ 16 岁时完成自传第一卷，之后才有更多的时间写第二卷、第三卷。

如何用象形文字写出你的名字

几千年前，古埃及人就已经开始使用象形文字。一些象形文字代表了整个单词，而另外一些则代表了音节或音群。埃及抄写员花费了数年的时间来学习如何用象形文字书写。你当然没有那么长的时间来学习象形文字，因此，这里介绍埃及象形文字的简化版，字母表中的每一个字母都有与之相对应的符号。

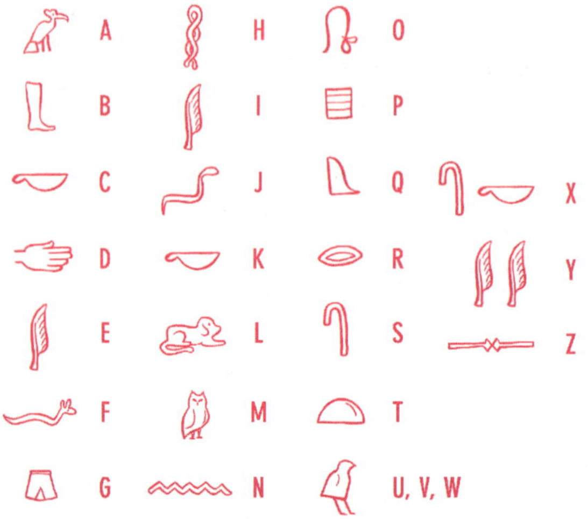

用上图中的符号在下面的框框中拼写出你的名字吧。

如何创造世界纪录

如果你认为自己是世界上速度最快、速度最慢、最好或者是最糟糕的人，那你可以用上下面介绍的如何让官方承认并将你创造的世界纪录记录下来的方法。

首先，你需要确定自己是想创造一个新纪录还是打破现有的纪录。如果你选择创造一个全新的纪录，你就需要联系吉尼斯世界纪录组织。你可以前往他们的网站查询纪录及尝试打破这一纪录的所有细枝末节。

确切地告诉吉尼斯世界纪录组织你计划尝试创造的新纪录，他们会告诉你这个计划是否合适。如果他们认为你的想法合适，便会进一步和你讨论每一个细节，你需要提供什么证据来证明你在公正的情况下创造了该项世界纪录。如果他们认为你的想法太危险或太难以证明，他们就不会接受你的申请。

你还可以选择打破已有的世界纪录。可供你选择的纪录种类也多种多样，如用你的鼻子滚动橘子、扔鸡蛋都是可以尝试的项目。吉尼斯世界纪录组织会告诉你关于现有纪录的所有细节、你需要遵循的指导方针及你需要提供的证据。一般来说，他们会派一个人来见证你试图打破纪录的场面。

一旦你提交了关于你尝试打破纪录的所有证据，几个星期内，吉尼斯世界纪录组织就会让你知道你是否提供了充分的证据。如果你提供的证据充分，那么你就成功了。

如何赢得对视不眨眼的比赛

与你的朋友面对面站立，互相凝视着对方的眼睛，比赛谁坚持不眨眼的时间长。第一个眨眼或看向别处的人为输。这个比赛并不像听起来那么容易。如果一直不眨眼，你的眼睛就会变得干燥，并会感到疼痛。掌握以下几条秘诀，你会变得战无不胜。

◎ 在比赛开始前，尽可能紧紧地闭上双眼，时间越长越好，让眼睛得以分泌一些保持眼眶湿润的泪水。

◎ 在比赛过程中，睁大你的双眼。当你感觉快要眨眼的时候，将眼睛睁得更大一些。虽然这种行为违背了你的自然本能，但事实上，它会让你的眼眸湿润起来，维持眼睛的湿度。

◎ 当你感到快要眨眼时，还可以眯着眼并皱皱眉头。这会让你的双眼再次产生泪水并帮助你延长凝视对手的时间。

如何提高英式篮球进球概率

当球传递到你手里时，调整身体，确保你的双脚、肩膀和手肘都朝向球门柱。将你的双脚叉开，与双肩等宽，以此来提升你的平衡度。

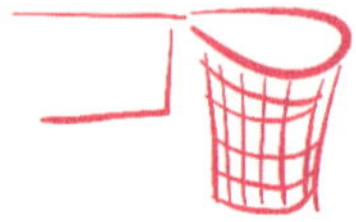

深呼吸，稳定心绪，将注意力集中在球网上。不要让对方球员干扰你的注意力。

让球在你右手的指尖上保持平衡（如果你习惯使用左手的话，那就把球放在左手指尖上），将你的另一只手放在球的一侧，以保持它的稳固性。

将你的手臂伸过头顶，让球朝向球网的方向。

当你准备投球时，弯曲膝盖并蹲下身子，将后背挺直，眼睛注视着目标处。

将你的双手稍稍置于头部后方的位置，向上跳起时，将你的双手向前、向上摆动，伸直你的手臂，将球向球网的方向投出。

为了提高球的命中率，在你转动手腕，准备将球脱手而出时，将球向后旋转。使用这种方式，即使球被弹到球网的边缘，进球的概率也会大大增加。

如何表演将水变作柠檬汁

和朋友们聚会时，你告诉他们你要创造一个奇迹——把淡而无味的自来水变为美味的柠檬汁。

为了确保表演成功，你需要事先准备一个可供你施展小把戏的水壶，也许你还需要一些实际的表演。

❶找一个瓷制或陶制的大水壶。它必须是不透明的，否则这个奇迹的秘密就会泄露出去。

❷粘一点儿胶水到塑料杯子的底部，将杯子放入水壶内，用力按压杯子，让它牢固地粘在水壶底部。

❸将海绵或可吸水的纱布牢牢地捆扎在塑料杯子周围，确保水壶倾斜时，它们不会掉下来。

❹在水壶中的杯子里装满柠檬汁。

❺现在，将你的观众聚集在一起，让他们就座观看你的表演，千万不要让他们看到你的水壶内部啊。

❻在玻璃杯里装满水，倾倒一些水到水壶里，确保水没有流进塑料杯子里，而是被捆扎在杯子周围的可吸水的海绵或纱布吸收了。

❼低声说一些令人印象深刻的魔法语言，将手臂以神秘的姿态在水壶上方挥舞。

❽倾斜水壶，将塑料杯子里的柠檬汁倒进一个空的玻璃杯里。将那杯柠檬汁递给你的一位观众品尝。这个时候，你就可以坐回原位去接受观众的掌声了。

如何假装你力大无穷、不动如山

或许你可以和你的朋友们小小吹嘘一下你力气很大、不动如山，然后通过下面这个小把戏来证明自己的超能力。

在面前横举一把直柄雨伞，让它和你的肩膀持平，并与你的身体保持大约25厘米的距离。

让一个朋友抓住雨伞两端，确保她的双手比你的双手更接近雨伞两端。

让她尝试通过用力推动雨伞来让你移动。当她推动雨伞时，你要向上用力，让雨伞保持不动。这个动作是将压力向上转移，而不是转移到你的身上。这样，你的朋友就不能让你挪动位置了。

如何表演硬币消失小魔术

❶拿两张一样的硬纸板。将杯子倒置在一张纸板上，沿着杯子边缘画个圈，然后将圆圈剪下来。

❷在杯口的边缘涂上胶水，将圆形纸板正好粘在杯口上。如果有必要的话，将纸板边缘修剪一下，让它和杯口完全贴合。

❸将第二张纸板放在桌子上，再将杯子倒置放在纸板上面。

❹做好以上准备，向你的观众要一枚硬币，将它放在纸板上的杯子旁，同时告诉你的观众你要让硬币消失。

❺用手帕将杯子盖住，把它移动到硬币上方。说一些令人印象深刻的魔法语言后，再将手帕移开。硬币消失了，这是因为你粘贴在杯子上的纸板盖住了硬币，看起来硬币仿佛凭空消失了。

❻再次用手帕将杯子覆盖住，再将杯子从硬币上方移走，硬币又重新出现在观众眼前啦。

如何向朋友展示神奇的视错觉

下面这个小游戏是基于视错觉完成的，视错觉可以欺骗你的大脑，让大脑认为你看到的是一张完整的图片，而不是两张不同的图片。

找一张边长大约 5 厘米的正方形卡片，然后遵循下面的步骤进行。

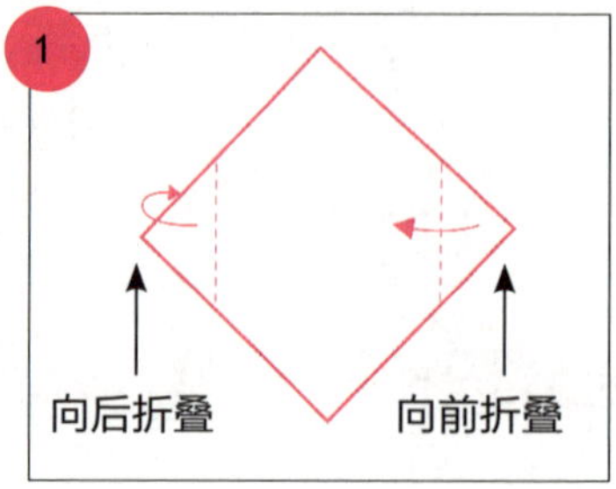

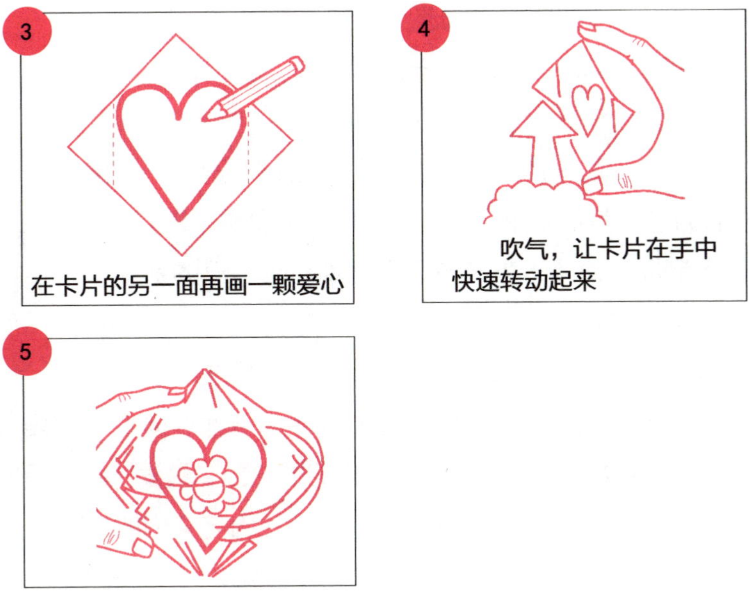

如图中步骤 4 所示，用大拇指和食指夹住卡片，用力向折叠的一个边角吹气。当卡片旋转起来时，你就会看到卡片上的两个图案合成一个图案啦。

如何玩“我来抓牌碰运气”游戏

这种游戏不一定要用扑克牌，用卡片也可以，而且在家就可以做。

制作卡片

你需要用到以下物品：

◎ 三张 A4 大小的薄卡片、固体胶。

◎ 四张照片（一张你的，三张朋友的）、钢笔、剪刀。

◎ 旧杂志若干，或一台电脑和一台打印机、签字笔。

操作方法：

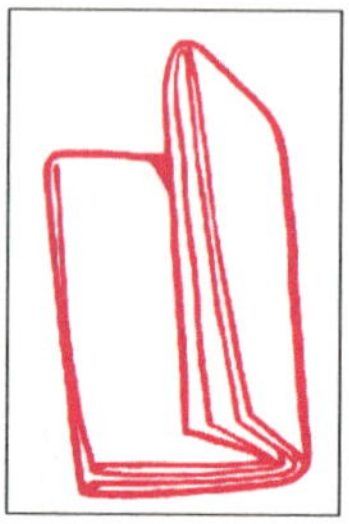

❶取一张卡片，沿长边对折一次，沿短边对折两次，折出八等分的小长方形。其他两张卡片也按同样的步骤操作。

❷在一张卡片最顶端的小长方形里分别写出自己的名字和其他三个好朋友的名字。

❸用固体胶将你们的照片分别贴在各自名字的下方。

❹在照片的下面写出以下标题：最爱的颜色、最爱的动物、最爱的食物、最爱的偶像、最大的爱好等，然后详细写出你们的这些“最爱”具体是什么。

❺翻看旧杂志，找出与你们的这些“最爱”相关的各种图片，“最爱的颜色”可以除外，然后把图片剪下来。如果没办法全部找到，那就上网搜一搜，请家长帮忙用打印机打印出来。

❻找齐图片后，把图片分别贴在每个小长方形的中间，在小长方形最上面横着写出该项“最爱”对应的主人的名字，图片下面写出该项“最爱”是什么。如顶端写“安娜”，底端写“最大的爱好：练空手道”。

❼如果某一项对应的图片实在找不到，直接画出来也可以，然后涂色。

❽至于大家最爱的颜色，同样把名字写在小长方形顶端，然后用签字笔在长方形的中心画粗粗的曲线，然后把颜色写在下方即可。

❾把卡片上的小长方形都填满后，沿着折痕剪开，这样你就有 24 张小卡片了。

小贴士：如果想要长久保存卡片，用于不同的游戏，可以将其塑封。

游戏的玩法

该游戏可以 2～6 个人一起玩。

❶将卡片打乱，正面朝下，一人一张轮流发，直到把卡片发完为止。

❷每个人看一下自己手里的卡片，注意，一定不要让他人看到。游戏的目的就是把每个人的“最爱”收集完整。

❸从发卡片那个人左边的人开始，向围坐在一起的下一个人索要一张自己需要的卡片。例如，如果她手里已经有“克莱尔的照片”“克莱尔最爱的颜色”了，那她就可以这么问：“你手中有克莱尔最爱的食物吗？”

❹如果被问的一方有这张卡片，就必须把这张卡片给问她的人，问她的人就可以继续要别的。如果被问的一方没有，那问的人必须说“我来抓牌碰运气”，然后再去问下一位。

❺最后谁收集的整套“最爱”最多，谁就获胜。

小贴士： 轮到朋友的时候，一定要仔细听她要什么。这样你就能推测出她手中有什么卡片，然后轮到你的时候，你就知道向她要什么了。

如何玩“随着音乐穿衣服”游戏

“随着音乐穿衣服”游戏与“随着音乐抢椅子”游戏十分相似，但有一点不同，那就是当这个游戏结束时，你的外观看起来会十分滑稽。

尽可能多地收集不同大小和种类的服饰，并用袋子装好。外套、帽子、耳罩、T 恤衫、长裤、裙子、短裤和鞋子……可以让你的朋友都带一些过来。

一名玩家控制音乐，其余的玩家围成一个圆圈坐好。

当音乐响起时，沿着圆圈传递那包衣服。音乐停止，手里拿着包裹的人必须闭上她的双眼，从包裹中拿出一件衣服并穿在身上。

音乐再次响起，游戏继续进行，直至包裹中的衣服被用光为止。

这时，控制音乐的玩家必须选出游戏的赢家，也就是那个穿着显得最滑稽的人！

如何玩“跳房子”游戏

几个世纪以来，“跳房子”游戏一直是女孩子们的最爱。这个游戏简单有趣，还可以锻炼身体的协调能力。

玩“跳房子”游戏最常使用的图形是正方形：先画一个正方形代表 1，接着画第二个正方形代表 2，依次类推，画到数字 10 时，用一个半圆封顶，如下图所示。任何可以画出这些图形的地方都能玩“跳房子”游戏。

❶在一块坚硬平坦的地面上用粉笔画出“房子”的布局图案。

❷首先，将一块鹅卵石扔到方块 1 中，确保鹅卵石正好落在正方形内——如果鹅卵石触碰到正方形的边界线，你的这轮游戏就结束啦。

❸跳过放着你扔的鹅卵石的方块 1，将你的左脚落在方块 2 内，右脚落在方块 3 内，单脚跳入方块 4，继续双脚分别落入方块 5 和方块 6，继续沿着方块蹦跳，直到你抵达标记数字 10 的半圆内。接着，转过身来（用一只脚维持身体平衡），同样方法沿原路返回你放置鹅卵石的方块内，捡起鹅卵石，跳回原点完成一轮游戏任务。

❹当你每次成功地完成一轮游戏任务时，按顺序将你的鹅卵石扔进下一个方

块内。因此，你的下一轮游戏应该从方块 2 开始，单脚跳跃穿过方块 1、方块 3 和方块 4。

❺如果你的脚触碰到了方块的边界线，失去了平衡，或忽略了一个方块，你的这轮游戏就结束啦。当再次轮到你玩游戏时，你必须从方块 1 重新开始。

❻最后一个返回方块 1 的人获胜。

小贴士：找一块奇形怪状、表面粗糙、不易滚动的石头，练习精准的投掷技巧吧。

如何玩“疯狂高尔夫”游戏

在你的房屋内设置一处迷你高尔夫球场吧，用打高尔夫来消磨一个雨天简直再好不过啦。

你需要相当大的一个空间，并且要确保你不会占用家庭其他成员使用的房间。

你需要用到以下物品：

◎ 一根高尔夫球杆（如果你没有真的球杆，一把雨伞、一把扫帚或一根拐杖也可以），一张纸，一个平底锅。

◎ 任何可以充当球场障碍的物品（诸如盒子、硬纸管、光盘盒、书本、锡箔纸等）。

◎ 胶带，一个小皮球（不要使用高尔夫球——在室内太难令它发挥效力啦）。

操作方法：

❶规定多个“球洞”——形成每位玩家必须遵守的路径。这条路径可以从一个房间开始，在另一个房间结束。它应该包括房间内、桌子上下、椅子和沙发，甚至可以包括楼梯下面和用胶带标记的踢脚板的边缘地带。这条路径可以穿过门道——小皮球必须在不触碰到门和门框的情况下穿过去。

❷用纸剪出一个圆圈，用它标记出路径的出发点，再用平底锅标记出路径的终止点——小皮球必须抵达终点游戏才算结束。

❸将所有易碎物品从你要使用的房间内移走。

❹设置一些球场障碍带吧。这些障碍带可以包括：

◎ 硬纸管。玩家可以将球击打进去。

◎ 盒子。玩家必须让球以一种特殊的顺序从盒子上方跳跃过去。

◎ 书本或光盘盒。玩家必须让球在它们的中间曲折前进。

◎ 将一张长长的锡箔纸揉皱，再将它在地板上铺平，并用胶带固定住——这个障碍带让控制球的路径变得困难起来。

◎ 一些在侧边剪出“球门”的盒子。玩家必须将球击打进“球门”。

小贴士：创建一个精密的高尔夫球场要经过反复试验。当你认为你已经布置成功时，可以先试验一番，看看是否需要改动某些物品的位置——也许球场中设置的某些障碍太困难，而某些障碍又太简单了。

球场准备好之后，大家就可以开始玩了。每位玩家必须用高尔夫球杆在球场内将球轻击（动作轻柔地击打），球越过所有的阻碍和障碍带后入球洞。在球最终抵达放置平底锅的终点前，将每位玩家击打球的次数记录下来。

如果某位玩家因为球被困在某处必须用手捡球并移动它的位置时，那就要给他相应的扣分。

当每位玩家都完成了整个路径后，将每位玩家击打球的次数和扣分加以计算，得分最高的玩家就赢得比赛啦！

如何成为最棒的啦啦队队长

富有经验的啦啦队队长会呈现出令人惊叹的演出，包括横翻筋斗、前手翻筋斗和完成动作复杂的跳跃。如果能掌握下面描述的七项基本的啦啦队动作，你就可以将它们整合起来，形成一套啦啦队的精彩表演组合。

啦啦队基本动作

在练习基本动作时，可以听一些有节奏感、强劲、粗犷的爵士乐。

双手举高呈“V”字形。将双手呈“V”字形伸展，举过头顶。与此同时，双脚各向两边跳跃。数到 3，然后摇晃你手中的啦啦球。接着，将你的双臂垂下放在身体两侧。

摆成“L”形动作。双脚跳跃并拢。将左臂垂直举过头顶，将右臂伸向另一侧，与左手臂构成一个“L”形。坚持 3 秒，然后晃动你的啦啦球。接着将你的动作反转，将你的右臂伸向空中，将左臂伸向一侧，然后晃动啦啦球。最后再将你的双臂垂下放在身体两侧。

摆成“K”形动作。将你的双脚并拢，左臂抬高呈“V”字形，伸向斜上方。将右臂横放在身体之前，让它和左臂保持水平。坚持 3 秒，然后晃动你手中的啦啦球。现在，将你的动作反转，将你的右臂伸向空中，将左臂横放在身体之前。

拎水桶的动作。双脚跳跃，向两侧分开。将手臂笔直向前伸展，拳头朝下，仿佛你每只手里都拎着一只水桶一般。坚持 3 秒，接着晃动你手中的啦啦球。

剥香蕉的动作。双脚跳跃并拢。身体向后弯曲，将你的手臂向后上方伸展。坚持 3 秒，再晃动你手中的啦啦球。直起身子，将手臂垂落在身体两侧。

击掌的动作。双脚跳跃，向两侧分开。将双臂伸直，举过头顶，掌心相对。坚持这个动作，数到 3（当自己的足球队进球时，啦啦队队长就会用到这个动作），晃动你手中的啦啦球。

单膝跪地的动作。如上页图所示，将你的右膝向前弯曲，左膝置于地面上，这是比赛结束后的结尾动作。将你的双臂高举过头顶，呈“V”字形。当你高唱着你最喜爱的歌曲时，最后一次晃动你手中的啦啦球。

你做得真棒，真是一场精彩的表演啊！

团队合作

啦啦队是需要团队合作的，因此，将一群朋友聚集起来吧，让她们一个接一个地练习完成所有的基本动作，再按照编好的动作顺序进行练习。

让一个人在练习全程中数“1、2、3、4，1、2、3、4”，以确保所有人的动作都能保持一致。

穿着得体

你的啦啦队应该看起来像一个团队。因此，队员们的服装颜色和搭配要保持一致，这一点十分重要。将你学校的运动裙或运动短裤，和你选择的特定颜色的T恤衫搭配在一起，这是一个不错的选择。让每个人将头发向后梳，扎成高高的马尾辫，发尾用发带系起来，确保发带的颜色和队服颜色保持一致。记住，即使你支持的队伍输了比赛，也要绽放微笑噢。

准备啦啦队队歌

试试下面这首啦啦队队歌吧，你也可以自己创作独属于你们的队歌。

2、4、6、8。我们是谁呀？

我们就是啦啦队的女生啦！

我们的队伍一定赢，你们的队伍输到停。

啦啦球举高，啦啦球放倒，我们都知道，我们的球队最好。

我们最棒，其他队伍都没我们强。

如何解读你的涂鸦作品

分析你无意中画下的涂鸦作品或许是发掘你内在是什么类型的人的一种绝妙途径。下一次，当你无意识地在一张纸上随意涂鸦后，看看你画的，根据下列图案找出它们的含义吧。

几何图形

你是一个高度具备组织能力的人。如果你最先完成某件事情，有人会向你寻求帮助。

一座房子

你是一个喜欢待在家里的人，这会让你有安全感。你足不出户就能让所有事情都井井有条。

花朵和曲线

你十分友善、善解人意，而且每个人都喜欢你噢，你真是个幸运的女孩！

箭头

你对生活有重大计划并且你会意志坚定地达成目标。

小鸟

你拥有一个自由的灵魂，想要逃离世间一切喧嚣的事物。

三角形

你厌倦了日复一日做同样的事情，你喜爱变化并乐于接受挑战。

心形

你天性热情。我敢打赌你一定会在各种节日送出不少贺卡，同时也会收到不少回赠。

圆形

你喜爱独处。问题在于，每个人都喜欢围绕在你身边，所以你并不经常有独处的机会。

如何堆砌出牢固的沙堡

找一个好位置。你需要用湿沙子去搭建城堡，但不要挑选太靠近海边或你的沙堡可能会被冲走的地方。用小铲子的背面拍打沙子，为你的沙堡打造一块坚实、平滑的地基平面，将它压平。

建造沙堡的主体。往篮子里装沙子，将沙子压得紧实一些。可以轻轻敲击两侧的沙子，让沙子稳稳地固定在篮子里，并左右摇晃篮子，让沙子覆盖住所有的气孔。当沙子装到篮子顶部时，用力将它压得紧紧实实的。

将湿沙子塑造成平底锅的形状，厚度和拇指的厚度保持一致，逐层堆积起来，在你建造的基础结构上方搭建高高的堡垒。

将一把湿沙子紧握在手中，除去多余的水分，做成一块块沙块。将沙块沿着沙堡周围堆叠起来，建造一面墙壁。这面墙壁的顶端应该比底端更窄一些，这样才能防止墙壁倒塌。

小心地在沙堡的根基处挖一条隧道来制作拱门，然后用一根小细棍或一把塑料野餐刀塑造出拱门的形状。

作为收尾的一步，沿着墙壁外围挖一条沟渠，在里面放满水，为你的沙堡建造一条护城河。

巧手女孩心更灵

如何改造T恤衫

在你想将那件你再也不穿的、令人厌烦的旧 T 恤衫扔掉之前，可以尝试着用以下技巧中的一条去改造它。

◎ 从旧麦片包的硬纸板上剪出你喜欢的形状或字母，制作出模板。用胶带将模板固定在 T 恤衫上，然后用布彩颜料涂盖住这片区域。在移除模板前，要让颜料完全干透。想要不同的视觉效果，你可以让颜料滴下去或用手指拂过颜料。

◎ 试着用不同形状、大小、色彩的纽扣来自制一件 T 恤衫。首先，要把纽扣排列开来，四处移动它们，看看哪种图案效果最佳，如在领口处摆上厚厚一整串纽扣。接着，用针线将纽扣缝在 T 恤衫上，或者用织物胶水将纽扣粘在 T 恤衫上，达到以假乱真的缝纫效果。

◎ 用废弃的布料在 T 恤衫正面或背面制作风景图片或图案，用织物胶水将它们粘贴在 T 恤衫上。在废弃布料的边缘添加一些织物颜料，会帮助你将这些布料更紧密地粘在 T 恤衫上。

◎ 给 T 恤衫漂染上你最喜爱的颜色。漂染是一项极其麻烦、脏乱的工作。因此，可能的话，到户外进行这项工作吧。戴上橡胶手套，穿上旧衣服，以防染料沾到自己身上，因为染料是很难清洗掉的。

想要达到最佳的漂染效果，最好选择纯棉 T 恤衫。将一包布料染粉和 500 毫升热水混合倒进水桶中，添加 5 汤勺盐，搅拌让混合物冷却至室温。用一根长绳将 T 恤衫的底角紧紧缠住，接着要揉皱 T 恤衫，继续将绳子缠绕至领口。在绳子上打个结，紧紧系住 T 恤衫。将 T 恤衫在染料中浸泡 20 分钟，之后拿出来彻底晾干，然后解开绳子，再将 T 恤衫清洗干净晾干。

◎ 如果你尝试了所有的方法，但你的 T 恤衫看起来依旧太旧，太令人厌烦，根本不可能再让你光彩照人，那就用它来做抹布吧。

如何用漂亮的手法包装礼物

拆开一件包装精美的礼物是一件令人兴奋的事情。下面介绍一些包装礼物的简单技巧，帮助你提升礼物“令人惊叹”的格调。

在一块宽敞、平坦、干净的区域进行这项包装礼物的工作吧。如果是在地板上，首先将地板打扫干净，因为即使是微小的沙砾都可以轻易地划破包装纸。

不要使用太多的包装纸，否则当你进行包装时，很难折叠整齐。

将礼物置于包装纸的中央位置，这样做可以保证礼物的每个边角都有同等大小的折叠空间。

不要试图给一件形状奇异的礼物包上包装纸，先将礼物放进盒子里再包装，会更加方便、好看。

在你开始进行礼物包装之前，先从一卷胶带上撕下几段。将这几段胶带的一端粘在一个平滑、坚硬的物体上。这样，当你需要使用胶带时，就可以轻而易举地随手取用啦。

不要忘记用包装纸将礼物紧紧地包裹起来。当你折叠包装纸时，要压出深深的折痕。

在你用胶带粘住包装纸边缘之前，可以使用一件较重的物体将包装纸的边缘压住，加以固定。

如果你想要做出一个弓形的缎带样式，不要使用质地普通的缎带。试试金属边的缎带吧！它可以完美地维持弓形的样式。

在礼物上附上一个标签，说明是你寄来的礼物。没有比你送给别人一件精美的礼物，却得不到回应更糟糕的事情啦！

创意包装

你还可以充分发挥你的创造力，将礼物包装成最独具特色的样式。

◎ 你可以使用从漫画书、商店宣传页、地图或海报上剪下来的纸页作为包装纸。为什么不试着将包装纸的风格和收取礼物的人感兴趣的事物相匹配呢？

◎ 拿一张白纸作为包装纸，并用食用色素染色作为装饰。这种食用色素比普通的广告颜料更便于使用，因为折叠纸张时，食用色素不会脱落。

◎ 用漂亮的布料包装礼物，并系上缎带，这会让你的礼物看起来极其精致。

◎ 可以试着添加一些闪亮的贴纸来提升白纸的亮度，或者试着在白纸上敷上一层薄薄的白胶浆，在上面撒上一些（装饰用的）小发光物或（婚礼、狂欢节中抛撒的）五彩纸屑。在白纸上粘一些装饰用的羽毛也能制造出不错的效果。

◎ 用牛皮纸和细绳在礼物周围细致地包装起来，这会让礼物看起来格外精巧。你可以使用行李标签替代礼物标签。

◎ 将礼物塞进纸筒（如厨房卷纸的卷筒）里，这样就可以将一件小礼物变成糖果的造型啦。用彩色的薄页纸将纸筒包裹起来，用缎带或橡皮筋将包装纸的边缘捆绑住，形成一个糖果的形状，还可以用贴纸装饰一番。

如何用纽扣和珠子做手链

你需要用到以下物品：

◎ 精心挑选的漂亮纽扣（问问家长，可不可以直接从他们的针线盒中找，从旧衣服上拆，或者从义卖商店、缝纫店里买一些便宜的）。

◎ 精心挑选的漂亮珠子。

◎ 橡皮筋若干。

◎ 缝纫用的线，剪成 10 厘米左右。

操作方法：

❶将橡皮筋绕手腕一周，量出手腕的长度，然后再加 8 厘米，将末端系成结，剪掉多余部分。

❷选一颗珠子或纽扣，将缝纫线从珠子或纽扣孔中穿过。

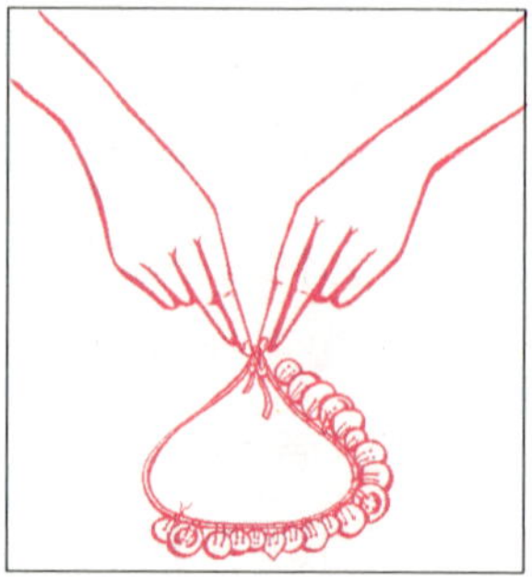

❸将穿好缝纫线的珠子或纽扣系在橡皮筋上，系双结固定，剪掉多余的缝纫线。

❹继续在橡皮筋上系珠子或纽扣，直到将橡皮筋全部覆盖为止。

小贴士：橡皮筋上要尽可能多地系珠子或纽扣，越是密集，手链越好看。

如何玩翻绳游戏

邀请一位朋友，和你一起试一试这个翻绳游戏吧。看看在遵循以下这些顺序的情况下，你可以将绳子翻得多快。

❶将一根 160 厘米长的绳子系成一个圈。

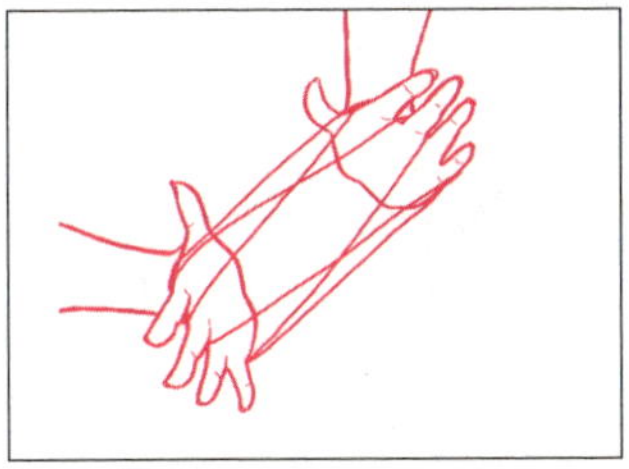

❷将你的双手套进圈里，拇指放在圈外。再次用绳子将双手缠绕一圈。用你一只手的中指从底部勾住横躺在另一只手手心的绳子，然后拉伸。用另一只手重复这个动作，制作出一个“翻绳”图案。

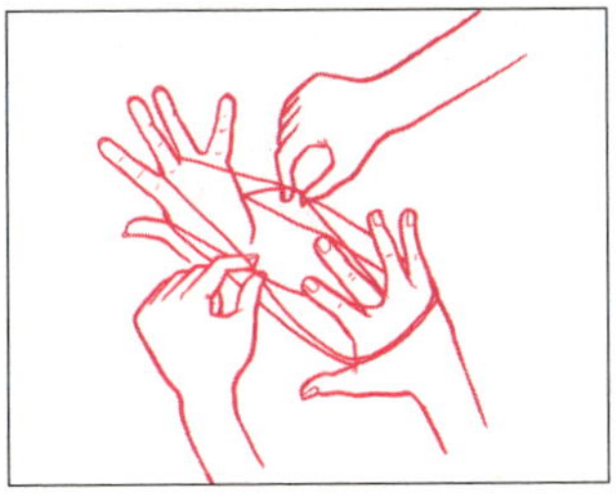

❸你的小伙伴同时使用她的大拇指和食指，从绳子十字形的两个交叉点上方将“翻绳”捏住。

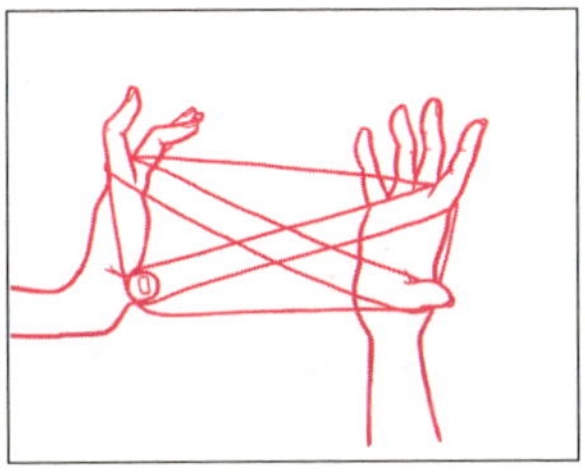

❹你的小伙伴将十字形往两边拉，绕过外端的绳子，将手中的绳子从中央翻出来。拉伸绳子，这样她就能将绳子紧紧地套在手指上啦。这就是“士兵床”图案。

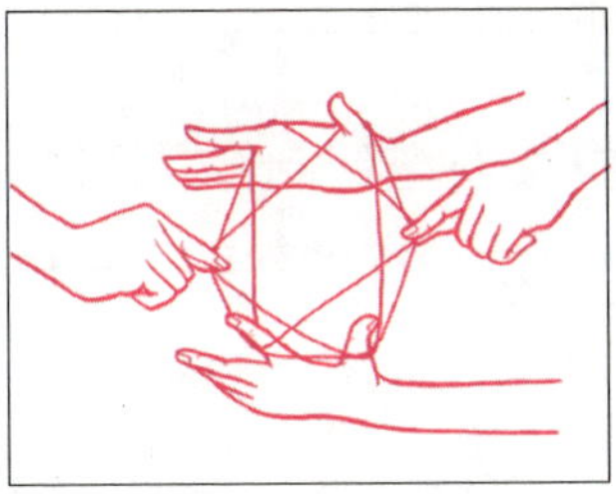

❺用同样精准的方式，你必须捏住“士兵床”中长线穿过的两个相对的交叉点。

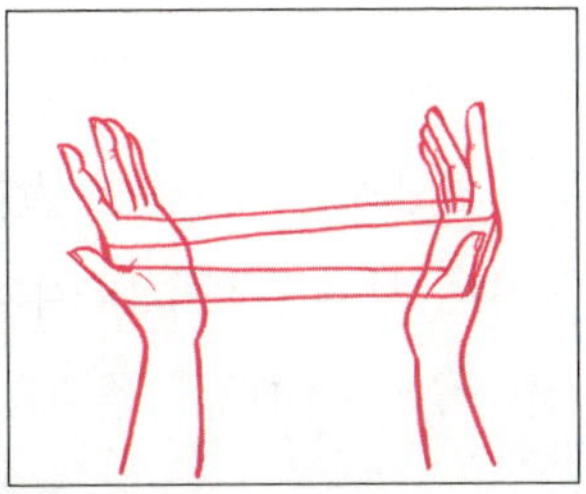

❻将绳子向外拉动并穿过中央，再将绳子翻到上面去。当你将绳子分开时，它们会形成四条平行的绳子。

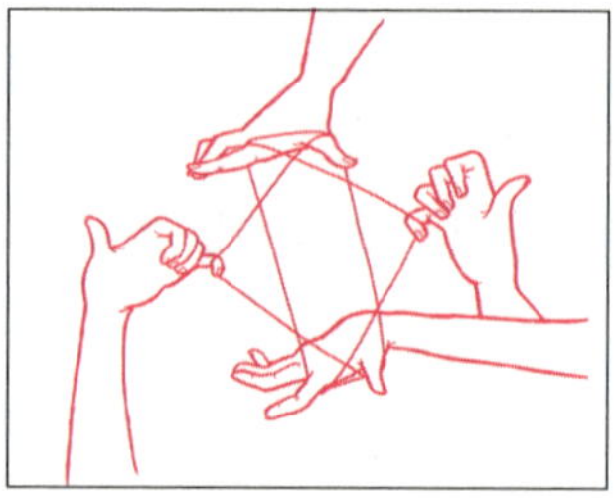

❼现在，你的小伙伴要用两只手的小指交叉勾住里面的两根绳子，并且将这些绳子拉出来，形成一个正方形。

❽接着，你的小伙伴要同时运用她的大拇指和食指，将外面的两根绳子向上翻，形成一个“反向翻绳”图案。

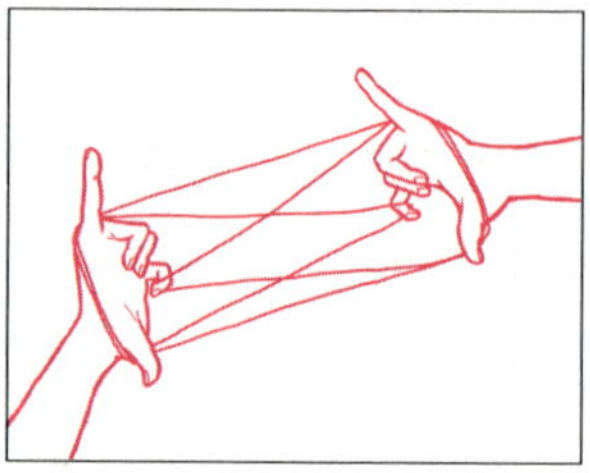

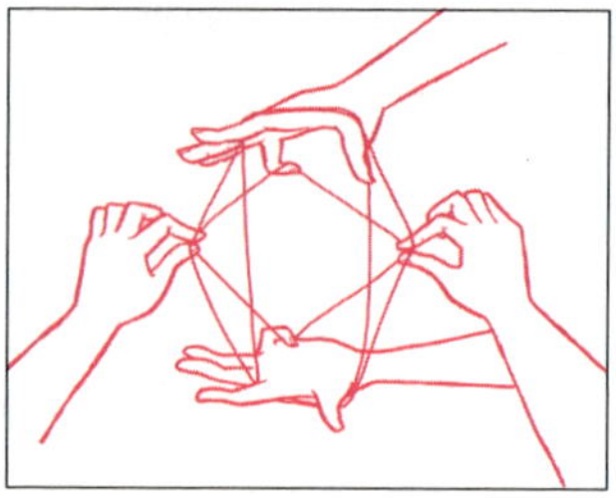

❾按照你的朋友制作“士兵床”的同样方式，你必须将形成十字形的绳子从里面拎出来，再从底部将它绕在外圈绳子的周围。

❿这一次，在将绳子拉紧之前，直接将手指伸入中央。

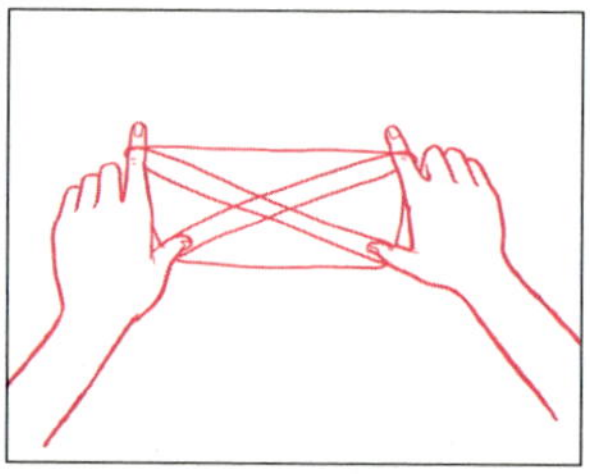

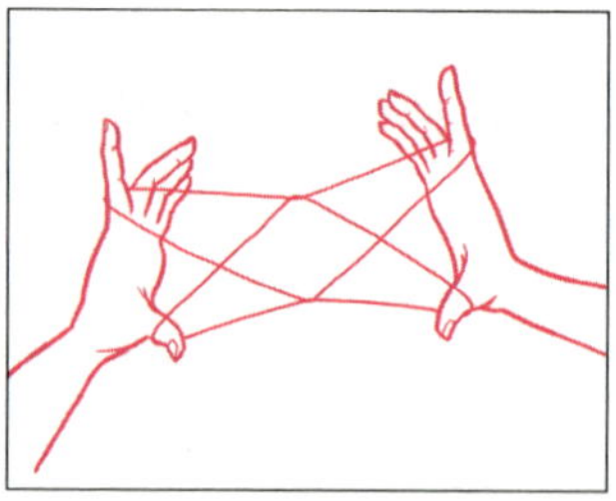

⓫接着，你的小伙伴要重复你曾经制作“翻绳”图案的动作，但神奇的是，这次出现的是四个三角形和一个四边形的图案，这叫作“猫眼”图案。

⓬现在，将你的大拇指和食指分别伸到四个三角形中，从中央四边形中将绳子向上翻并拉伸，就制作出一个“盘中鱼”图案。

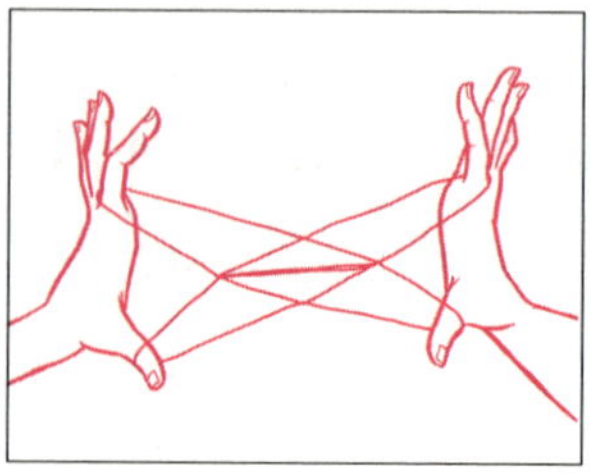

如何制作小鸟喂食器

冬季，小鸟很难寻找到食物，你可以制作小鸟喂食器向它们伸出援助之手。在树上或阳台上悬挂这个简易的喂食器，你就可以看到各种各样的鸟成群结队地飞来了。

找一个大大的、已经剥开壳的干松果，将它在水龙头下清洗干净，自然风干。风干后，用勺子将花生酱涂在松果上，确保填满所有的裂缝。

将一些鸟食撒在平坦的桌面上，然后将沾着花生酱的松果在鸟食上面滚动。滚动时一定要使劲向下按压，确保鸟食粘在花生酱上不会脱落。

当所有的花生酱都被覆盖上了鸟食之后，在松果顶端系一根长线，将它悬挂在贪婪的小猫够不到的地方就可以啦。

如何照料小鸡

准备一个足够大的鸡笼。每只鸡宝宝至少需要 40 厘米 ×40 厘米的活动空间，所以可以根据鸡宝宝数量确定鸡笼的大小。笼子的底部要覆盖 2.5 厘米厚的木屑。

小鸡需要在温暖的环境中生存，所以你需要准备一个特殊的、250 瓦特的电灯泡，它能为 50 只小鸡提供足够的热量。电灯泡应该悬挂在距离笼子底部大约 45 厘米的上方。

确保笼子里的一部分区域是与电灯泡散发的热量隔绝的，这样，如果小鸡觉得温度太高了，它们可以移动到别的区域里去。

将小鸡的食物撒在喂食器下面，引导小鸡到那儿去寻找食物。

定期检查小鸡是否有充足的饮用水。当你将水放在笼子里时，要确保每只小鸡的嘴巴都碰过水，这样它们就知道水源在哪儿啦。

如何制作彩色蜡烛

你需要用到以下物品：

◎ 塑料瓶、碎冰。

◎ 蜡笔。

◎ 细蜡烛、剪刀。

操作方法：

❶将塑料瓶沿着瓶颈剪开（直边的瓶子更便于处理）。

❷将一大包蜡笔打碎（使用相同颜色的蜡笔最佳），将它们用中火加热。

❸用碎冰将塑料瓶填满（确保冰被完全打碎，以免结块——这可以防止你的蜡烛形成小孔）。

❹将一根长长的细蜡烛插到冰里。尽最大努力确保蜡烛接近瓶子的中央位置。检查一下它是否通到了瓶子的底部，让它从瓶子顶端露出一点点。

❺将熔化的蜡笔液倒入塑料瓶里，装满至瓶子顶端。融化的冰水会从瓶口溢出来，而冰水会让瓶中的液体迅速凝固。

❻一旦瓶里的液体凝固，就可以将塑料瓶剪掉了。

如何自制肥皂

装饰性的肥皂可以作为礼物赠予他人。自己制作肥皂十分简单，也更有意义。下面介绍一种制作肥皂的方法，你可以自己设计肥皂的颜色、气味和形状。

你需要用到以下物品：

◎ 一块天然甘油皂、一个奶酪刨丝器、一个可以放进微波炉使用的水壶、任意颜色的食用色素。

◎ 一只勺子。

◎ 任意味道的香精油、制作肥皂的模具（你可以在手工艺小店里买到它或者用冰块盘代替——这些冰块盘有各式各样的形状，可以制作出有趣的肥皂块）。

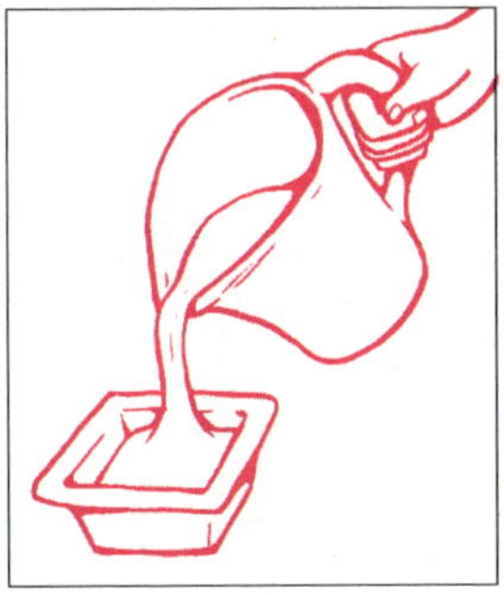

操作方法：

❶用奶酪刨丝器将甘油皂磨成小肥皂片（在做这项工作时，找一位成年人帮助你吧，毕竟，你不会想磨破你的手指）。将小肥皂片放进水壶中，让一位成年人帮助你把水壶放进微波炉中，将火力调至最高，微波约 1 分钟。

❷戴上烤箱隔热手套，将水壶从微波炉中取出。在熔化的肥皂水液滴几滴食用色素并加以搅拌，直至肥皂液呈现出漂亮的颜色为止。

❸添加几滴香精油。试试薰衣草和茶树混合精油、天竺葵和橘子混合精油、橘子和柠檬混合精油、天竺葵和佛手柑混合精油吧。

❹再次对肥皂混合物加以搅拌，然后将它倾倒进模具。它会在约 1 小时的时间内凝固，然后你就可以将它从模具中移出来啦。

小贴士：试着制作多种颜色混合在一起的肥皂吧。挑选一种颜色的肥皂液倒进你的模具之中，待晾干后，再添加另一种颜色的肥皂液，晾干后接着再在上面添加另一种颜色的肥皂液。在你制作的肥皂混合物凝固之前，你还可以在其中添加一些装饰用的小发光物。

如何制作雪球盒

雪球盒的制作十分简单，可以作为美妙的礼物赠送给他人。但当你完成雪球盒的制作后，很可能就想自己留着观赏啦。制作雪球盒的一个妙处就是你可以往盒子里面添加任何你喜爱的物品。

你需要用到以下物品：

◎ 一个带有螺旋盖的果酱罐（将果酱罐浸泡在温和的肥皂水中，让粘在罐子上的商标脱落）。

◎ 一瓶甘油（可以在药店或超市的烹饪专区找到）。

◎ 水、一把勺子、一只烧杯、一些装饰用的小发光物。

◎ 固体胶水、小型塑料玩具或装饰品（装在雪球盒中的物品由你自己决定，你可以使用任何可以浸泡在水中的物品）。

操作方法：

❶在果酱罐盖子的内部涂抹一些固体胶。将固体胶塑造成一座小山丘的形状，确保盖子边缘留下了空隙，这样稍后你才能将果酱罐的盖子拧紧。

❷将一个塑料玩具粘贴在堆成小山丘状的固体胶的上方。要确保它稳固地站在那儿，哪怕将果酱罐倒置或摇晃，它都能维持原来的站姿。

❸在烧杯中添加等量的水和甘油混合。在混合物中添加一勺装饰用的小发光物，这些小发光物就是你制作的雪球盒中的“飘雪”啦。甘油可以确保这些闪闪发光的“飘雪”在液体混合物中缓慢移动。

❹将你制作的“飘雪”混合物倒进果酱罐中。

❺将你的果酱罐放置在水槽上方，以防瓶中的液体喷溅出来，旋上盖子，动作一定要小心，不要让塑料玩具从固体胶上掉下来。

❻将果酱罐倒置，并摇晃果酱罐，观察雪花在你布置的雪景中飞舞旋转吧。

如何制作干花

将你在夏天采摘的鲜花变成干花吧，这样你就能拥有一间一年四季都繁花似锦的卧室啦。

❶尽情采摘你的鲜花吧，试着挑选那些长茎的完好植物。玫瑰和薰衣草就是很好的选择。

❷将采摘的植物的花茎修剪整齐，将花茎下半部分的叶子摘除。

❸将鲜花收集在一起，分成花束，再用橡皮筋将它们系在一起。

❹将每一束花摆成风扇的造型，这样每一朵鲜花都能呼吸到新鲜的空气啦。

❺将鲜花倒置，在一个黑暗、干燥的地方放置两三个星期。

将你的干花摆放在一个漂亮的花瓶或其他容器之中。没有必要再往里面添水啦。

拿一束干花作为母亲节的礼物送给妈妈吧，这会是一份完美的礼物。

如何制作百花香

制作百花香你可能会用到以下这些物品：

一是花朵。任何具有甜蜜芳香的花朵都可以拿来使用，但玫瑰的香气可能更沁人心脾。当然，在你从花园中采摘任何花朵之前，要先得到花园主人的许可哦。或者你可以向当地的花匠索要一些他们不需要的或准备丢弃的花朵。将花头、花蕾和花瓣放置在一个温暖、通风的地方，让它们自然风干。

二是药草。带有木质茎的药草是最佳选择，它们具有浓烈的芳香，而且足够干燥，你可以试试薰衣草或迷迭香。将几束药草悬挂在通风处约一星期。

三是干香料。现成的干香料能增加你制作的百花香的香气，并且会让它看起来更加美丽诱人。你可以试试月桂枝、丁香和八角茴香，这些都是极佳的香料种类。把厨房中存放的陈旧香料收集起来吧，它们是制作百花香的好香料。

四是干水果片。干水果片看起来色泽亮丽，而且具有清新的果香。你可以买现成的干水果片，或者将柑橘类水果切成片，将烤箱调至低温，将水果片放在烤箱中烘干几小时，制成干水果片。试试将柠檬和橙子搭配在一起，或许你会觉得很不错哦。

将你收集的所有百花香材料混合在一起，慢慢地将它们摆放在一只造型精致的碗中。任何碗都可以，但木质碗或玻璃碗更能凸显出百花香散发的大自然气息。接着，再将碗摆放在一张矮桌子上，开始享受这些香气吧。

自制百花香的另一个妙处就是你可以不断地添加一些别的成分到混合物中去，以改变它的外观和香气。比如，你可以添加漂亮的松果、小海贝壳、微型圣诞装饰物或一些松散的树皮。或者在你制作的百花香的自然香气开始消退时，及时添加几滴香精油也很妙啊。

如何给白色花朵着色

赠给某个人一朵用他最喜爱的颜色着色的花朵吧，蓝色的、绿色的，都可以！

你需要用到以下物品：

◎ 几支白色的康乃馨、300 毫升水。

◎ 你想要的颜色的食用色素、一只干净的罐子。

操作方法：

❶将水倒进罐子里并添加 20 滴食用色素。

❷把白色康乃馨花茎根部剪下约 5 厘米的长度。

❸将花插入罐子里，时不时地检查一下，观察花朵在接下来的 24 小时内逐渐变色的过程。虽然康乃馨的根部被剪短了，它们的花茎依然可以吸收添加了食用色素的水，从而使白色的花朵逐渐变成你想要的颜色。

❹如果花瓣在 6 小时之内没有变色的话，再添加一些食用色素到水里。

小贴士： 红色和蓝色的食用色素最便于着色。

如何用苹果籽种植苹果树

❶将你的苹果吃掉，小心翼翼地将果核内的苹果籽取出来。

❷用一些堆肥和土壤将花盆填满。如果没有花盆，找一个旧的食品容器也可以。

❸将几粒苹果籽埋进土壤里，确保土壤将苹果籽覆盖住，并充分浇水。

❹用一个宽大的盖子将花盆覆盖住，放置在一个温暖舒适、光照充足的地方。要时不时地浇些水，确保土壤保持湿润。

❺等苹果籽开始发芽，长出小苗后，留下看起来最强壮的那棵，然后将其他的拔掉。

❻将花盆放置在一个向阳的地方，按时给果苗浇水，观察它的生长。你还可以使用指甲剪为小树修剪枝杈，保持它矮小的树形。

如何种植番茄

自己种植的食物品尝起来似乎更美味，所以你可以在家里试着种植一些美味的番茄。一年中种植番茄的最佳时间是四月底，也就是春季结束的时候。

❶准备番茄种子。可以直接购买种子，也可以从平时食用的番茄中留些种子出来，把它们清洗干净，自然风干。

❷在空的酸奶罐子中装一些泥土。在每只罐子中放入一颗番茄种子，把它推压进泥土里。用少量的水浇灌泥土。

❸将种有种子的酸奶罐子置于有阳光照射的窗台之上。每天检查番茄的生长状况。按照需要浇水，确保泥土一直保持湿润的状态，还要确保没有过量浇水。大约一周后，你就能看到种子发出小小的芽了。

❹大约四周后，这些小小的芽会长成小棵的植物。动作轻柔地将它们从酸奶罐子里连根移出来，小心不要让它们受到损伤。然后把它们移植到填满土壤的大花盆里。

❺持续检查并浇灌你种植的番茄。几周后，你应该能看到一些花朵冒出来了。这些花朵最终会脱落，只留下青色的小番茄。

❻当你种植的小番茄呈现出鲜红色、有些柔软的状态时，它们就成熟了。这时候，你就可以采摘番茄，尝尝它们的味道了。

如何在托盘中建造迷你花园

如果你在一只托盘里创建了一整座花园，你就可以将它摆放在卧室的窗台上啦。这里介绍了最基本的搭建方法，但你要记住，你建造的花园的独特样貌取决于你所使用的材料。

任何大约 50 厘米 ×25 厘米大小，并且至少 5 厘米深的托盘都可以作为搭建迷你花园的很棒的基地。

搭建迷你花园可以参照以下信息准备物品。

植物。小盆的仙人掌或花等盆栽植物都可以作为花园中的主要植物。你只需在土壤中挖个洞，将它们埋在固定位置即可。

池塘。一面小镜子或一圈锡箔纸都可以制作出波光粼粼的池塘。用橘色的纸张剪裁出金鱼的形状，让它们在水中自在“畅游”吧。

岩石。用漂亮的鹅卵石等石块搭建山丘或一个大岩石。

草地。你家花园中的苔藓可以用来创造绿油油的草地（但不要从野外摘取苔藓），或者说，如果你无法从绿色的草坪上拔草的话，就用苔藓来代替小草吧。

小路。小心翼翼地用一些碎石（这些东西你可以从宠物店或鱼缸中找到）或树皮碎屑为你的花园铺出一条小路吧。按你喜爱的方式将小路铺成弯弯曲曲的样子。

搭建花园过程中，关注到以下这些小细节，可以为你的花园带来勃勃生机哦。

◎ 在花园里放置迷你人物或动物，让它们来观赏你的花园。

◎ 各式各样的洋娃娃、小屋、家具类物品也能为花园增色不少：洋娃娃的座椅可以作为花园的长凳，装饰物可以作为花园里的雕像，而小毯子则可以作为野餐垫。

◎ 用两根棒棒糖棍制作一根晾衣绳，在上面悬挂一些洋娃娃的衣服。

◎ 用一只漆成棕色的小箱子来制作花园棚屋。

◎ 在你的花园里撒满盐，制造出“雪中世界”的效果。或许你还可以用雕塑黏土堆一个雪人呢。

◎ 你也可以在花园底部添加一段火车轨道，让一辆小火车在上面奔跑。

如何制作钟乳石和石笋

钟乳石和石笋看起来有点儿像石头冰柱。它们在洞穴上方凝结或从洞穴的地表层“生长”出来，由石灰岩在含有二氧化碳的水滴作用下沉积成形。只需一些基本的设备和耐心，你就可以在厨房里制作出钟乳石和石笋啦。

你需要用到以下物品：

◎ 两个玻璃罐或塑料杯、一些报纸、热水、泻盐或小苏打。

◎ 一把勺子、三只塑料盘子、两个曲别针。

◎ 75 厘米长的毛线（或棉绳）。

操作方法：

❶找一处你可以安心做实验的地方，确保你至少可以在里面待一星期而没有人来清扫。这项实验可能会使场地变得十分凌乱，因此不要在容易损坏的物体上面做这项实验。在你开始进行实验之前，最好在物体表面上铺几层报纸。

❷在一个玻璃罐中倒入约 3/4 的热水，添加几勺泻盐或小苏打并加以搅拌，直至它们在热水中溶解。继续添加更多的泻盐或小苏打，直至液体饱和，固体物质无法再溶解。现在，在第二个玻璃罐中做同样的事情。

❸将两个玻璃罐分别放置在两个盘子中，两个玻璃罐之间保持约 20 厘米的距离。将另一个盘子摆放在两个玻璃罐之间。

❹将毛线纵向对折搓成一股线，用两个曲别针分别夹住毛线两端。

❺将毛线的两端分别放进两个罐子里，如下图所示。让毛线的中间自然下垂，确保它悬挂在距离中间盘子上方几厘米的地方。

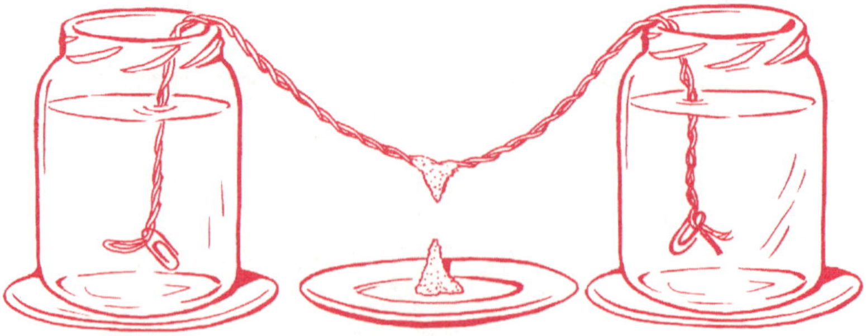

❻将你的实验装置放置几天，直到你制作的钟乳石和石笋在摆放在中间的盘子中初具形状为止。

小贴士：你可以在调制的泻盐或小苏打溶剂中添加一些食用色素，这样你就能制出彩色的钟乳石和石笋啦。

如何制作假化石

制作假化石并不难，而你制作的假化石值得任何古生物学家将它纳入收藏之中（古生物学家有时要研究化石）。

你需要用到以下物品：

◎ 雕塑黏土、一根擀面杖。

◎ 要变成化石的一件物体——昆虫、恐龙等小型塑料动物玩具，或一只贝壳、一块骨头。

◎ 画笔、凡士林、熟石膏、水。

操作方法：

❶揉捏雕塑黏土，直至黏土变软，接着用擀面杖将它滚动压平至约 2 厘米厚。确保雕塑黏土的面积大到足够你制作石化物体。

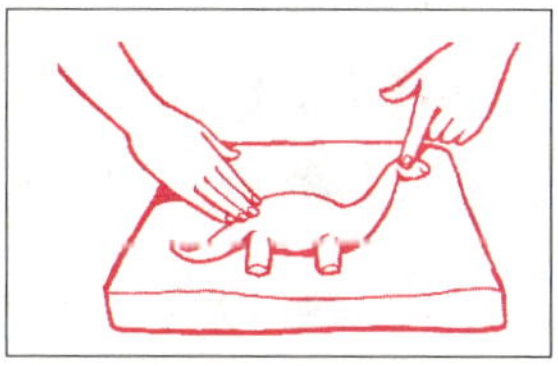

❷用画笔给你想要石化的物体涂抹一层薄薄的凡士林（这也会让稍后将它从黏土上移除变得更容易一些）。

❸将你想要石化的物体推挤进黏土中，然后将黏土放置在原处，直到它干透为止（24 小时左右），接着再将要石化的物体移除。现在，你就有了自己的化石模具啦。

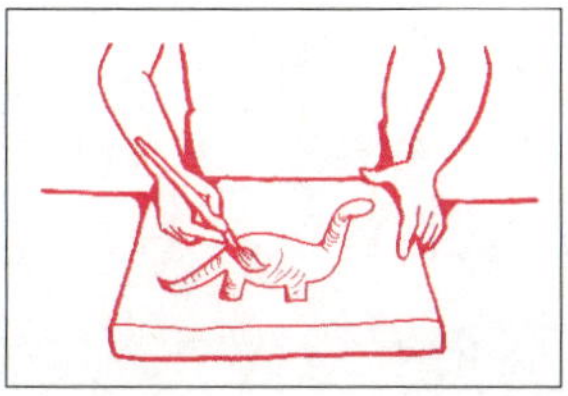

❹将熟石膏放进一个塑料容器中。

❺用画笔在模具内部覆盖一层凡士林。

❻将熟石膏倒进模具中，让它凝固，需等待至少 30 分钟。

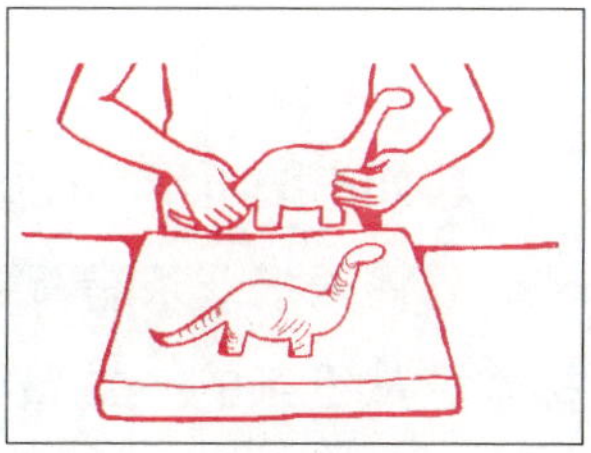

❼将你制作的化石从模具中取出来，等到它干透就可以了。

现在，你就拥有一个看起来十分炫酷的假化石啦。你可以用此方法创作一整套史前小虫、骨头和迷你恐龙。

如何制作立体礼物卡片

花朵形卡片制作简单，将它作为母亲节礼物或朋友的生日礼物再完美不过啦。

你需要用到以下物品：

◎ 一张 A4 彩纸、剪刀、一支固体胶棒。

◎ 一支钢笔。

制作方法：

❶将彩纸纵向对半折叠，接着再将其中一面纸再次对半折叠。

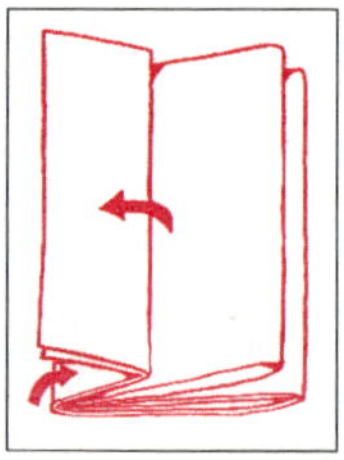

❷沿着折叠线剪开，这样你就拥有三张纸条了——一张宽纸条和两张窄纸条。

❸取一张窄纸条并将它对半折叠，让较短的两端重叠。接着，再将纸对折两次，这样你就得到了一共八层的小长方形。

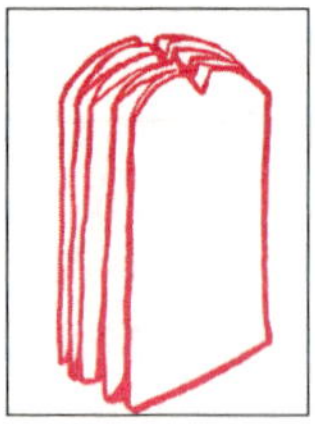

❹最后再对折一次，压出折痕，接着将长方形打开，用剪刀将一端边角修剪成圆形。在圆形边中央剪出一个小凹口，就制作成花瓣形了。如左图所示。

❺重复步骤 3 和 4，以相同的方法处理另一张窄纸条。

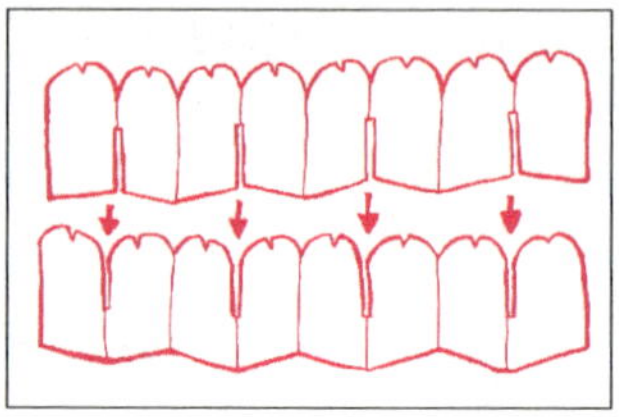

❻如右图所示，在每张纸条上都剪出四个小凹口。

❼将两张纸条沿着缝隙叠插，让纸条交织在一起。接着，从纸条的一端着手，将每对花瓣压平，这样一

排就有八对花瓣啦。

❽取出宽纸条——将较短的两端重叠对折，沿对折线将纸条剪成两半，取其中一半纸对折——这就是你制作的立体弹出卡片的外面一层。

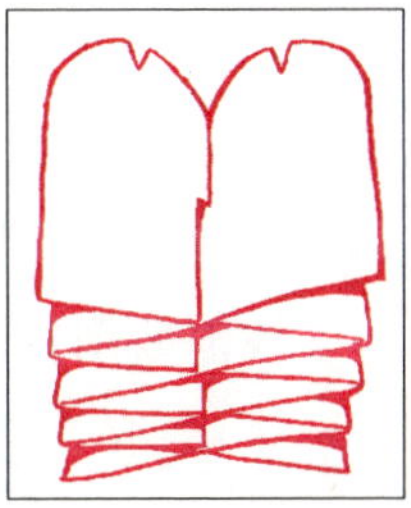

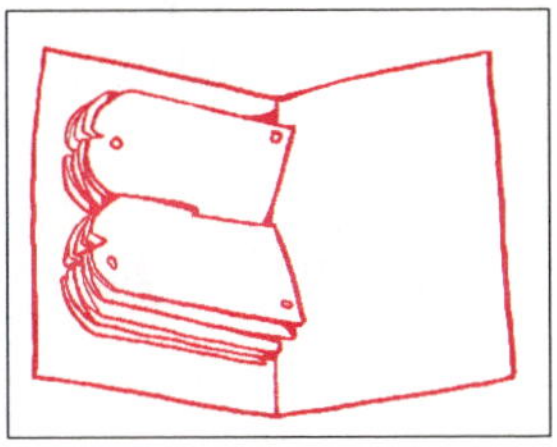

❾如左图所示，将你制作的花瓣形纸条放在卡片中央，并在每个折点处涂抹少量固体胶。将卡片闭合，并用力按压。

❿将卡片翻转过来，并在另一边重复相同的动作。等卡片晾干后，就可以打开你制作的卡片，让里面漂亮的花瓣展示出来了。

⓫现在，用签字笔在卡片的里面写下你的祝福语吧。

如何用湿粉笔作画

湿粉笔可以制造出超亮的色彩，你可以在不同物体的表面使用它们。如果你的房子有露台，为什么不尝试着创作一幅易于清洗的、漂亮的涂鸦作品呢？

❶为你的画作挑选你想要使用的粉笔颜色，然后将粉笔垂直放置在玻璃杯里。

❷给玻璃杯装水，让大约 1/3 长的粉笔被水浸泡（在此之前，如果你将一茶匙糖放进水中，粉笔的颜色会变得更加明亮）。

❸让粉笔在水中浸泡大约 10 分钟。不要让它们在水中浸泡太长时间，否则粉笔会粉碎。

❹将粉笔从水中取出来，将它们放在一张报纸上，然后你就可以用粉笔湿润的那一端去作画啦。

❺充分发挥你的想象力，创作出独属于你的风格的作品吧。想要产生更有趣的效果，可以试着用你的手指将不同的颜色涂抹上去。

❻如果你是在纸上作画的话，画完后可将你的画作悬挂在晾衣绳上，让它自然晾干。

如何自制特色纸张

如果你有任何可以回收的废纸，为什么不试着自己制作一些特色纸张呢？

你需要用到以下物品：

◎ 废纸（任何废纸，如薄页纸、印刷纸、包装纸等，彩纸和白纸均可，但报纸不可以）。

◎ 水、一个搅拌机、一只洗碗碟用的大浅桶。

◎ 一个铁丝晾衣架、一条尼龙紧身连裤袜（非常薄的那种，通常是透明材质的）、许多张报纸。

操作方法：

❶将你收集的废纸撕成小片并将它们浸泡在盛满水的碗中，直到纸质变得柔软。

❷将被水浸透的纸张放进搅拌机中和水一起充分搅拌，直到没有大片的纸张残留物为止。搅拌的混合物应该呈现出厚厚的块状，就像燕麦粥一样浓稠。反复试验几次，直到你得到合适浓度的纸浆混合物为止。

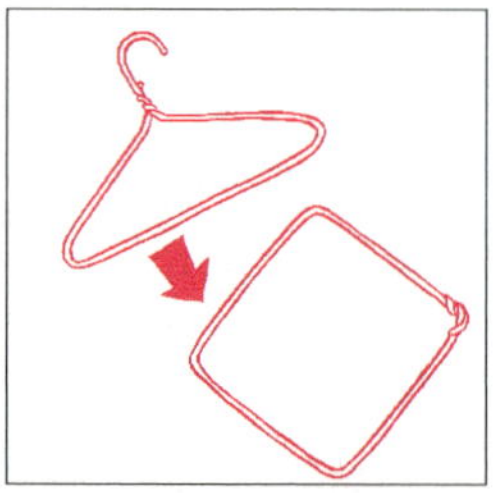

❸在浅桶中倒入你搅拌的纸浆四倍多的水，然后将纸浆倒入浅桶中加以搅拌。这时，你可以添加一些额外的东西，令你制作的纸张更具个性。你可以添加的东西有（装饰用的）小发光物、干花瓣、几片彩线树叶、种子、食用色素等。

❹将晾衣架折成一个长方形——这个铁丝框架就是你要制作的纸张的形状（请一位成年人帮助你完成这项任务，因为晾衣架可能有尖利的地方会刺伤你）。

❺从连裤袜上剪下一只裤腿，用它套住铁丝框架并将它的两端系紧（这些能起到操作手柄的作用）。

❻将铁丝框架放到浅桶中，尽可能地将它放平，并用纸浆将它盖住。之后，动作小心地将铁丝框架从将纸浆中拎出来。

❼将铁丝框架放置在一些报纸上，等待它完全晾

干——你也可以将它放在一个温暖的地方，例如保暖衣橱中，来加快进程。

❽待完全晾干后，动作轻柔地从铁丝框架中将纸张剥离出来。

可以用不同类型的纸张做实验。为了得到更好的实验效果，还可以添加一些颜料、零碎的小物品等。

如何制作坚果壳小船

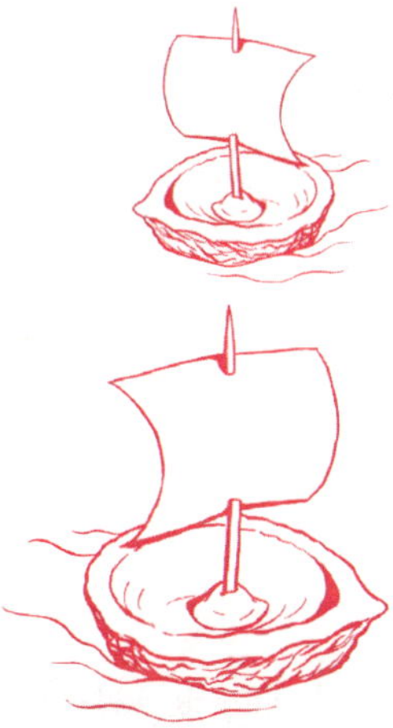

当你吃完核桃仁，看着剩下的两瓣核桃壳时，有没有想过来做一次创意手工呢？现在让我们在几分钟内将这两瓣核桃壳变成在水面上稳稳漂浮的小船吧。

首先，裁两张长方形的纸片来制作船帆。你可以按照自己的喜好将船帆装饰一番。然后拿牙签穿过船帆，形成船桅。

其次，将小块雕塑黏土分别放在两瓣核桃壳的中间位置，然后将牙签做的船桅的一端插进雕塑黏土里。

看，两只简易可爱的小船就做好啦。喊一位朋友过来，和她一起带着小船前往最近的一条小溪。让你们的小船起航，看看谁的船最先在日落时抵达终点。

如何制作小鼓

你可以从房屋四周找一些零碎的东西来制作一只小鼓，它是最便于制作的（也是最能制造噪声的）一种乐器了。

❶找一个食品罐头罐。

❷剪裁一些和罐头罐同等高度的纸张，长度要足够包裹住罐头罐的边缘。用颜料、胶水和小发光物或任何你喜欢的东西给纸张的一面做点儿装饰。

❸用胶水或胶带将装饰好的纸张粘贴到罐头罐上。

❹将罐头罐置于一张防油纸上，围绕罐头罐画一个直径比罐头罐直径大 2.5

厘米的圆圈。将圆剪裁下来。然后，再剪裁出五个尺寸完全相同的圆。

❺用胶水将这六个圆叠放粘贴到一起。这就是你要制作的小鼓的鼓皮。放置一夜，让胶水凝固。

❻将你制作的纸鼓皮放置于罐头罐有开口的那一端，再用橡皮筋将它紧紧地绑住。

❼接下来用两支铅笔和两个软木塞制作鼓槌。简单地将铅笔削尖的那一端推进软木塞中，鼓槌就做好了。

不同材质的罐头罐会发出不同的响声，所以你可以用不同大小和形状的罐头罐来制作一套鼓乐器。

如何压制花朵

遵循以下这些指导说明，来压制你最爱的花朵吧。这可以让你在一年四季都能看到赏心悦目、五彩缤纷的花朵。

你在挑选花朵时，先想一想这朵花被压平后会是什么样子，因为有些花朵，如水仙花，形状十分奇特，被压平后的形状不会很美观。最好选择那些形状简单、没有太多花瓣的花朵（如若有必要，你可以小心翼翼地移除几片花瓣，让头状花序露出来）。还要注意的是，花朵要比较干燥的，如果花朵是被雨水或露珠打湿了，那很有可能会发霉。

你需要用到以下物品：

◎ 准备压制的花朵。

◎ 一本厚重的书。

◎ 硬纸板、报纸、薄纸。

◎ 剪刀。

操作方法：

❶剪几块比书页稍小一点儿的硬纸板。

❷在报纸和薄纸上分别剪下几个 10 厘米 ×10 厘米的正方形。

❸将剪出的正方形报纸叠放在硬纸板上方，再将正方形薄纸放在报纸上方。然后小心地将你挑选的花朵放在薄纸上，摆好花朵的样子。

❹用另一张正方形薄纸将花朵覆盖住，再覆盖上一张正方形报纸，接着覆盖上硬纸板。

❺持续制作这些“花朵三明治”，直到你将所有的花朵都安排妥当，然后将它们夹在不同书页里。

❻将夹好花朵的书放置在一摞书的最底部，几个星期之后，你就可以把压制好的花朵移出来了。

谨记：不要采摘野花或公园里种植的花朵。在你从别人家的花园里采摘花朵之前，要询问主人的意见哦。

如何培育晶体

你需要用到以下物品：

◎ 食用盐、温水。

◎ 干净的果酱罐。

◎ 一段棉绳、一块小鹅卵石、一支铅笔。

操作方法：

❶制作饱和盐水溶液。将普通食用盐置于温水中溶解，直到容器底部有盐粒沉淀物出现为止。

❷将溶液倒进一个干净的果酱罐中，装至大约 1/3 的容量即可。将剩余的溶液置于触手可及的地方。

❸用一段棉绳将一块干净的小鹅卵石系在一支铅笔上。将铅笔搁置于罐口的位置，让小鹅卵石悬挂浸泡在盐水中。

❹将你的果酱罐置于一个温暖的地方，如阳光充足的窗台上，让盐水蒸发。每隔几天检查一下你的果酱罐。如果有必要，可以将剩

余的盐水溶液都装入果酱罐中，让鹅卵石完全浸泡在盐水溶液之中。

❺随着时间推移，你会发现当盐水溶液蒸发时，小鹅卵石上慢慢结出了晶体。几个星期之后，你应该就能得到一块可爱的晶体啦。

想要制造出一块彩色晶体，你只需要在盐水溶液中添加几滴食用色素。

如何玩“抛石子”游戏

“抛石子”是一项古老的游戏。许多年以来，像你一样的女孩子都对这个游戏乐此不疲。你可以自己单独玩抛石子或者和朋友一争高下。你所需要的仅仅是五块塑料或金属小卵石（你可以在玩具店买到这些东西），或者使用五块约一元硬币大小的石头。

“抛石子”游戏的玩法层出不穷，下面介绍一种结合了不同技巧的玩法。

首先，用一只手将五块石头抛到空中，然后用同一只手的手背接住尽可能多的石头。

接下来，将你用手背接住的所有石头抛到空中，再试着用同一只手的掌心接住它们。如果你的手中没有接住任何石头——所有的石头都掉落在地上的话，你的游戏就结束啦。

如果你至少成功地接住了一块石头，你就可以继续玩这个游戏啦。将一块石头放在手中，将其他四块石头撒在地面上。

将你手中的那一块石头抛向空中，并快速地捡起地面上的一块石头。在抛到空中的石头落地之前，将它接住。按照这个方法，你需要捡起地面上的每一块石头。

重复以上动作，将一块石头留在手中，其他四块石头撒在地面上。这一次，你需要在接住抛到空中的石头之前，捡起地面上的两块石头。在第二次将石头抛到空中时，捡起地面上剩余的两块石头。

第三次重复以上动作，留一块石头在手中，其他四块石头在地面上。这次，要在抛向空中的石头落地之前，先捡起地面上的三块石头，再捡起剩余的一块石头。

最后重复一轮动作，在接住抛到空中的石头之前，将地面上的所有四块石头都捡起来。

你的目标是在没有任何一块石头掉落的情况下，完成所有动作，而且是用同一只手完成哦。

当你能够驾轻就熟地做完所有这些动作后，试着在捡起石头之前，添加一些诸如拍手或拍打膝盖的动作吧。

如何搭建纸牌屋

下雨天你通常是怎么打发时间的？你是否拥有足够的耐心以及一双灵巧的双手呢？准备一副纸牌，来搭建一座纸牌屋吧。

❶找一处不打滑的平坦表面，比如一块短毛绒地毯就是十分理想的地方。取一副旧纸牌——崭新的纸牌既闪亮又光滑，与旧纸牌相比，用新纸牌搭建房屋更困难一些。

❷在地毯上搭建屋子时，先将两张纸牌搭建在一起，短边一端分开，一端靠拢，制作出一个倒置的“V”字形，看起来就像一顶帐篷。两张纸牌底边之间分开的宽度应该约等于你中间三根手指的宽度。

❸在搭建的第一个帐篷状纸牌右边再搭建一个倒“V”字形帐篷状纸牌。

❹将一张纸牌平放在两个帐篷状纸牌的顶端，形成纸牌屋第二层的地板。

❺在已建成的第一层纸牌上方再搭建一顶帐篷，就建成了一座迷你小房屋。然而，想要做到尽善尽美的女孩子很有可能想要搭建一座更大、更令人印象深刻的纸牌屋。要做到这一点，你可以按照图中所示，添加更多的纸牌。

你需要足够的耐心，不要期望在第一次尝试时就成为建筑大师。

小贴士：任何有自尊心的纸牌屋建筑大师都不会作弊。这些纸牌之所以能搭建起来，一定归功于你令人惊叹的平衡技巧，而不是你用胶带将它们粘贴在一起！

如何烘焙面包

自己烘焙面包会比较耗时费力，但自己烘焙的面包吃起来会比超市卖的面包更美味啊。下面来学习一下如何烘焙面包吧。

你需要用到以下物品：

◎ 225 克普通面粉、一茶匙盐、一茶匙糖、一汤匙人造奶油、一小袋干酵母、温水、木质汤匙、面板、植物油、茶巾、烤箱、架子。

操作方法：

❶将 225 克普通面粉放进碗里，添加一茶匙盐和一茶匙糖，搅拌一下。

❷在碗里添加一汤匙人造奶油，搅拌一下，把它和进面粉里。

❸将一小袋干酵母添加到碗里，搅拌，将它彻底和进面粉中。

❹将 150 毫升温水添加到碗里。确保水是温的，不能太热，否则你的面包不会发酵。

❺用木质汤匙搅拌混合物，直到它变得黏稠。然后用干净的双手揉面团，直到它开始从碗的一边膨胀出来，再将双手洗干净。

❻在一块平滑的面板上撒面粉，将面团放到面板上不停地揉，直到面团变得光滑而有弹性。运用手掌将面团推到距离你稍远的地方，然后用你的指关节将它搂回原位，揉成一个球形，将面团翻转过来并重复这个动作。持续这个动作 5 分钟。

❼在面团上轻轻刷上一层植物油，用茶巾将面团包裹住，放到一个温暖的地方，促使面团发酵并膨胀。

❽当面团的体积发酵到原来的两倍大的时候，用拳头击打面团，将里面的空气释放出去——这称为“排气”。接下来，将面团塑造成你想要的形状。

❾现在，你可以开始烘焙面团啦。将烤箱的温度调到 230 摄氏度（450 华

氏度）预热 5 分钟。

⑩将塑好形的面团放在涂抹了黄油的烤盘上，放在烤箱中烘烤约 25 分钟。当面团变成金棕色时，面包就烤熟了。轻轻拍打面包底层时，你可以听见一阵空闷的回声。

⑪将你烘焙的面包放到架子上放凉，这样它就不会变得潮湿了。当面包凉到一定的温度时，你就能品尝到一种新鲜的、香甜的烘焙味道。

如何抛掷煎饼

通过制作并成功地将煎饼翻转过来，来为你令人惊叹的厨艺锦上添花吧。这里介绍的是如何抛掷煎饼。当然，前提是你有出色的抛掷技能。

你需要用到以下物品：

◎ 125 克纯面粉、300 毫升牛奶、一枚鸡蛋、少许橄榄油。

◎ 一些糕点上的装饰配料。

操作方法：

❶将面粉和牛奶放入搅拌钵中，再打入一枚鸡蛋。

❷将搅拌钵中所有成分混合在一起，搅拌直至均匀，成为糊状物。

❸将约一茶匙的橄榄油倒进煎锅里并加热。在做这项工作时，请一位成年人来帮助你完成，因为必须等油变得很热才可以。将煎锅倾斜并用画圆的方式转动煎锅，这样就可以让一层薄薄的油散开并覆盖住煎锅的底部。将火候调至中火。

❹在煎锅中倒入适量的糊状物，然后将煎锅倾斜，让糊状物覆盖住煎锅底部。

❺烹饪约 1 分钟后，查看锅内的状况，确保糊状物一面被煎熟了，再将煎锅从燃气灶上抬起并摇晃一番。如果煎饼可以从煎锅底部脱离，就说明到了抛掷煎饼的时候啦。

❻将煎锅从燃气灶上拿开，将煎锅柄抬高，让煎锅倾斜，煎锅内的煎饼开始滑动啦（你可能需要用双手才能握住煎锅的手柄）。

❼现在，迅速地将煎锅柄往下压，同时将煎锅向上方举起，你的煎饼就从锅

里向上飞起并翻转啦。盯紧煎饼的下落情况，不停移动煎锅，让煎饼可以平稳地落回煎锅里。如果你足够幸运的话，煎饼会以 180 度的角度翻转过来。等贴在锅底的一面熟了，再翻转到煎饼另一面进行烹饪。

当你成功地烹饪出第一个煎饼时，给你自己一阵热烈的掌声吧。熟能生巧。搅拌好的糊状物可以制作十来个煎饼呢，加油吧！

小贴士：趁热将它们吃掉。

下面介绍了一些可以添加到你制作的煎饼上的装饰配料。

◎ 甜馅料：12 个柠檬榨的汁和少量的糖、巧克力酱、水果泥（覆盆子的风味尤佳）等。

◎ 开胃馅料：酱汁炒鲜蘑、韭菜，也可以是番茄、烘豆、磨碎的乳酪。

如何制作美味的早餐

如果你想给你的妈妈或爸爸一顿特别的大餐——也许是为了母亲节或父亲节准备的，那么一顿早餐绝对能令他们心情愉悦。

你需要用到以下物品：

◎ 托盘、漂亮的茶巾、餐巾、餐具。

◎ 牛奶什锦早餐或水果沙拉、牛奶、不同种类的水果、纯酸奶。

◎ 玻璃杯、果汁、烤面包、黄油、果酱或蜂蜜。

◎ 茶或咖啡、一朵花。

操作方法：

❶将你的早餐托盘尽可能地布置精美，在托盘中摆放一块漂亮的茶巾（可以降低托盘内物品滑落的概率）。使用你得到允许可以触碰的最精致的餐具、餐巾

和玻璃杯吧。

❷添加一碗牛奶什锦早餐，在旁边放上一小壶牛奶。你可以试着参照“如何自制什锦早餐”一节来自己动手制作。如果你的妈妈或爸爸对牛奶什锦早餐不感兴趣，那就用一份水果沙拉代替吧。将你所能找到的下列所有水果切碎放到碗中——一根香蕉、一个苹果、一个橘子和一些覆盆子、草莓或蓝莓。在切碎的水果上面添加一盒原味酸奶即可。

❸在一只玻璃杯中倒满果汁，再将玻璃杯放入托盘中。

❹烘烤一片或两片面包，将面包沿着对角线切成两半。将切成三角形的烤面包放进一只盘子里，旁边再放上一小块黄油和一罐果酱或蜂蜜。

❺不要忘记泡一杯早餐茶或咖啡（确保牛奶壶中有足够多的牛奶供你的父母添加到他们的热饮中去）。

❻最后再添加一朵花作为点睛的装饰吧。

小贴士：你的妈妈或爸爸可能还喜欢在吃早餐时阅览一份报纸或杂志噢。

如何自制什锦早餐

你可以自己动手制作既美味又营养的什锦早餐，这再简单不过啦。试试下面提供的配方，然后再根据你自己的口味调制配料成分吧。

你需要用到以下物品：

◎ 400 克燕麦片、50 克小麦麸、50 克燕麦麸。

◎ 150 克你最喜爱的干果，诸如葡萄干、蔓越莓干、杏脯等。

◎ 50 克烤杏仁片、25 克碎核桃仁、25 克葵花籽仁、25 克椰蓉。

操作方法：

❶将所有材料都放进一只大碗里，将它们混合在一起。

❷用勺子舀出一小碗的量，你可以搭配着牛奶食用。

❸将你制作的什锦早餐放进一只密封的容器里，它应该可以维持更长的保质期。

小贴士：想要品尝特殊风味，试着在你制作的什锦早餐里添加少许肉桂或一勺蜂蜜吧。当拿出来品尝时，你也可以添加一只切碎的香蕉或另一种时鲜水果。

如何制作最佳风味的爆米花

自制爆米花只需花费几分钟时间，且品尝起来十分美味，与现成的爆米花或你从超市里买来的半放成品（要放入微波炉或烤箱中加工）相比，价格也更便宜。

你需要用到以下物品：

◎ 爆米花玉米粒。

◎ 带盖的平底锅。

操作方法：

❶将平底锅放置在火炉搁架上，向平底锅里倾倒一汤勺油（任何种类的植物油都可以）。

❷向平底锅内放置两把爆米花玉米粒。

❸力道均匀地摇晃平底锅，让粘了油的玉米粒在锅里散布均匀。

❹将锅盖盖上，并把炉温调至中火。

❺等待。制作爆米花需要耐心，中途不要禁不住诱惑而掀开锅盖偷看，以免被飞溅的玉米粒伤到！

❻很快你就会听到玉米粒敲击平底锅边缘和锅盖的声音。

❼当偶尔只能听见几粒玉米粒爆炸的声音时，将炉火关闭。

❽当爆炸声完全平息时，将锅盖掀开，将你制作的美味的爆米花倒进碗中。

小贴士：现在到了你在原味爆米花上添加调味品的时间啦。从下面列出的美味调味品中选择一样或多样添加进爆米花里吧。

◎ 想要制作出经典风味的爆米花，添加少许盐进去吧。

◎ 任何种类的糖也都可以，当然，红糖尤其美味。

◎ 添加一勺糖浆、蜂蜜或枫糖，还要添加一把切碎的坚果仁。

◎ 添加一团黄油，搅拌均匀。

◎ 可可粉。

◎ 研磨精细的帕玛森乳酪。

如何自制冰棒

自制冰棒其实十分简单，如果有塑料冰棒模具就更容易啦。你需要做的就是将模具填满，并把它塞到冰箱里，静静地等待就可以啦。如果你手边没有专门制作冰棒的模具，使用干净的迷你酸奶罐吧。下面介绍了一些制作冰棒的配方。

配方一：香蕉和蜂蜜

将几根香蕉捣成糊状，将牛奶和一些美味的蜂蜜混合进去。

配方二：可口的柠檬

添加一些新鲜的柠檬汁。

配方三：奶昔

只要将你最喜爱的一些奶昔饮料倒进模具中就可以啦。

配方四：清爽果香

只要将等量的水果酸奶和果汁混合在一起就行啦。

配方五：巧克力天堂

用可可粉和牛奶制作一些热巧克力。在将热巧克力倒进模具之前，先让它冷却吧。

如何自制花草茶

新鲜花草或晾干的花草都可以拿来制作一杯芳香四溢的花草茶——只要添加一些水就可以啦！

薄荷就是很好的花草茶材料，而且种植起来毫不费力。

你需要用到以下物品：

◎ 1 茶勺晾干的花草或 3 茶勺大致切碎的新鲜花草，如薄荷。

◎ 茶壶、边长约 10 厘米的正方形平纹细布、细绳。

操作方法：

❶取出 3 茶勺大致切碎的薄荷叶，将它们置于一只茶壶中，将新煮沸的水倾倒在薄荷叶上（可以请一位成年人来帮助你倒水）。

❷让薄荷叶在水中浸泡 5 分钟，然后滤出茶水，就可以喝了。

❸如果你不想让小片的薄荷叶漂浮在茶水上方，可以制作花草茶叶包。将花草放置在平纹细布的中央，接着将细布的边缘聚拢，用绳子将它紧紧地系住。在绳子另一端留下足够的长度，这样你就可以让花草茶叶包悬挂在杯子里啦。

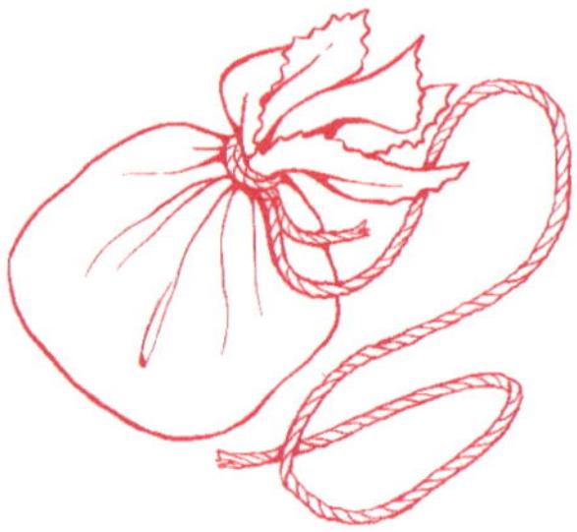

谨记：花草的味道十分芳香可口，而且许多花草还有一定的药用疗效。然而，不是任何花草都可以随意使用的，所以确定它们是否安全很重要。薄荷和甘菊就是常见且广受欢迎的两款花草。

薄荷。薄荷品尝起来鲜嫩可口，除此之外，它还可以帮助人们缓解胃痛。当你感冒时，喝一杯薄荷茶还有助于你更顺畅地呼吸。

甘菊。这种花草有一种沁人的芳香。据说，它具有助眠的功效。因此，睡前喝一杯甘菊茶是一个不错的选择。

如何制作蝴蝶形状的蛋糕

这些小蛋糕制作起来十分简单，它们外形美观、味道可口，简直就是生日宴会上的绝佳甜点。

你需要用到以下物品：

◎ 100 克黄油、100 克细白砂糖、2 枚鸡蛋。

◎ 100 克自发面粉、1 茶匙香草香精、12 个纸制蛋糕杯。

◎（用于制作糖衣的）50 克黄油、100 克糖霜。

◎（装饰糕点用的）着色珠子糖等小块糖果。

◎ 裹有糖霜的花瓣、可食用小银球、食用色素。

操作方法：

❶将烤箱的温度调至 190 摄氏度预热 5 分钟。

❷将黄油和细白砂糖混合在一起（这意味着要用木勺的背面拍打混合物），直到混合物颜色变浅，变得松软。这是一项费力的工作。

❸将鸡蛋打碎，将蛋液放在一个碗中，接着将黄油和糖的混合物加入其中，动作轻柔地将它们搅拌，注意每次只添加一点儿油糖混合物即可。

❹面粉分多次筛到混合物中，并搅拌均匀，确保你循序渐进地进行这项工作。

❺在面粉混合物中添加香草香精并加以搅拌。

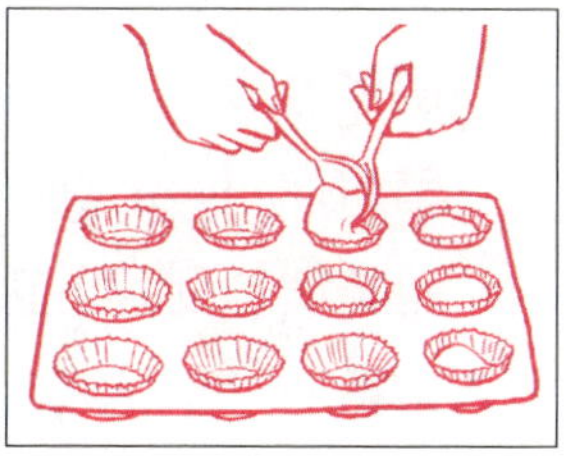

❻将纸杯放置在杯形蛋糕模里。

❼用勺子将混合物舀到纸杯中，填满一半的纸杯。你应该有足够的混合物来制作 12 个蛋糕。

❽放入烤箱烘焙 15～20 分钟，直到蛋糕呈现出金黄色（请一位成年人帮你操作烤箱）。

❾当它们冷却至可以用手触摸时，将你烘焙的蛋糕从杯形蛋糕模子中取出来，放置在铁丝架上完全晾凉。

❿请一位成年人帮助你用一把小刀在每个蛋糕顶端切下一个圆形，再将这个圆形蛋糕切成两半。

⓫现在制作糖衣：将黄油和糖霜混合在一起，将混合物撒在每个蛋糕顶端圆形的空洞中。接着将切成两半的蛋糕顶端放进黄油和糖霜的混合物中，让圆形侧

边朝向外面，这样它们看起来就像一对蝴蝶翅膀啦。

⑫用你收集到的可选添加物装饰你的蝴蝶形蛋糕吧。这简直太美妙啦！

小贴士：可以在黄油和糖霜的混合物中添加一两滴食用色素，为你制作的蝴蝶形蛋糕增添一些色彩吧。

如何制作不用烘焙的生日蛋糕

如果今天是你朋友的生日，而你想给她一份惊喜，为什么不尝试着做一块生日蛋糕呢？下面介绍的这种蛋糕十分美味，而你甚至在不用烘焙的情况下就可以制作出来。

你需要用到以下物品：

◎ 175 克消化饼干、75 克黄油、225 克奶油干酪。

◎ 150 毫升草莓酸奶、150 毫升高脂厚奶油。

◎ 12 个成熟的草莓。

制作方法：

❶将你的消化饼干放进一个塑料食品袋中，用擀面杖将它们碾成饼干碎屑。

❷将黄油倒入平底锅中融化，再倒入你碾碎的饼干碎屑加以搅拌。请一位成年人来帮助你完成吧，你总不想将自己的手指烫伤吧。

❸将饼干碎屑混合物倒进一只直径约 20 厘米的馅饼盘子里，用勺子的背面将其压平。

❹当饼干碎屑混合物冷却后，将它放进冰箱里，直到它变硬为止，约花费半小时。

❺将奶油干酪和酸奶混合在一起，倒进一只大碗中。

❻将高脂厚奶油倒进一只单独的碗中，搅拌至发泡（用一个电动搅拌器更易于操作）。

❼现在，动作轻柔地将搅拌后的高脂厚奶油叠加在奶酪和酸奶之间，沿着碗

口边缘搅拌一次，再用木勺子的边缘在碗口中间搅拌一次。反复做这个动作，直到所有的奶油都混合在其中为止。

❽将奶油干酪、酸奶和奶油混合物倒在压平的饼干碎屑混合物上，并将它均匀地铺平，放回冰箱里，直到盘里的混合物变得坚硬为止，约花费半小时。

❾将草莓切成薄片，在蛋糕上方摆出你喜欢的图案。

❿在蛋糕上方插上生日蜡烛即可。

小贴士：你可以使用不同种类的水果，以迎合过生日的朋友的口味——覆盆子或蓝莓也是很好的选择。

如何制作巧克力布朗尼蛋糕

巧克力布朗尼蛋糕可是派对的最佳甜点——外表酥脆，内心甜蜜，中间还有一层巧克力。

你需要用到以下物品（制作 16 块巧克力布朗尼蛋糕）：

◎ 100 克纯巧克力、100 克无盐黄油（存放在室温下）。

◎ 200 克细白砂糖、2 枚鸡蛋。

◎ 50 克纯面粉、25 克可可粉、1 茶匙盐。

◎ 1 茶匙发酵粉、100 克碎核桃仁。

操作方法：

❶将烤箱温度调至 180 摄氏度，预热 5 分钟。

❷将巧克力切成正方形，接着再将正方形切成小片。将所有的巧克力片和黄油一起倒进平底锅中，并小心地用低温使其熔化，缓慢地搅拌（你应该寻求一位成年人帮助你熔化巧克力片和黄油，稍后使用烤箱也需要他的帮助）。

❸当巧克力片熔化时，将平底锅从火上拿开，添加一些糖，充分混合。

❹将鸡蛋打碎倒进一只小碗中，用叉子或搅拌器充分搅拌后，倒进巧克力混合物中并搅拌。

❺将面粉、可可粉、盐和发酵粉一起倒入碗中混合，然后将它们添加到巧克力混合物中。

❻最后再添加碎核桃仁并加以搅拌，直到混合物变得平滑不黏腻。

❼将混合物倒进一只铺着油纸的直径约 20 厘米的烤盘中，并均匀地铺满整个烤盘。

❽戴上烤箱隔热手套，将烤盘放入预热好的烤箱中烘焙 25 分钟，或直到巧克力布朗尼蛋糕混合物的顶端摸起来更硬一些时取出。

❾让巧克力布朗尼蛋糕冷却一会儿，然后将它切成 16 块，与你的家人和朋友们共享这个美味吧。

如何制作阶梯金字塔形的蛋糕

这块蛋糕简直就是一场埃及主题派对的点睛之笔——将它赠送给扮演法老的朋友再合适不过啦。

你需要用到以下物品：

◎ 200 克黄油、200 克细白砂糖、4 枚鸡蛋。

◎ 1 茶匙香草香精、200 克自发面粉。

◎ 100 克纯面粉、果酱、生奶油、糖霜。

小贴士：上面列出的配料数量可以制作 1 块正方形的蛋糕。你需要制作 3 块同样的蛋糕，因此你需要准备 3 份上面列出的配料。

操作方法：

❶将烤箱的温度调到 160 摄氏度预热 5 分钟，将你准备的边长 20 厘米的正方形烤盘排成一排并在烤盘上涂抹油脂。

❷用木勺将黄油和细白砂糖混合在一起并搅拌，直到混合物变得松软起来。

❸添加 1 枚鸡蛋并充分搅拌混合物。重复这个动作，直到 4 枚鸡蛋都添加进去。接着，加入香草香精并搅拌。

❹将自发面粉和纯面粉一起放入一只单独的碗中并过滤，接着，动作轻柔地将它与鸡蛋、黄油和细白砂糖的混合物混合在一起。

❺将混合物倒进一只烤盘中，放入烤箱烘烤约 75 分钟。你可以将一只烤肉

叉插进蛋糕中间，检查蛋糕有没有熟透——烤肉叉取出来后是干干净净的，说明蛋糕烤熟了。

❻将烤盘从烤箱中取出来，将蛋糕从烤盘中拿出，并放在铁架上冷却。

❼用同样的方法，再做两块同样的蛋糕。

❽将你制作的第一块蛋糕放置在糕点包装用纸板的中央。

❾第二块蛋糕，将其切成一块边长为 16 厘米的正方形蛋糕。在这块正方形蛋糕的上面抹上一层果酱，并将它小心翼翼地放在第一块蛋糕上方的中间位置上。

❿第三块蛋糕要切出好几层。首先，切出一块边长为 12 厘米的正方形蛋糕。在这块正方形蛋糕的上面抹上一层果酱，并将它放在前两层蛋糕上方的中间位置上。从剩余蛋糕上切下一块边长为 8 厘米的正方形蛋糕，再切下一块边长为 4 厘米的正方形蛋糕。在每块正方形蛋糕上都涂抹果酱和奶油，将它们叠加放置在你制作的金字塔上方。

⓫用滤网将糖霜均匀地撒在你制作的金字塔上——在古埃及，一些金字塔上覆盖着一层白色的石灰岩，这会让金字塔在阳光下闪闪发光。

现在，你已经制成了阶梯金字塔形的蛋糕！为什么不举办一场古埃及主题的派对呢？

如何快速做出冰镇奶昔

下面介绍一种制作令人垂涎欲滴的冰镇奶昔的超快速的方法。

你需要用到以下物品：

◎ 牛奶、糖、香草香精、冰块。

◎ 可密封的塑料食品袋。

操作方法：

❶将一杯牛奶倒入可以密封的塑料食品袋里，添加一汤勺的糖和几滴香草香精。将食品袋密封起来，均匀摇晃，让这些成分混合在一起。

❷在一个大塑料袋里装满冰块。将装有奶昔混合物的食品袋放置在大塑料袋里并在顶端紧紧地系好。

❸摇晃这个袋子 5 分钟。做这个动作的时候要小心，因为水会从袋子里渗出来，所以在室外做这件事是再好不过了。

❹将食品袋拿出来，小心翼翼地打开，你就可以享受美味的冰镇奶昔了。

小贴士：使用同样的方法来制作冰沙吧，将牛奶和香草香精替换成水和果汁就可以了。

如何制作巧克力核桃软糖

试着制作些巧克力味的软糖吧。

你需要用到以下物品：

◎ 450 克黑巧克力、75 克无盐黄油（在室温下存放）。

◎ 400 克罐装甜炼乳。

◎ 1/2 茶匙香草香精、100 克碎山核桃仁。

制作方法：

❶将巧克力切成正方形，和黄油、甜炼乳一起倒进平底锅中低温加热，不停搅拌，小心不要将巧克力烧焦，直到巧克力熔化。请一位成年人来帮你完成这个任务，你总不想烫伤自己的手指吧。

❷当巧克力熔化后，将平底锅从火上移开，并添加香草香精搅拌。

❸添加碎山核桃仁搅拌。

❹在烤盘内铺上涂油的锡箔纸，将混合物倒入烤盘中等它冷却。

❺将烤盘放入冰箱冷冻，直到混合物完全凝固为止。

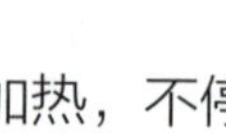

❻将烤盘取出，把凝固的混合物切成大小适中的小块，并用锡箔纸包好，这样你就可以随时取出来享用啦。

如何制作糖耗子

糖耗子吃起来十分可口，制作过程也十分简单。如果你不能自己一个人把它们都吃掉的话，那就将一部分糖耗子装进包装盒里，送给朋友吧。

你需要用到以下物品：

◎ 鸡蛋、450 克糖霜、少量柠檬汁。

◎ 红色食用色素、可食用小银球、细线绳。

操作方法：

❶取一枚鸡蛋，将蛋清与蛋黄分开。要做到这一点，先要小心翼翼地将鸡蛋在杯子边缘敲碎，然后将蛋黄沿着杯口从一半蛋壳中倾倒进另一半蛋壳中，直到只有蛋黄留在蛋壳中，而蛋清则落进杯中（你可能需要别人的帮助才能完成这项棘手的工作）。将蛋清在搅拌碗里搅匀，直到有泡沫出现，但不要有太多泡沫。

❷拿一个滤网置于搅拌碗上方，将 450 克糖霜过滤倾倒进去，搅拌碗里的糖霜。再添加几滴柠檬汁进去，直到混合物变得柔软。

❸将少量混合物放进另一个碗里，添加一些红色食用色素，直到混合物变成粉红色。这个要用来制作糖耗子的耳朵。

❹拿出剩余的混合物进行翻卷和揉捏，做成耗子的形状。

❺使用少量的粉色混合物制作糖耗子的耳朵，用可食用的小银球制作糖耗子的鼻子和眼睛，用细线绳制作糖耗子的尾巴。

❻将你制作的糖耗子置于烤盘里，放入烤箱烘烤即可。

如何制作水母形状的意大利面

制作简单、卖相诱人，这些水母形状的意大利面很快就会成为你最喜爱的晚餐。

你需要用到以下物品（制作两人份的意大利面）：

◎ 2 根大号法兰克福香肠、24 根干意大利面。

操作方法：

❶将 2 根法兰克福香肠分别切成三等份。

❷将 24 根干意大利面切成两半——这样你就有 48 根意大利面了。在每截香肠中塞入 8 根意大利面，注意不要将香肠穿透噢。

❸将锅里的水加热，直到沸腾。接着将你制作的水母形状的意大利面放进锅里，煮 7 分钟。

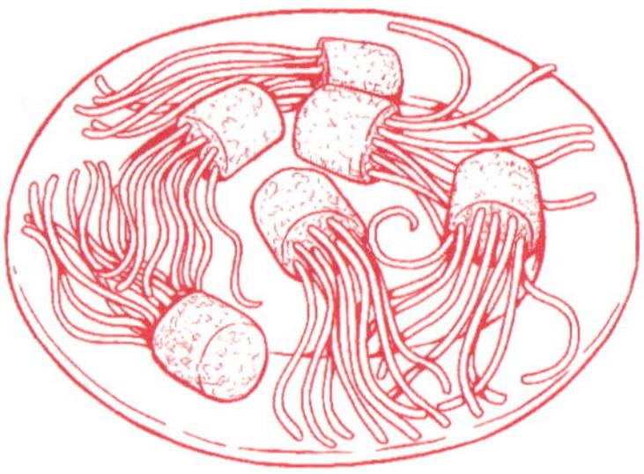

❹用漏勺将每一份水母形状的意大利面从锅中捞出来，将它们放在盘子里。直接享用或添加一些调味汁享用吧。

如何在不剥皮的情况下切割香蕉

让你的朋友大吃一惊吧——她剥开香蕉皮，却发现香蕉已经被神奇地切成几段啦。她简直不敢相信自己的眼睛！

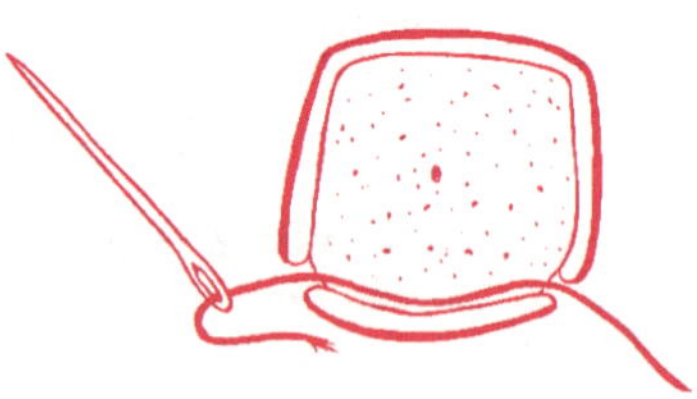

首先穿好针引好线，将针刺入香蕉皮里，沿着香蕉皮内部的边缘扭动针线，直到针线从香蕉里面露出来。

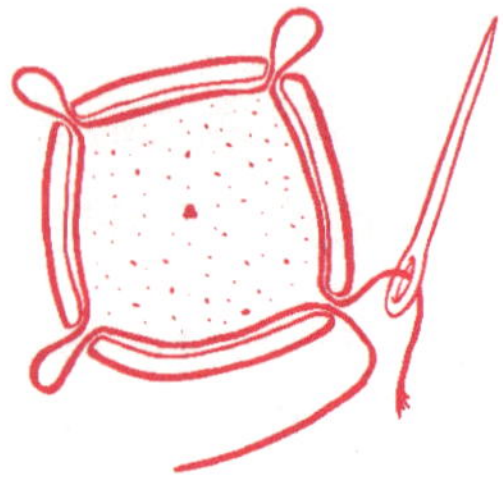

接着，将针从同一个针孔穿回去，继续扭动针线。重复这个动作，直到你在整个香蕉周围都缝上了针线，再将针从原来那个针孔拿出来。

最后，将线的两端握在一起，用力拉伸，从香蕉皮内部切割香蕉。

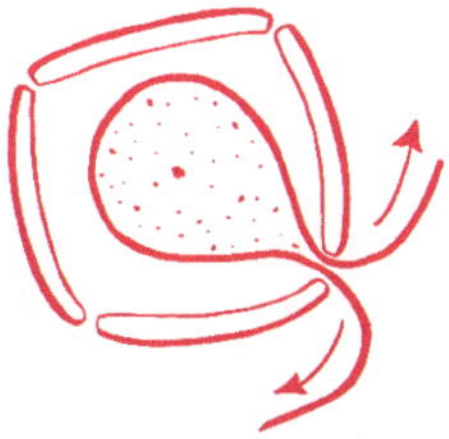

重复以上操作，每一次都要将线完全抽出。将香蕉放到你的午餐盒中，在午休时间，将它拿出来给你的朋友享用吧。

如何制作相框

如果你拥有一张极为喜爱的照片，为什么不给它制作一个别出心裁的相框呢？

你需要用到以下物品：

◎ 两张厚卡片（旧纸箱就很合适）、铅笔、尺子。

◎ 剪刀、报纸、100 毫升水和 100 毫升白胶浆的混合物、一支画笔、少许胶水、广告颜料。

◎ 装饰物，如高仿宝石、贝壳、蛋糕装饰物或干花等。

◎ 一张透明薄胶片（可以从文具店里购买）、胶带。

操作方法：

❶将你想要装入相框的照片放在一张卡片上并描绘出它的正方形轮廓。在这个正方形中间再描出第二个正方形，每条边大约比第一个正方形短 0.5 厘米。

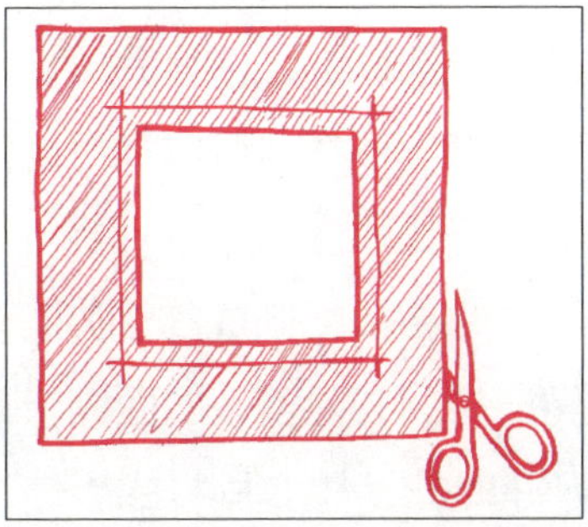

❷在前两个正方形外面再画一个大正方形，确保前两个正方形位于第三个正方形正中间的位置。这就是图中所示的相框，因此，描画出你想要的框架大小吧。

❸将第二个正方形和第三个正方形剪裁出

来。这样就出现了一个框架（请一位成年人帮你剪出中间的正方形吧，这需要一点儿技巧）。

❹在另一张卡片上将第三个正方形描画并剪裁出来，作为相框的背面。

❺将报纸撕成条，将它们浸泡在白胶浆和水的混合物中，然后取出覆盖相框。待干后，再添加另一层报纸条。重复这个动作，直到添加了四层报纸条为止。

❻当最后一层报纸条完全干透后，在报纸条外面涂抹一层稀释的胶水，放置一夜，等它晾干。

❼给你的相框着色。

❽将你挑选的那些和照片主题搭配的装饰物放在相框上，再用胶水将它们固定。当装饰物在相框上固定好后，在装饰物上涂抹一些未稀释的胶水，让它们散发出闪亮的光泽吧。

❾在透明薄胶片上剪裁出一个正方形，这个正方形的边长至少要比相框边多出 1 厘米。在薄胶片的底边折叠出一条折痕（将你的相片放在折痕之内），接着用胶带将它固定在相框的背面。

❿将相框的背面翻转至前面，用胶水涂抹三个侧边，相框顶部的边缘不要涂抹胶水。

⓫将照片放进相框中，将相框摆放在窗台上吧。

如何制作纸碗

❶将半杯普通面粉倒进一个装着两杯冷水的炖锅中，放在火炉上并不停搅拌，直到煮沸。将炖锅从火炉上拿下来，添加三汤勺的糖并搅拌，等面糊冷却。

❷一只气球可以成为制作小碗的很好的模具。将一只气球吹鼓，再将口紧紧地系好。

❸将报纸撕成约 20 厘米长的窄纸条，浸泡在面糊里。用你的手指在纸条上捋一捋，去除多余的面糊，再将它们覆盖在你的气球的底部。抚平纸条上凹凸不平的地方。重复同样的操作，直到气球底部被纸条覆盖住。

❹在你往上面叠放另一层纸条之前，先等这一层纸条晾干，重复叠放直到气球上添加了几层浸泡过面糊的纸条。

❺当纸条完全晾干之后，你就可以解开气球口，将它从纸条的壳上剥下来。

❻用一把剪刀给你的小碗剪出一个平滑的碗边，再用颜料和胶水将小碗装饰一番吧。

如何制作一个“鸡蛋小人”

❶首先，你需要在不打破蛋壳的情况下，将鸡蛋里面的蛋液排干。将鸡蛋放置在蛋杯里，小心翼翼地用针在鸡蛋顶端刺穿一个小孔，然后将鸡蛋倒立，再次用针在底端刺穿一个小孔。你需要动作轻柔地用针在小孔里绕圈转动，以增大小孔。

❷将针推挤进大一些的那个孔。轻轻摇晃几次再将针移除出去，轻柔地对着小一些的那个孔吹气，这样鸡蛋里的蛋液就能从较大的孔流进碗里了。

❸等蛋液全部流出后，动作轻柔地将鸡蛋放置在盛着温水和洗洁精的小碗中，在鸡蛋里装满温水，然后让温水从底部较大的洞口排出。

❹清理干净空蛋壳后，就可以开始为你的“鸡蛋小人”设计造型了。再次拿起针，在你想要制作手臂的两边各扎一个稍大一些的洞。动作轻柔地将清管器推进一边的洞口，再让它穿过鸡蛋另一边的洞口。

❺用胶水将一些毛线粘贴在鸡蛋上面有气孔的地方，做“鸡蛋小人”的头发。给你的“鸡蛋小人”制作“双脚”，从卫生纸卷筒的底部剪出大约 2.5 厘米长度的圆筒，用颜料将它染成黑色，再将它贴在一块圆形的黑色纸板上，这块黑色纸板的宽度要稍微宽于卫生纸卷筒的宽度。最后在鸡蛋壳上面用标记笔或颜料画上面部表情，这样一个可爱的“鸡蛋小人”就做好啦。

如何制作一个母鸡形状的保温罩

如果你可以将两块布缝在一起，那么你就可以为你的水煮蛋制作出这个鸡蛋保温罩啦。

你需要用到以下物品：

◎ 制作母鸡身体的棕色毛毡。

◎ 呈对比色的毛毡（任何对比色都可以，用来制作母鸡的翅膀和眼睛）。

◎ 两段相同长度的彩色绣线。

◎ 织物胶水、一把剪刀。

◎ 别针、一根大针。

◎ 一张描图纸、一支签字笔。

操作方法：

❶将描图纸放置在图样的上方，用签字笔分别描画出图样中母鸡的翅膀和身体的轮廓。

❷将画好的图样从描图纸上剪下来。

❸用别针将剪下来的图样放在对应的毛毡上，再将毛毡沿着图样剪下来。

❹在毛毡上剪下小圆圈，作为母鸡的眼睛。

❺穿好针线，在靠近线尾的地方打个结。将剪下来的母鸡身体的两块毛毡对好放在一起，用简单的针脚沿图样边缘走线，把两块毛毡缝在一起。

❻你需要在母鸡身体的底部留出空隙，不要缝合。当你快要结束缝纫时，为了确保最后一个针脚缝合完整，可以在最后一个针脚处反复多缝几针，最后将没有用到的线剪掉。

❼用织物胶水将母鸡的翅膀和眼睛粘贴到缝好的母鸡身体上。

❽将你制作的母鸡形状的保温罩放到盛在蛋杯里的鸡蛋上。它看起来如此可爱，以至于你的家人会要求你帮他们每个人都制作一个保温罩。很快，你们的餐桌看起来就像一个鸡窝啦。

如何为你的卧室制作炫酷的彩旗

用绳子挂满织物彩旗能将一间沉闷乏味的屋子变得有活力。你可以不用花费很多钱，自己制作一些彩旗。

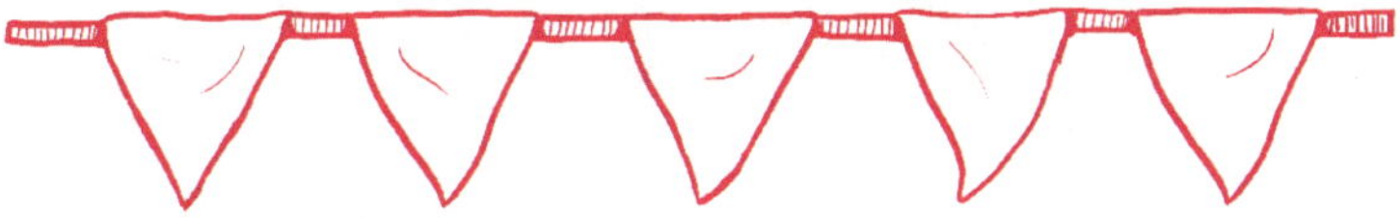

你需要用到以下物品：

◎ 棉布碎片。

◎ 一根至少 2 厘米宽、3 米长的缎带。

◎ 剪刀（最理想的是锯齿剪刀。这种剪刀十分特别，有锯齿形刀片）。

◎ 织物胶水、一张质地坚硬的卡片。

◎ 一把尺子、一支铅笔、一支签字笔。

操作方法：

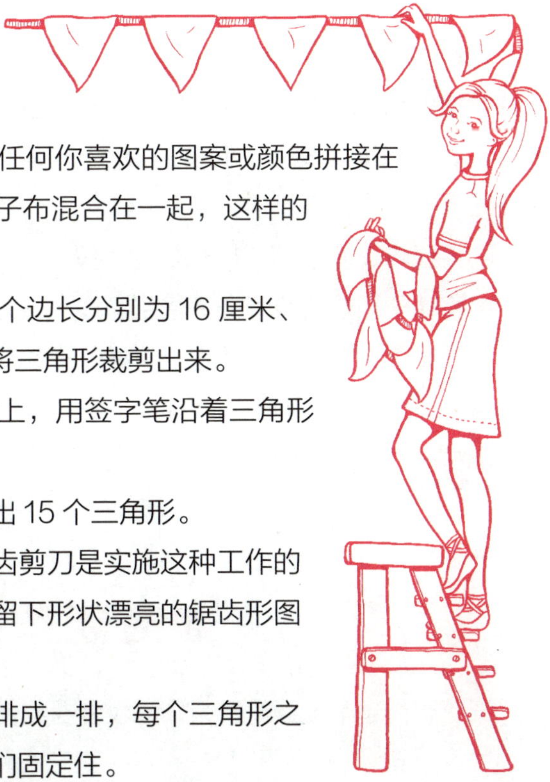

❶将棉布碎片收集在一起——你不需要买这些东西，你只要得到许可，剪一些旧衣服、旧床单甚至是旧桌布都可以。挑选任何你喜欢的图案或颜色拼接在一起，如将漂亮的小碎花和彩色格子布混合在一起，这样的色彩搭配看起来很棒。

❷用尺子和铅笔在卡片上画一个边长分别为 16 厘米、20 厘米、20 厘米的三角形。然后将三角形裁剪出来。

❸将三角形卡片放在棉布碎片上，用签字笔沿着三角形周围描画出轮廓。

❹重复这个动作，直到你描画出 15 个三角形。

❺将这些三角形裁剪出来。锯齿剪刀是实施这种工作的有力工具，因为它可以在裁剪边缘留下形状漂亮的锯齿形图案，并防止棉布碎片磨损。

❻将三角形短边边缘沿着缎带排成一排，每个三角形之间留一截空，然后用织物胶水将它们固定住。

❼旗布制作完成后，在旗布两端各留下一小段缎带，便于悬挂旗布。

❽等旗布上的织物胶水完全干透后，就可以将旗布在你的房间悬挂起来啦。

如何制作门帘

给卧室加一层珠子做的门帘，卧室入口立刻就会多一分魅力。门帘看上去漂亮，做起来也很简单。

你需要用到以下物品：

◎ 和门框同宽的厚缎带。

◎ 大约 30 根塑料吸管，颜色不限。

◎ 12 根渔线或结实的透明线，每一根长 1.8 米。

◎ 塑料珠，大约 200 颗。

◎ 几颗图钉，固定门帘时使用。

操作方法：

❶将缎带铺在地上，将渔线一一固定在缎带上，保持间距相等，每根渔线的一端都系在缎带上，然后打个结。

❷将塑料吸管裁成 5 厘米长的小段。

❸将珠子和塑料吸管交替穿到渔线上。

❹渔线穿满后用珠子固定，将线的末端在珠子中来回穿两下，然后打结。

❺每根渔线都是同样的步骤。

❻将做好的门帘用图钉钉在门上。

如何制作纸花

纸花制作起来十分简单，作为包装礼物的装饰品简直再漂亮不过啦。

你需要用到以下物品：

◎ 四张长约 15 厘米、宽约 8 厘米的彩色薄页纸。

◎ 长剪刀、一根缎带。

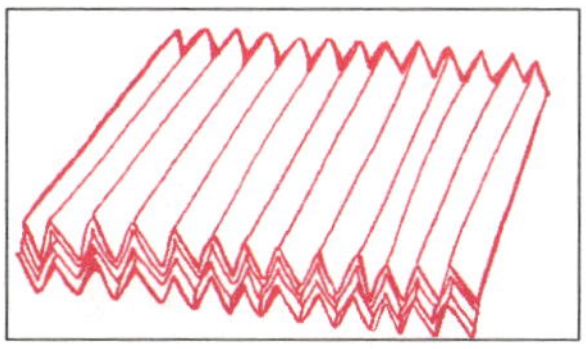

操作方法：

❶将四张薄页纸叠放，将它们折叠成一个类似风琴的形状，如右上图所示，隔 1 厘米折叠一次。

❷用剪刀将折叠的纸条的两端剪裁成半圆形。

❸用手指捏住纸条中间，并用缎带系住，让每边呈扇形散开。

❹将折叠系好的薄纸的四层轻轻搓动，一层层地错分开来，最终形成一个花球的形状。

如何制作彩饰陶罐

将你的下一次派对安排成墨西哥式的假日庆典吧，但如果没有彩饰陶罐，墨西哥式的假日庆典不会圆满。彩饰陶罐是一种装满糖果或小礼物的装饰物。彩饰陶罐最妙的地方是必须用棍子重重地击打它才能将其打开并拿到装在里面的东西。

你需要用到以下物品：

◎ 一只气球、一根至少 60 厘米长的粗绳。

◎ 报纸、250 毫升水和 250 毫升白胶浆的混合物。

◎ 一根针、剪刀、胶带、五张 A4 纸、曲别针、广告颜料、眼罩、一根棍子。

操作方法：

❶将你的气球吹起来，并将吹气口打结。将气球放置在一只小碗中，防止它摇摇晃晃。

❷将报纸撕成条状浸泡在白胶浆和水的混合物中，并用报纸条将气球严密地覆盖住。等到报纸条的白胶浆和水完全晾干，然后再添加另一层报纸条。重复这

个动作，直到你添加了五层报纸条为止。

❸当最后一层报纸条晾干时，在外面再涂上一层稀释的胶水，将它放置一夜，直到胶水完全干透。

❹用针将报纸层内的气球扎破。在报纸壳上剪一个口，将气球从中取出来。检查一下你制作的彩饰陶罐内部是否完全干透了，然后在里面装满糖果，用胶带将口重新封住。

❺用 A4 纸制作一个圆锥，并用胶水将接缝粘贴起来（当胶水干透后，用曲别针将接缝处固定住）。将圆锥底部的不平整边缘剪掉。重复相同的操作，以同样的方式处理其他四张 A4 纸。

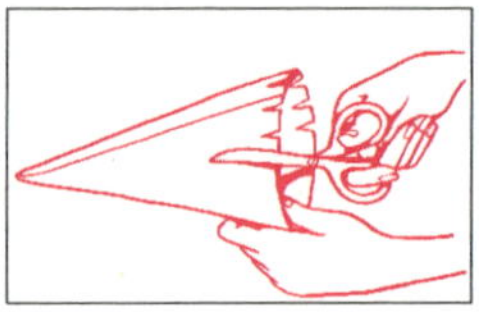

❻在每个圆锥底部边缘剪出深约一厘米的小口。涂抹胶水后将圆锥粘贴在彩饰陶罐上，最终形成一个五角星的形状。你需要将它们加以固定，并确保将它们粘贴在合适的位置上。

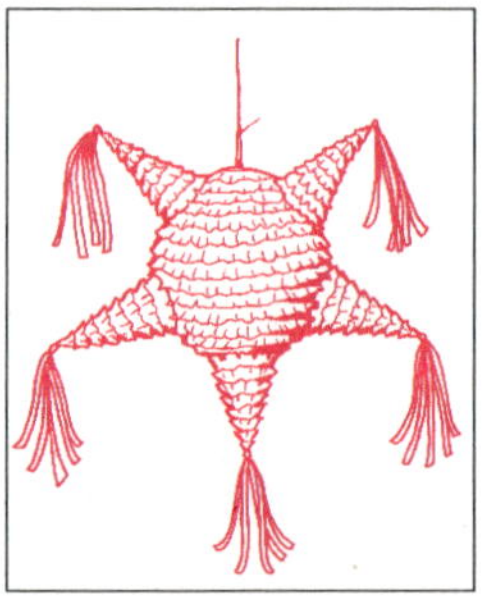

❼当你制作的五角星形彩饰陶罐晾干后，用色彩明亮的广告颜料在它上面涂色。

❽用剪刀在你制作的彩饰陶罐顶端穿一个小洞。在小洞处系一根绳子，并将它悬挂在一根树枝或一根晾衣绳上。活动中，每个人都要戴上眼罩，轮流用棍子重重地击打彩饰陶罐，直到它被打破为止。

如何在一个鞋盒小剧场里进行一场演出

用一场表演，让你的家人和朋友们兴奋地尖叫吧。

首先，准备鞋盒小剧场。

❶如图所示，将鞋盒立起来，在两端各剪一个口，作为你的“演员们”登台表演的出入口。

❷决定戏剧演出要设定在哪个场所，如在一栋房屋内、一所学校里或海边。为你的小剧场建造一处风景区作为背景吧。你可以剪裁一张纸，让它能紧密地嵌入鞋盒的底部。接着，你可以自己描画出风景或使用杂志图片作为背景。你甚至可以将家庭照剪裁出来，粘贴到纸上，作为背景使用，但首先要征求一下家人的意见。

❸将你喜欢的元素添加到你的“布景”中，这些元素可以是纸板做成的树木，也可以是洋娃娃住的房屋里的家具或是镶有美丽图案的地板。

❹用两片薄布（每片薄布的面积都要达到舞台宽度的 2/3）制作一幅窗帘，作为小剧场的幕帘。在舞台两边的屋顶下方各制作出两个小孔。在小孔间穿一根绳子进去。用每片薄布的顶端覆盖住绳子，再在绳子下方约一指宽的位置上用针简单地将薄布缝合。检查一下你的幕帘是否可以自由开闭。

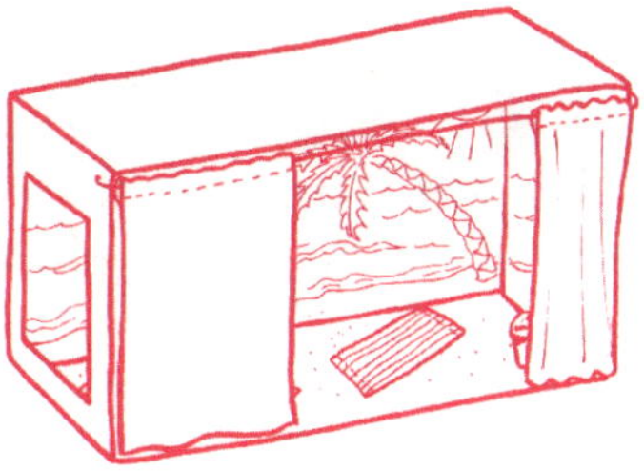

其次，展示演员阵容。

将你的家人和朋友的照片从旧照片中剪裁出来（一定要先得到他们的许可）。将这些照片粘贴到从鞋盒盖子上剪裁出来的纸板上。用签字笔给他们的身体画上服装。

用胶带将你的“演员们”捆绑在小棍子上，小棍子的一端应该横穿“演员们”的身体背部，这样你就可以用小棍子另一端的“手柄”操控“演员们”的行动啦。记住，一些“演员”想要从舞台右边入场，而有一些“演员”却想要从舞台左边入场。因此，要根据具体情况来操控小棍子的“手柄”。

小贴士：如果你需要超过两位“演员”在同一时间里出现在舞台上，你就要找朋友来帮忙啦。

最后，写下你的剧本。

这个剧本可以是关于一场生日派对、在沙滩上度过的一天或在学校里发生的有趣的事。如果你不想将剧本写下来，那就在你开始表演之前，花几分钟时间思考一下故事的发展脉络吧。

小建议

◎ 使用人们的真实昵称。

◎ 如果某个人有一句挂在嘴边的口头禅，也可以把这句话写进剧本里，这样每个人都会辨认出这句口头禅，他们会放声大笑的。

◎ 试着在剧本中插入一些笑话。

◎ 故事要简洁，只要一个开头、中间发展和一个结尾即可。

◎ 考虑一下在戏剧结束后添加一首歌和一段舞蹈，这一直是愉悦观众的好方式。

如何自己制作啦啦球

啦啦队队长每只手里都要拿着一只啦啦球——系在一个手柄上的、由塑料条制成的、毛茸茸的小球。你可以在玩具店里买到啦啦球，但如果你用超市里的可回收塑料袋亲手制作啦啦球的话，会收获更多的乐趣。

你需要用到以下物品：

◎ 制作一个啦啦球需要 6 个或 10 个塑料袋（这取决于你想要制作多大尺寸的啦啦球）——试着让袋子的颜色和你的啦啦队的服装颜色保持一致。

◎ 一把尺子、一把剪刀、一支签字笔。

操作方法：

❶将塑料袋放在地面上压平，用尺子和签字笔在距离塑料袋底部 30 厘米处画一条与底部平行的线。

❷沿着线将袋子剪断，保留带底的部分。

❸从袋子开口的一端开始着手，纵向将袋子剪到约 20 厘米的深度，在距离袋子底部 10 厘米处停下来。沿着整个袋子的横向开口重复这个动作，剪出约 2 厘米宽的塑料条。

❹在你处理所有袋子时，都要重复上面的过程。

❺将处理好的袋子收集起来，用手握住没有剪裁的袋子底部。现在要为你的啦啦球制作一个手柄，你需要将几个袋子底部揉捏到一起，用胶带或结实的橡皮筋将它们包裹住。最后，将你制作好的啦啦球放在手中摩擦整理一番，将它们抖松就可以啦。

如何制作一个木头娃娃

几百年来，木头娃娃都是由像你一样的女孩自己制作的。这里介绍一种木头娃娃的简易做法。

你需要用到以下物品：

◎ 一个圆头木质晾衣夹。

◎ 一支签字笔、一段粗铁丝、一瓶织物胶水。

◎ 一些棉布、一把剪刀、一长片硬塑料。

◎ 白色、黄色或棕色的羊毛毛线。

◎（装饰用的）小发光物和（做衣服饰物用的）小金属片。

◎ 一条缎带。

操作方法：

❶用签字笔给你的木质晾衣夹画上眼睛、鼻子和嘴巴，尽情发挥你的想象力去创作吧。

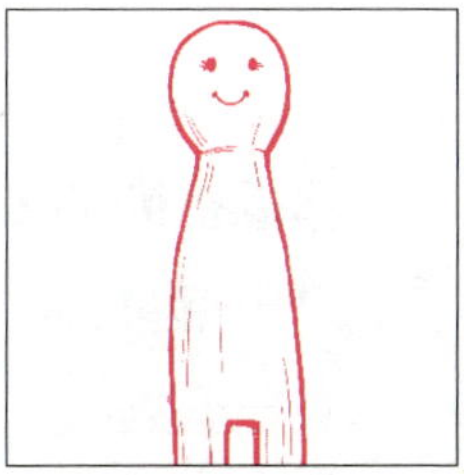

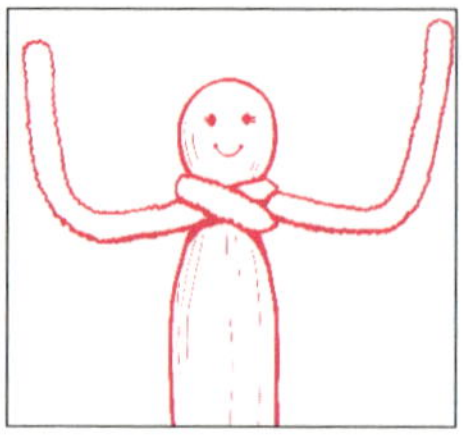

❷将粗铁丝缠绕在晾衣夹的“颈部”位置上，作为娃娃的两只手臂。在手肘处，将铁丝弯曲。

❸拿一块棉布，将它剪裁成长约 8 厘米、宽约 5 厘米的长方形。沿着棉布的一面涂一些织物胶水，从娃娃手臂下方用棉布包裹住娃娃的身体，再用一些胶水将娃娃后背处的棉布固定住。

❹再拿一块棉布，沿着边缘向中间部位剪裁。在棉布的中央剪一个小圆圈，其大小大概与晾衣夹的截面同大。用制作好的娃娃裙将娃娃裹住，再用织物胶水粘贴，使裙子固定住。

❺在长硬塑料片上画出一对翅膀的形状，将它们剪裁出来，再用胶水将这对翅膀粘贴在娃娃的背部。

❻剪裁出 5 段等长的羊毛毛线，将它们粘贴在娃娃的头部作为头发。

❼可以在娃娃身上添加一些小发光物和小金属片，然后再剪一段漂亮的缎带，将它系在娃娃的脖子上。将缎带的两端打成一个结，作为挂环。

如何用薯片包制作徽章

你想不想拥有一个有趣的徽章呢?

你需要用到以下物品：

◎ 一包薯片。

◎ 一只烤盘、一副烤箱隔热手套、一只木勺。

◎ 一个安全别针、一卷胶带。

操作方法：

❶在成年人的帮助和监督下将烤箱调至最高温度。

❷小心地打开薯片包，将里面的薯片拿出来。

❸拿一张厨房卷纸将薯片包内擦干净。

❹将空的薯片包放进烤盘里，尽可能地将它压平。

❺将烤盘放在烤箱中烘烤约 10 分钟。每隔几分钟检查一下薯片包，确保它没有被烧焦。薯片包应该开始收缩啦。

❻当薯片包收缩到大约原包装的 2/3 大小时，戴上隔热手套，将烤盘从烤箱中取出来。

❼用木勺的背部迅速地将薯片包弯曲或卷曲的部分压平。

❽等薯片包完全冷却后，将它从烤盘中拿起来。

❾用胶带将安全别针固定在薯片包背后。

❿一个有趣的徽章做好了，将它别在你衣服的翻领上，等待别人的称赞吧！

如何自制杂拌糖果

当你可以制作自己独特的杂拌糖果时，就没有必要去糖果商店啦。将它们作为美妙的礼物送给你的朋友和家人吧。

椰子糖

你需要用到以下物品：

◎ 350 克椰蓉、350 克糖霜、400 克罐装炼乳。

◎ 半茶勺的粉红色食用色素。

◎ 一只碗、一个滤网、面包烤盘、一些保鲜膜。

操作方法：

❶将炼乳倒进碗里，将糖霜通过滤网过滤后也放入碗中。

❷添加椰蓉并搅拌均匀。

❸用一些保鲜膜将面包烤盘覆盖住，将一半搅拌好的混合物倒入烤盘中。

❹将粉红色食用色素添加到碗中剩余的混合物中，继续搅拌，直到混合物颜色变得均匀。

❺将粉红色混合物撒在面包烤盘中混合物的上方，再将它放到冰箱里，让其凝固。

❻将凝固后的混合物从面包烤盘中取出，切成正方形。

薄荷奶油糖

你需要用到以下物品：

◎ 一枚鸡蛋、450 克糖霜。

◎ 100 克黑巧克力或牛奶巧克力。

◎ 半茶勺的薄荷奶油。

◎ 半茶勺的绿色食用色素。

◎ 一只玻璃碗、一只平底锅、一个贴有锡箔纸的烤盘、一个滤网、搅拌钵。

操作方法：

❶请一位成年人帮助你将鸡蛋蛋清与蛋黄分离。将蛋清倒进搅拌钵里，添加薄荷奶油和食用色素，搅拌均匀。

❷用滤网过滤糖霜并与薄荷奶油混合物一起搅拌，直到所有的成分混合在一起，可以形成一个光滑的小圆球。如果混合物有些黏稠，可以再添加一些糖霜。

❸在你搅拌的混合物表面上再撒上一点儿糖霜，并将混合物做成一条香肠的形状，厚度大约 3 厘米。

❹将混合物切片，再将它放在纸板上晾干。

❺将巧克力切成正方形，并把它们放在一个玻璃碗中。再将玻璃碗放在一只装有水的平底锅里，用小火慢慢加热并对巧克力加以搅拌，直到巧克力方块都熔化为止。请一位成年人帮助你完成这个步骤。

❻将切成片的薄荷奶油混合物浸泡在熔化的巧克力中，然后再将裹着巧克力的混合物放进贴有锡箔纸的烤盘中，等到凝固即可。

如何制作纸雪花

纸雪花的制作过程很简单，而且看起来非常漂亮。你可以将这些纸雪花贴在窗户上，或将它们悬挂在天花板下方，或以圆圈的形状粘贴在前门上，制作出一个圣诞花环。

你需要用到以下物品：

◎ 一些正方形白纸（想要大一些的纸雪花，可以准备边长为 20 厘米的正方形白纸；想要小一些的纸雪花，可以准备边长 10 厘米的正方形白纸）。

◎ 铅笔、剪刀。

操作方法：

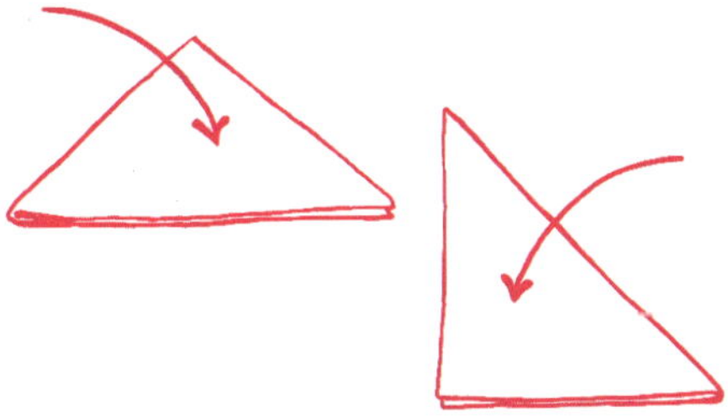

❶将正方形纸张沿对角线折叠，再沿对角折叠一次。

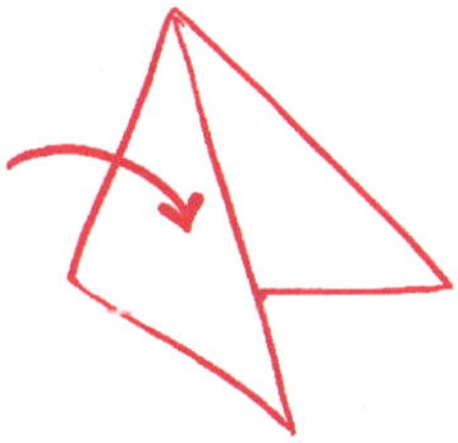

❷将一端沿着你折叠的三角形底部折叠到 2/3 处，形成上图所示的形状。

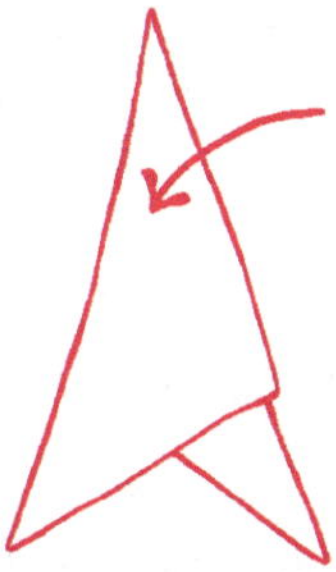

❸将另一端沿着上图中所示的区域折叠。

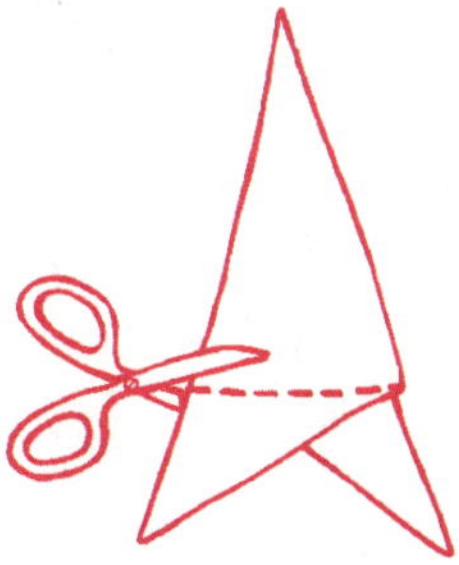

❹沿着上图中这条虚线将两端剪掉。

❺用铅笔在三角形较长的两边画出锯齿形。画出的锯齿越多，你制作的雪花就越精致，越有美感。用剪刀沿着你画的线条剪裁。

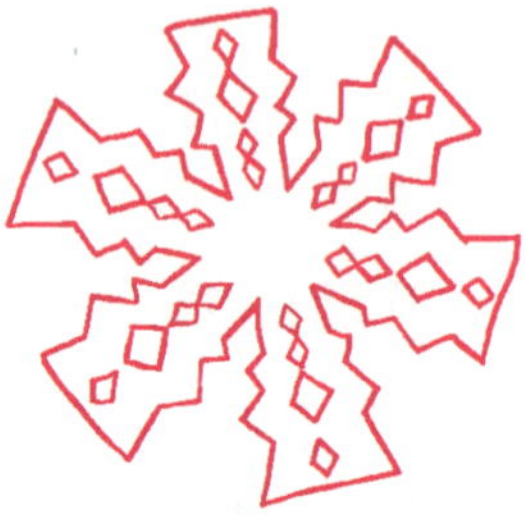

❻将你剪裁出来的纸雪花打开，欣赏你的成果吧！

小贴士：用白纸制作的纸雪花，可以用胶水在纸雪花上粘一些（装饰用的）小发光物，让纸雪花更闪耀。

如何制作软木塞小马

将可爱的软木塞小马放置在卧室的窗台上，会让卧室看起来十分漂亮。软木塞小马制作起来十分简单，你可能会忍不住制作一群小马噢。

你需要用到以下物品：

◎ 一只软木塞、一把工艺刀、一张硬卡片。

◎ 签字笔、剪刀、白胶浆。

◎ 四支牙签、羊毛毛线。

操作方法：

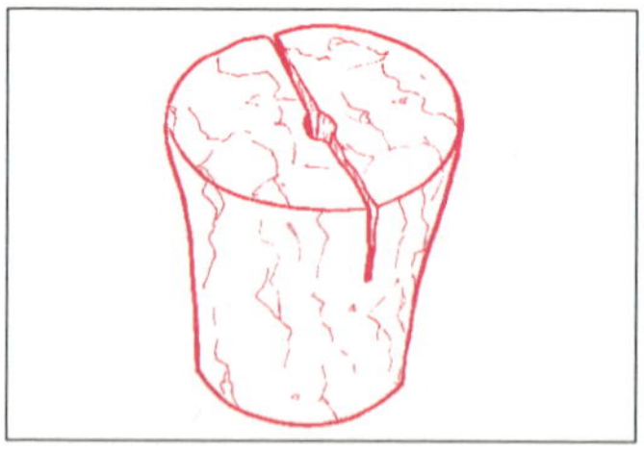

❶用工艺刀在软木塞一端划开一条裂缝（请一位成年人帮助你做这件事情）。

❷在卡片上画出小马头部和颈部的侧面轮廓，并将它剪裁出来，可以按照你的喜好添加小马的面部细节。

❸在小马颈部的一端涂抹一些胶水，再将它插入软木塞上划开的裂缝中。

❹用四支牙签来制作小马的四条腿。将它们插进软木塞合适的位置，注意保持四支牙签的平衡，这样你的小马才能稳稳地站立。

❺剪一些长度不等的羊毛毛线，将它们粘贴在小马上，作为鬃毛和尾巴。

小贴士：为什么不试着将你的小马变成一匹斑马呢？你只要在软木塞上画上黑色的条纹，使用黑白相间的羊毛毛线就可以啦！

如何制作漂亮的雏菊花环

想要消磨掉一个炎炎夏日的午后时光，没有比制作雏菊花环更好的方法啦。无论是制作项链或手镯、花冠或花环、脚链，还是其他配饰，遵循以下操作方法，都可以确保你用类似的植物制作出漂亮的成品啦。

操作方法：

❶挑选那些有着粗长花茎的雏菊，沿着根部将它们拔起，确保你有足够长的花茎可以使用。

❷用你的拇指指甲将花茎纵向分离，制作出一条约 1 厘米长、距离花茎底部约 0.5 厘米的裂缝。

❸拿起第二支雏菊，将它的花茎穿过第一支雏菊的裂缝，并拉伸至花头。

❹在第二支雏菊的花茎上制作同样的裂缝，然后重复上面的操作。继续下去，直到你的雏菊花环达到你需要的长度。

❺准备完工时，在最后一支雏菊的花茎上制作出一条长长的裂缝，再将第一支雏菊的整个花头轻柔地穿过，并拉紧连接的花茎。这样雏菊花环就做好啦。

你可以将制作好的雏菊花环悬挂在家里一处温暖的地方，如保暖衣橱里，或将花环烘干。

不要将制作材料局限于雏菊，毛茛属植物也是很好的选择（只需采摘那些十分常见的野花即可）。

如果你想要一个花朵密集的花环，就将花茎的裂缝尽量延伸至花朵；如果你想要让花朵看起来稀疏一些，那就将花茎的裂缝尽量延伸至根部吧。

如何制作反光球

反光球可以让你的派对变得更加精彩。只要遵循以下这些简单的步骤，你就可以自己制作出反光球。

你需要用到以下物品：

◎ 一只圆形气球、一些报纸、凡士林。

◎ 墙纸胶黏剂、漆刷、银镜卡片（你可以从工艺品小店中买到）、剪刀、白胶浆。

◎ 一根针、一些粗线、黑色颜料、胶带。

操作方法：

❶制作报纸球。给气球吹气，让它变成圆球形状。在气球表面涂满厚厚的凡士林（这样稍后更容易将气球移除）。根据包装上的说明，将墙纸胶黏剂和水混合调配好。

将报纸撕成条，然后用调好的墙纸胶黏剂将它们粘贴到气球上。在气球顶端要留下足够大的空间，便于你可以用手拎起气球。

气球上至少要包裹四层报纸，在开始包裹新一层报纸之前，要把前一层报纸先晾干。

把你的纸型气球用一天或两天的时间完全晾干，然后用针扎气球，放气后把气球移除，只剩下报纸球。

❷用黑色颜料将报纸球染成黑色。用黑色颜料覆盖住纸球外面的所有报纸，等报纸球再次晾干。

❸粘贴正方形的银镜卡片。将银镜卡片剪裁成多个边长约三厘米的正方形。用白胶浆将正方形银镜卡片整整齐齐地贴满报纸球。在粘贴这些正方形卡片时，注意填补空隙。你的目标是用这些卡片覆盖整个报纸球，就像给报纸球打了马赛克一样。完工后，你应该只能看到一点儿黑色颜料裸露在外面。

❹用线将报纸球系起来。用一根粗一些的针在报纸球上端开口处的下方刺三个小孔，这些小孔在报纸球的边缘区域要以均匀的距离分隔开。

❺将一段结实的粗线穿进针眼里，在线的尾端打结扣。从报纸球内部，将线穿过小孔，用胶带将结扣固定在报纸球内部。将三个小孔都穿好之后，就可以将你的反光球悬挂起来了。

现在开始你的派对吧！

珍贵友谊要维护

如何确保交友安全

无论是和老朋友一起外出，还是在网上结交新伙伴，个人安全都要注意，这样才能玩得开心，同时又不会把自己置于危险之中。看看下面这些小贴士，来确保交友安全。

在网上和他人聊天时不要透露任何个人信息，包括你的姓名、就读学校、朋友的详细信息、住址（最多只能告诉对方你在哪个城镇）等。如果有人不停地向你打听这些，提出要见你，赶紧下线，必要时向你信任的家长或老师求助。

平时自己从来不做的事，不要受别人怂恿，或因为其他人都做了，你就盲目跟随。要学会保护自己，提高自我保护意识。

出门的时候，要告诉父母自己去哪儿了。这并不是说要让父母完全掌控你的生活，而是万一你没有按时回家，他们方便寻找。

不要把无害的恶作剧和真正的麻烦混为一谈。或许你觉得用无害的恶作剧逗对方很好玩，但如果给他人带去危险或烦恼，问题就严重了。

要相信自己的直觉。情况不对，你第一时间会感觉到，这就是直觉。如果你觉得必须离开，或者必须告诉家长或老师，那就不要犹豫，赶紧行动！

如何结交新朋友

刚刚搬到新的城市，想认识新朋友一起玩耍，离不开恰当的交流技巧。看看下面这些小贴士，你就会发现，与人交流并不难，说不定轻轻松松就能交到一群新朋友。

关注邻里

也许你经常看到一群孩子在你家附近玩耍，却不知道该怎么跟他们交流。在征询家长同意你可以出去后，你先在那群孩子附近一个人玩，如溜旱冰或骑车，吸引他们的注意力。如果他们对你的活动感兴趣，你可以趁机邀请他们试试你的溜冰鞋或自行车。如果你面带微笑，表现得很友好，肯定很快就能和大家混熟。

拓展兴趣爱好

如果在课堂之外有很多兴趣爱好，你就很容易交到很多新朋友。加入学校的一些兴趣小组、社团等都不错，因为大家会经常一起活动。不管你有什么兴趣爱好，都一定能找到志同道合的人。或者直接问问父母，自己是否可以参加当地的一些适合自己的活动。

展现亲和力

如果你表现得很友好，有亲和力，人们会更愿意和你说话。那么，怎样才能让别人感觉你友好呢？试试下面这些小贴士。

与人交流时，不要低头看地或看鞋子，因为地上可没有新朋友！

要保持微笑，直视别人。

要主动与人打招呼。很明显，有时候一个简单的招呼就足以开启一段对话了。

不要双臂交叉放在胸前。这个动作看上去就像要把自己封闭起来，而且会给别人一种性情暴躁的感觉。

身体要直立，双手放在口袋里或自然下垂，这样看上去会很放松、自信，仿佛随时都可以参与有趣的事。

就算没有立刻交到新朋友也不要失望，多出去走走，或许你的朋友就在外面某个地方等着认识你呢。

如何建立信任

你真的很信任你的朋友吗？看看下面这些考验信任度的游戏吧，很刺激，很有趣，需要你们相互配合，否则，游戏就进行不下去！

肩并肩，站起来

这个游戏是为了让你明白，两个人相互依靠，一起努力，事情就会简单很多。

和朋友背靠背站立，肩膀相互贴在一起，然后手臂的肘部也紧扣在一起。

好了，试着慢慢坐下来，注意，手臂不能松开。真的是说起来容易做起来难！

成功坐下后，也不要把手臂松开。试着慢慢起身，这比刚才坐下的动作还难，一不小心，你俩就会摆出特别搞笑的姿势。

小贴士：尝试再加一个人进来，三个人还是手肘相扣，同起同坐，这样会更有趣。如果可以，继续增加人员，最后大家会围成一个大圆圈！

向着你，倒过去

这个游戏特别适合测试友谊，意在证明一个人摔倒时可以相信朋友，让朋友扶你一把。

背对朋友站立，双方相距大约 0.5 米远。朋友伸出手臂，随时准备接住你。你要做的就是往后倒向朋友。要做到这一点，真的需要特别信任朋友才行。

往后倒下的时候，身体要尽可能绷直，不要挪步。

这听起来很简单，可试一下你就知道是否真的简单，毫不犹豫地倒向朋友，还真的需要勇气呢！

小贴士：一定要认真看游戏说明，密切关注对方，以防意外发生。

跟随友谊，避开雷区

这个游戏会让你明白，朋友的建议可以帮你跨越障碍，避免错误。试试看，你们的友谊真的可以绕过雷区“幸存”下来吗？

让朋友稍微离开房间几分钟。

趁朋友不在的时候，在房间里布置“雷区”或者充满障碍的路线。如把椅子挪到屋子正中间，把垫子堆放在地板上，等等。

布置妥当后，用眼罩蒙住朋友的眼睛，领着她回到屋里。现在你要大声给朋友指引，帮助她避开所有障碍，成功从“雷区”走过去。她所能依赖的就只有你的指引了——偷看可不行。如果朋友碰到障碍物了，你们就交换身份，继续游戏。

神速模仿

这个游戏最少需要四个人参与。

大家围坐成圈，让其中一个人离开房间几分钟，充当“猜测者”。其他人选出“头儿”，剩下的是“模仿者”。

让“猜测者”回到房间，重新和大家坐在一起。“头儿”和“模仿者”开始前后摇摆手臂。

在摇摆手臂的同时，“头儿”必须做出其他小动作，如伸伸舌头、踢踢脚等。其他“模仿者”必须在看到这些动作的瞬间迅速模仿，确保不让“猜测者”看出来他们是在模仿谁。“猜测者”必须仔细观察，弄清楚谁是“头儿”。

“猜测者”成功猜出谁是“头儿”之后，交换身份，游戏重新开始。

小贴士：要让游戏更具挑战性，“头儿”要在“猜测者”回到房间之前和“模仿者”商量好他们要做哪些动作，这样的话，“模仿者”就知道要如何快速模仿出“头儿”的动作了。

如何判断谁是你的好朋友

你可以不是学校里最受欢迎的女生，也没有必要用电话号码簿一样厚重的着装手册武装自己。但是，朋友不可少，可以分享快乐、分担痛苦的朋友，人人都需要。因为朋友就是——

◎ 把自己最担心的事情告诉他，发现他和你一样。

◎ 别人觉得很冷的笑话，你们却笑得前仰后合，笑出了眼泪，笑痛了肚子。

◎ 把内心深处的小秘密告诉她，而且坚信他会守口如瓶。

◎ 即便他不说，你也会感受到他的不开心。

◎ 趁别人没有发现，赶紧把裙子没穿好的糗事偷偷告诉你，免去你的尴尬。

◎ 可以一起做作业，一起吃蛋糕。

◎ 一起计划缤纷的周末和绚烂的假期。

◎ 自己摔成“嘴啃泥”，别人都会笑你，但你相信，他不会。

◎ 度假时给他写很多长长的信，把所有的新鲜事都和他分享，回来后把信交给他。

◎ 看电影时一起分享大桶爆米花。

◎ 放学刚到家，就迫不及待地给他打电话，有些话根本等不及第二天再说。

◎ 对你的了解很深，甚至让你觉得恐怖，你还没开口，你还没行动，他就知道你要说什么、做什么。

◎ 即使你把一切都搞得乱七八糟，你也肯定，他会永远支持你。

如何确定你是哪种类型的朋友

回答下列问题，从 A、B、C 中选择一个答案，写在一张纸上。看看最后的结果，你就知道自己在朋友圈中扮演什么角色了。

❶朋友刚刚收到了一份礼物，是一件新上衣，他觉得有些难看，你也觉得颜色确实不怎么样。这种情况下你会：

A. 告诉他你觉得确实有些夸张，劝他试着调换一件，但是补充一句安慰的话——他穿什么都好看。

B. 哈哈大笑，告诉他，衣服太丑，自己死也不会穿，劝他也别穿。

C. 建议他穿上身，尝试一下新的风格。如果他不愿意，那你来穿！

❷你看到几个朋友在公园里打水仗，可是，你得回家做家务，这种情况下你会：

A. 跟他们挥挥手，等你回家处理完家务后再回来。

B. 跑到商店里买些气球，装上水，然后跑回去，加入他们。

C. 继续往家走，反正家务做累了还有冰柠檬水喝呢。

❸在学校里，朋友递给你一张小纸条，上面写着他心情很不好。这种情况下你会：

A. 午饭的时候和其他朋友一起去找她，给他一个拥抱，问问他出了什么事。

B. 给他一个拥抱，做做鬼脸，把自己的头发弄乱，逗他一笑。

C. 给他回写一张纸条，问他出什么事了。

❹你的生日就要到了，你会：

A. 等到当天，将切分好的蛋糕带到学校，同大家分享。

B. 告诉大家是哪一天，确保大家都知道，然后邀请全班同学参加派对。

C. 请求父母带上你和好朋友，开车前往水上乐园尽情玩。

❺你的两个朋友吵起来了，这种情况下你会：

A. 分别和他们谈谈，告诉他们能彼此做朋友多么重要，尝试着劝他们站在对方的角度看问题。

B. 立刻抛弃他们，找一些更有趣的新朋友。

C. 让他们自己处理，你感觉不插手比较好。反正他们会和好的，以前每次都是这样的！

❻对于友谊来说，最重要的是：

A. 相互关心，有困难的时候相互帮助。

B. 一起傻笑，一起玩，一起开开心心。朋友越多越好！

C. 和亲密的朋友共度黄金时光，同时给对方一定的空间。

答案中 A 最多——照顾 + 分享，暖暖的，很贴心

大家遇到麻烦总是会向你求助。你冷静、和善，会照顾人，会帮助他人走出阴霾。你的好朋友不止一个，在你们的小团体中，你是最快乐的。不过要小心，有时候你太敏感了。

答案中 B 最多——派对女王

你的朋友圈总在变，而且朋友越来越多。你喜欢成为大家关注的焦点，甚至会哗众取宠，让大家跟着你疯玩，什么都不会当真。不过，有时候你太没耐心了，因此，时不时你也要学着冷静一下。

答案中 C 最多——请叫我“独立小姐”

你更倾向于只有一个好朋友，而且他对你来说很重要，如果他不在，你更愿意一个人待着。你不会依赖他人，一般也不在意他人的看法。有时候你太孤僻了，所以还是试着多接触一下他人比较好。

如何与男生做朋友

说到男生，可能你会觉得他们太吵闹、太毛躁，希望离他们远远的。其实，男生也可以成为很好的朋友。真的，不信你看——

原因 1：有麻烦了？找个男生聊聊吧，他们的观点可能会让你从完全不同的角度看问题。

原因 2：男生擅长冒险、做秘密小窝、搭树屋以及设计障碍路线。

原因 3：如果你让男生很恼火，他会直接告诉你，而不会生闷气或莫名其妙地不理你。

原因 4：遇到困难的时候，男生很可能会为你提出别具一格的解决办法。

原因 5：男生胆子大，不扭捏，所以，如果你想爬树或学霹雳舞，找男生再合适不过了。

原因 6：如果你言语温和，他不仅会把宝贝滑板借给你，还会教你怎么玩，真是太酷了！

原因 7：男生不仅会收集好玩的电脑游戏，而且还知道游戏闯关的小花招和秘密路线，很棒吧？

原因 8：如果你要给足球场上的球队呐喊助威，他们会给你最有用的建议。

小贴士：男生也是有感情的，因此，维护小姐妹之间友谊的黄金法则，也适用于男生朋友。

如何平息朋友间的争吵

即使是最亲密的朋友，也避免不了大大小小的争吵。某一次，你最要好的两个朋友吵翻了，而且还让你做出选择，只能跟其中一个做朋友，真是很难解决！好了，赶紧让“友谊法庭”来帮忙，把各种争吵迅速公平地解决掉吧。

❶选一个大家都有空的时间，把那两位吵翻了的朋友以及其他朋友聚在一起。午饭休息时间最好，或者放学后、周末也可以。

❷大家到齐后，选择第三方作为议长，或者自己来扮演这个角色。其他人都属于陪审团。

❸角色分配完之后，分别给争吵的双方 3 分钟时间陈述事情经过。议长要确保他们保持冷静，并且知无不言，陈述他们自己认为的事实真相、他们那么做的原因等。

❹听完双方的陈述后，议长和陪审团要讨论并做出判决，此时，吵架的双方要离开现场。双方的感受都要考虑到，最重要的是结果是要让友谊继续——这就是你的工作。例如，如果朋友甲借了朋友乙的上衣，结果弄坏了，那你可以这么说：这只是一次意外，朋友甲没有必要赔偿，但是，要让朋友乙从朋友甲的衣服里挑一件，借给他穿。

❺确定最终该怎么做之后，就让吵架的双方回到现场，告诉他们最终的决定，让他们握手、拥抱，相视一笑。

小贴士：说不定吵架的双方在听到对方的讲述后，自己就把问题解决了。但是，不管怎样，你的判决都不能太严酷，否则，争吵只会继续，甚至会把问题搞得更糟。

如何在争吵之后和好如初

事情是这样的，一开始你和朋友只是理论了几句，结果，理论变成了争吵，你还没回过神，两个人就闹掰了。这种情况在好朋友之间真是太容易发生了！不过，根本没必要因为争论或争吵而不再和他做朋友，只要学学怎么和好就行了。

逗他笑

逗他笑绝不会错。如果你们关系非常好，那你一定知道怎么能把他逗得“咯咯”直笑。只要选对方式，他一定忍不住，皱在一起的眉头瞬间就变成了“咯咯”的笑声。可以尝试以下方法：

◎ 看着他的眼睛，扮最夸张的鬼脸。

◎ 给他打电话，在电话里唱搞笑歌曲。

◎ 唤起回忆，让他想起某个非常滑稽的场景，当时的你正在……

给他写一张道歉卡

如果你感觉在争吵过程中是你不对，那就给他写一张道歉卡吧。选一张正面印着“对不起”字样的卡片，或自己亲手把“对不起”写上去。卡片里面具体写出道歉的话，要发自肺腑。解释你当时为什么那么做，并请他原谅，将这一页翻过去。

“贿赂”他

要想重新唤回朋友的笑脸，“贿赂”肯定好使。比如，用自己的零花钱请他看电影，给他买杂志，甚至把自己崭新的上衣借给他穿，他肯定毫无招架之力。

和好之后，一定要保证再也不会发生不愉快了。可以郑重其事地举行一个仪式：和朋友面对面坐下来，让彼此的小手指相互钩在一起，手臂上下摆动，同时念出类似下面的“口令”：

新朋友，老朋友，
千万不要闹别扭。
拉钩，上吊，
一百年，不许变。

如何借助朋友的力量

朋友可以一起笑，一起聊天。可是，你知道吗？借助朋友的力量，哪怕最疯狂的梦也有可能实现。

互帮互促，实现目标

为了实现某项特殊的购买计划，或是学习有挑战性的舞蹈课程，你拼命地存零用钱，可是你发现，即便如此，目标似乎依然很难实现。好了，还是让朋友助你一臂之力吧。

❶将有类似目标的好朋友聚在一起，每周确定一个具体时间，大家见个面。比如，周一午餐时间就不错，这样有利于大家以积极乐观的态度开始新的一周。

❷确定一个目标，并确定达到这一目标的最后期限。

❸在日记本背后做个表格，在顶端把每个人的名字写成一排，在左边一栏标注每次见面的日期，在其余栏将每次见面每个人的目标实现情况做记录。

❹每次见面的时候，大家轮流讲一下自己的情况。然后相互鼓励，提出建议。在表格中记下每个人的进步。

❺表格写满后，大家就可以庆祝一下了，即使有人还没有达成目标也没关系。

三个臭皮匠，顶个诸葛亮

和朋友在一起，即使是最枯燥、乏味的工作也会变得容易、有趣。每个人都有特长，发挥大家的特长，你们的友谊就会无往不胜。

一定要一起努力。学校布置了一项任务，你不知从哪儿入手，那就计划一下"头脑风暴日"吧！在这一天，和朋友一起到当地的图书馆，或到某人家里，看看大家能够找到哪些有趣又有用的资料。

一定要相互帮助。如果你数学特别棒，可这门功课却让你的朋友很崩溃，那就帮帮他吧！同样，对于朋友擅长的科目，如果你很薄弱，他也可以帮你。相互帮助，家庭作业完成起来就没那么困难了，而且一起努力也会更有趣。

一定不要抄袭，因为这对你和朋友都毫无益处。

如何赞美朋友

增加个人魅力的另一个重要方式就是让他人有自信。因此，不要只关注自我，适当关注别人也能增加你的人格魅力。记住，不要吝于称赞同学或朋友的优点，你会发现，这么做真的会让他们充满自信。

你应该这么说

◎“你的头发好漂亮。”

◎“我很喜欢你画的画。”

◎“你真的很有天赋。”

◎“那真的很适合你的眼睛。”

◎“你的书法很美。”

◎“你协调得很好。”

◎“你很擅长运动。”

不要这么说

◎“那也太过时了吧。”

◎“赶紧做项目吧！”

◎“你真的别再尝试那个颜色了。”

◎“你这到底穿的什么呀？”

如何帮助朋友

对于友谊来说，最重要的就是一方遇到困难时，另一方能及时伸出援手。看看下面这些小贴士，明确哪些该做，哪些不该做。当朋友遇到麻烦心情低落时，对他伸出你的友谊之手吧！

◎ 要陪着朋友。即使自己很忙，也要找时间和他待在一起。如果他特别伤心，或许你可以考虑把自己的计划或安排调整一下，这样就可以多一些时间陪他了。

◎ 要让朋友感觉到你的关心。不在一起的话，给他打电话，或者寄送小卡片，让他知道他并非孤单一人，你在想着他。

◎ 要帮朋友出谋划策。如果朋友带着问题来找你帮忙，一定要尽力帮他找到解决方案。如果问题很难解决，那就鼓励他去向某位你们都信任的成年人求助，帮他把问题解决掉。

◎ 不要沮丧。如果朋友没有采纳你的建议，决定按照自己的想法来，也不要沮丧，毕竟他的生活他做主。

◎ 不要没完没了地唠叨。也许你也遇到过他反映的类似问题，但现在是他遇到了问题，所以，请给他时间，让他将问题说出来。

◎ 要准备好点心和纸巾。把肩膀借给朋友用一用，让他痛痛快快哭一场，然后陪他吃点点心。不用多久，他就会重新鼓起勇气，恢复好心情了。

如何才能做到原谅

你和朋友彻底闹翻了，你特别伤心，虽然朋友也道歉了，可你还是没办法原谅他——真的吗？真的没办法？往下看，趁现在还来得及，赶紧拯救你们的友谊吧！

宏观地看问题

从现在的处境中退一步，放眼看看你们的友谊全景图。也就是说，不要纠结于伤心事本身，自顾自生气，而应回头看看你们在一起共度的时光，想一想你们的友谊本来的模样。

先想一下，你们为什么会成为朋友？比如，从很小很小的时候开始，你们就是朋友了，或者从到新学校之后，你们就成了朋友。回忆共度的美好时光，问问自己："因为这点儿争吵就抛弃友谊，值得吗？”答案往往是否定的。

对自己坦诚

如果你比他人都更了解某一个人，那就意味着你也更容易对他造成伤害。如果你因朋友的言行而生气，问问自己，以前是否也做过类似的事情，也许是对他，也许是对别人。一个人感觉受到了伤害，往往很难用公正的眼光看问题。不过，如果你承认自己过去确实做过类似的事情，对他人造成过伤害，原谅朋友也就容易多了。

消除误会

朋友向你道歉的时候，一定要让他知道到底他说的哪些话、做的哪些事让你伤心了。这样一来，他就知道自己究竟为何而道歉，就可以跟你好好解释了。认真听朋友解释，然后相互拥抱，和好如初吧。

原谅他，忘记不快

如果你老惦记着他做的错事，那原谅就没什么意义了。如果对方已经道歉，你也已经接受了，就要学会到此为止。如果你还是不依不饶，老提起他犯的错、他对你的伤害，那他就会厌烦，也许会直接放弃这段友谊，交新朋友了。

小贴士：做一个称职、合格的朋友，不是一朝一夕就能做到的事，而是要每天坚持。有时候，做这个决定很简单，可是受到伤害的话，坚持就很难了。要记住，如果双方都想让友谊继续，那前面的路上就不会有拦路虎。

如何治疗友谊的疑难杂症

“豁达医生”专治友谊的疑难杂症，确保友谊恢复健康。下面就是她对常见的友谊病症的回复。

来信 1

亲爱的“豁达医生”：

我们班有个女生，大家都不理睬她。我真的很替她难过，想和她做朋友。可我担心，如果这么做，我的朋友会笑我，也会冷落我。

“豁达医生”这么说：

没有发生的事情根本不用担心。如果你想和这个女生交朋友，完全没问题，但是，要一步步来。一开始，可以在早晨见面时对她微微一笑，说句“你好”。慢慢地，如果她在旁边，就跟她聊聊天。不用刻意，朋友们就不会感觉有什么异样，不会担心你只和这个女生交朋友，而忽略他们。所以，他们也就不会太在意了。你能体谅这个女生的感受很好，其他朋友应该以你为榜样！

来信 2

亲爱的“豁达医生”：

我感觉朋友们的零用钱好像都比我的多，而且他们的家长总是给他们买新衣服。和他们相比，我觉得自己土里土气的，好伤心。

“豁达医生”这么说：

是否土里土气并不是有多少零用钱、穿什么衣服决定的。他们和你成为朋友，是因为他们喜欢你，是因为你本身的特质，而不是因为你钱包里有多少钱。如果你想改变一下形象，那就把衣柜好好整理一番，尝试一下新的搭配吧！记住，是否能成为朋友取决于自身，而非有多少零用钱、穿什么。你有自己的价值和优点，或者擅长逗大家哈哈一笑，或者擅长出谋划策，这就很棒啊，以后继续保持！

来信 3

亲爱的“豁达医生”：

最近我的一个好朋友行为有些怪异，他总是独来独往，午饭时也不和大家坐在一起，情绪很低落。以前他可不是这样的，话可多了，可现在总是一言不发。您觉得会不会是因为我做错了什么？

“豁达医生”这么说：

听你这么说，我感觉应该是你的朋友心里有疙瘩，但不一定是因你而起。也许是家里有什么事，他觉得很烦恼，又无法向人诉说。你可以尝试把他单独约到一边，告诉他，你很担心他，并问他自己是否可以帮上忙。如果他还是不说，那最好跟你信任的家长或老师交流一下，把他的情况反映给他们。也许他们可以弄清楚到底是怎么回事。你这么关心朋友，真棒！祝你好运！

如何识别真假朋友之一

有些人看似是你的朋友，可当你遇到困难需要他们安慰的时候，他们却不见了踪影。想要知道如何分辨真假朋友，看看下面几条小妙招吧！

真正的朋友不会勉强你去做你不愿意做的事。例如，为了他自己快乐，却不顾你的尴尬，或强迫你做你认为不对的事。

见招拆招：要尝试反对，并告诉他真正的朋友不会勉强你做任何事。如果他不听，那就划清界限，寻找真正喜欢你的人做朋友。

真正的朋友永远不会鼓动其他人不理你。如果你的朋友下定决心不再和你做朋友了，他可能还会阻止其他朋友和你交往。

见招拆招：试着跟朋友逐个解释所发生的事情。如果他们不想知道，那就放弃好了——毕竟，和这样的人交朋友也没什么必要。既然他们会这么对你，以后一定会这么对待其他人。

真正的朋友永远不会让你当众难堪。如果你的朋友当着其他人的面对你评头论足或开一些让你难堪的玩笑，你会感觉受到了侮辱，会很难受。也许他看上去只是在开玩笑，可是却伤害了你的感情。这样的人不是真正的朋友。

见招拆招：等你们独处的时候，告诉他你的感受。也许他并没有意识到这让你伤心了，然后承诺下不为例。如果他仍然不知悔改，那就少花些时间和他在一起，多交一些真正的朋友。

真正的朋友永远不会不经你允许就借你的东西或拿你的钱。如果某一个朋友没有零用钱了，你帮他，和他分享，甚至买小零食给他，这都没问题。可是，他不应该因此给你带来烦恼或让你感觉不舒服。

见招拆招：让其他朋友知道所发生的事，或者把烦恼告诉自己信任的家长或老师。

真正的朋友永远不会泄密。友谊就是要相互信任，如果彼此之间的信任崩塌，感觉就会很糟糕。

见招拆招：问问朋友，他为什么要把你的秘密泄露出去，并提醒他，你相信他不会告诉别人，才把秘密跟他说的。如果他道歉了，那就原谅他吧！但是，以后再准备把秘密告诉他的时候就要三思了，除非你能确定他会保密。

小贴士：越是亲密的朋友，越容易没分寸，很多人都是如此。他们之所以这么做，要么因为不开心，要么因为缺乏安全感。可是，他们的做法让你很伤心。如果你提醒朋友，自己因为他很难过、很沮丧，而他依然我行我素，那他就不配做你的朋友。

生活因为有真正的朋友而更美好、更有趣，因此，这样糟糕的友谊的终止，也意味着你再也不用看到他就满心不舒服了。

如何识别真假朋友之二

真正的朋友就是你可以信任，且永远会支持你、帮助你的人。假朋友和你分享快乐没问题，可有困难时，他们就不见了踪影。下面就是分辨真假朋友的方法。

真朋友会这么说：

◎ 我当然可以把最喜欢的上衣借给你了。

◎ 你怎么了？要是你愿意，就跟我说说吧！

◎ 相信我吧，没问题，我保证！

◎ 真希望你能来参加我的生日聚会。

◎ 我们会在公园等你，下午 3 点，秋千旁。

假朋友会这么说：

◎ 那你拿什么回报我啊？

◎ 喂，打起精神来不行吗？

◎ 喂，快告诉我，我最喜欢听秘密了，好激动哦！

◎ 要想参加我的生日聚会，你就得带上卡拉 ok 机或者让你的漂亮姐姐一起来，否则，就算了！

◎ 嗯，好吧，我们也许会在公园等你。

如何判断与朋友待在一起的时间是否太久了

有挚友陪伴固然很棒，可是，你知道吗？事情往往过犹不及，你们也许待在一起的时间太多了！不知道？那就做一做下面这些“是”与“否”的小测试，看看你和朋友是不是太过亲密，简直成了别人眼中奇怪的“合体动物”！

◎ 他的父母会下意识地在饭桌上留出你的位置，即使你不在。

◎ 每次他离开你出门度假，你都会抹眼泪。对你来说，天底下最悲伤的事就是他离开你。

◎ 你们参加不同的聚会，总是穿得一模一样，但事先根本没有商量过。

◎ 如果有人问问题，你们总会同时给出相同的回答。

◎ 爸爸妈妈会把你的照片和他的照片同时摆放在家里。

◎ 电话还没响，你就预感到他会打电话。

◎ 你的字迹和他的字迹简直一模一样。

◎ 其他朋友会把你们的名字混在一起，如你们的名字是“乔”和“露西”，结果大家都喊你们“乔西”，或者把“凯蒂”和“吉玛”直接喊成“凯玛”。

◎ 如果说你们不是兄弟姐妹，第一次遇到你们俩的人根本不相信。

如果以上测试至少有 4 条你的回答是“是”，那不得不提醒你，你和他待在一起的时间确实太多了，再这么下去，真的有可能变成可怕的“合体动物”。趁现在来得及，赶紧采取行动。

朋友之间关系亲密固然很好，可是，有自己独立的存在感也很重要。好朋友会给对方留出空间和时间，让他做真正的自己，会珍视他和自己不一样的地方，而不会时时刻刻保持完全相同的步调。尝试不同的兴趣爱好，这样彼此在见面时不但会有更多的话题，还能帮你们交到新朋友。

如何跟自己交朋友

你知道吗？其实你已经遇到了世界上最了解你的那个人。她时时刻刻陪着你，总是会花时间听你诉说遇到的问题，给你鼓励，让你振作起来。看看下面这些小贴士，学会和这个人交朋友，尽力照顾好她，因为，“她”就是你自己！

◎ 保持微笑。如果你觉得烦闷，想要发火，何不让微笑在脸上绽放？你会发现，只要微笑爬上脸，想不开心都难。

◎ 每周周末，列出自己做过的五件有意义的事。例如，学会了自由泳、在学校受到了表扬等等。

◎ 友善地对待自己的身体。不要把所有空闲时间都花在电视节目或网络游戏上，出去走走，做些锻炼。

◎ 每次达成目标时，都拍拍自己的背——你肯定希望朋友这么做！

◎ 享受个人的黄金时光。即使没有和朋友一起外出，也要学会自娱自乐。读读书、做些小创意或者只是发发呆，都不错——这样的时间，你值得拥有！

如何给笔友写信

朋友未必非要在一个城镇，甚至一个国家。如果是笔友，通过信件往来就可以很好地了解对方。如今，大多数人都是通过手机或电子邮件交流，如果收到一封传统的信件，应该是一件让人激动的事情。

寻找朋友

问问学校的老师能否帮你联系上国内的其他学校，那所学校的同学愿不愿意跟你们班同学通过书信联络。如果你是志愿者或其他社团的成员，何不问问社团的负责人，让他帮你找到另一个同性质的社团，然后开始写信呢？

也有一些协会可以帮助大家找笔友，对方往往是外国人，想要借此练习外语。可以让家长帮你上网查找这些机构的详细信息。

开始写信

笔友找到了，可是，该写些什么呢？面对一张空白的书写纸，真不知该如何落笔。好吧，看看下面的小贴士，做个合格的笔友。

开头：给对方定一个听上去很容易亲近的称呼，如“亲爱的远方的朋友”。

第一段：如果你已经收到了笔友的来信，先表示感谢；然后介绍自己，告诉对方你的姓名、年龄、学校，说说你的家庭，是否有兄弟姐妹，等等。第一段的最后以一个问题结尾，如“你有兄弟姐妹吗”？

第二段：跟笔友说说你最近做了哪些趣事，如：“星期六我的一些朋友到我家来聚会了，我们一起吃了一顿丰盛的自助餐，特别有趣！你周末一般都做什么呢？”

第三段：跟笔友说个小秘密或者你认为有趣的事，如：“我的两个好朋友名叫萨拉和安娜贝尔，我们一起组建了乐队，我们的组合叫‘迷人星星’。你有哪些好朋友呢？”

第四段：这一段要收尾了。告诉笔友，你特别盼望收到他的回信，关于他的生活，你想了解什么还可以再问。

落款：因为笔友之间是非正式信件，所以，你可以直接写上“最美好的祝福”，然后署上自己的名字即可。

寄　信

把信折好放进信封，信封的正面写上笔友的姓名和地址，右上角贴邮票。好了，把信寄走吧。等几天或者几周之后，你就会收到回信，里面会有很多令人振奋的消息。

小贴士：如果你的笔友在国外，一定要去最近的邮局咨询一下需要多少邮费，因为寄往海外的邮费会更高。

如何让友谊坚不可摧

真正的朋友很难寻找，因此，对朋友要用心，这样友谊才能天长地久。下面就是关于友谊的重要秘密，认真看看吧！

◎ 衣服、希望、梦想、新朋友、爱好，或者只是休息时的薯片，都要学会分享。是好朋友，就要学会说“我的就是你的”。

◎ 如果朋友和你品位不同，不要对他评头论足。彼此有很多共同点当然不错，但是，略有不同也很棒啊。要充分利用彼此的不同，从对方身上学习新事物。如果你对朋友的爱好显出兴趣，他对你的爱好也会上心。

◎ 如果朋友特别信任你，把很多私密的事情都告诉你了，那你一定要认真倾听，要设身处地地想一想他的境况。这样你才能感同身受，提出中肯建议。

◎ 找个机会告诉朋友，他对你来说有多重要。或许他根本不知道自己有多特别。如果你知道他情绪低落，那就好好夸赞他一番。

◎ 千万不要忘了好朋友的生日，在日记本上做个特别的标记，提醒自己好朋友的生日是哪一天。可以给他做一张特别的生日卡，如从杂志上选取他偶像的照片和他的照片拼在一起，这样就多了些明星范儿。如果真的想让他感动，那就用他最爱吃的甜品亲手给他做个生日蛋糕吧！放心好了，接下来的几周他都会把你挂在嘴边夸个不停。

◎ 千万不要只同甘、不共苦。朋友快乐时，你会分享，朋友困难时，你却不见了踪影，这是不行的。如果是好朋友，就应该同甘共苦。

◎ 千万不要向对方撒谎。撒谎会毁掉彼此之间的信任和友谊。如果你始终诚实可靠，即使说了不中听的话，朋友也会尊重你的想法，原谅你。

如何让友谊天长地久之一

遵守下列黄金法则，友谊才能天长地久。

要一笑了之。很多事如果不太当真，就能避免很多问题。能够一起哈哈大笑、一笑了之的人，才适合做朋友。

不要说长道短。无论何时，不能当着朋友的面说的话，背地里也不要说。如果你很担心他，可以请他人支招解决。

要学会守口如瓶。你和他的私密聊天就只限于你们两个人知道，除非他有危险，否则，不可以告诉第三个人。

要学会倾听。彼此都要给对方时间，听对方说一说最近生活中发生的事情，是否遇到了什么问题。

不要强迫对方。不管是甜品、想法、衣服还是朋友，如果对方不愿意和你分享，那就尊重对方的决定。

不要吹毛求疵。对朋友吹毛求疵也不是不行，但前提是，你对自己也要用同一个标准，也要求全责备。

要学会改变。你想和朋友永远都是现在这样，永远都做同样的事情有点不太现实。如果见到对方之后永远都是老一套，你们自己也会厌倦。

要多考虑对方的感受。切忌说“我早就跟你说了”之类的话，即使他做的事你不赞同也不要这么讲。尽量考虑他的感受，即使他没有采纳你的建议，也要支持他。

不要出尔反尔。如果你送给朋友某件东西，就不要再拿回来。即使不是朋友了，也不要这么做，因为这和食言没什么两样。

要学会原谅对方。朋友伤了你的心，你很生气，甚至想着以牙还牙。如果你认为朋友是故意的，那就等朋友跟你道歉，然后再原谅他。

如何让友谊天长地久之二

没错，现在你们关系很密切，可是，你想过将来吗？要想彼此一辈子不分离，友谊可以天长地久，那就看看下面的小贴士吧！

相约再见。和好朋友约定一个对你俩来说很特别的时间，如每五年的 8 月 1 日下午 5 点，在某个地方不见不散！

接受彼此的变化。随着年龄的增长，你和好朋友都会有变化，而且彼此也会有很多不同。如果你们能接受变化，友谊就不会受到影响，甚至会更稳固、更有趣。

生日要记牢。一定要记住朋友的生日。买一个特殊的“生日记录本”，写下朋友生日的具体时间，这样，无论如何都不会忘了。

记住一点，新的未必好。要时时提醒自己老朋友很重要。结交新朋友，勿忘老朋友；新朋友是银，老朋友是金。

保持微笑。生活不易，彼此都要学会微笑面对！

距离不是问题。如果你们当中一个人要搬走，可以相约节假日再相互拜访。

鸿雁传情。即使相距千里，也要经常写信，给对方寄照片。信可以是传统邮件，也可以是电子邮件，不管怎样，都不要让距离将两个人阻隔。

小贴士：如果朋友有时把你忘了，要学会谅解。长大了，学业重了，生活会变得忙碌，暂时遗忘也是正常的。只要你们努力保持联系，友谊之树就会长青。

如何组建女生乐队

如果你和朋友都热爱音乐，一起组建一支乐队当然很有意思。大家可以一起练习，一起作曲作词，还可以一起在公共场合演出，参加比赛。说不定你们的超级巨星之路从此就开始了。

确定乐队风格

要组建你们自己的乐队，首先要考虑的就是你们乐队的风格。你和朋友是想要在舞台上抱着吉他、敲着架子鼓，掀起摇滚风呢，还是想要穿着亮丽，成为迷人的流行音乐的歌手呢?

十足的摇滚风

如果你们决定尝试摇滚乐，那肯定希望有自己的乐器，但是乐器价格通常都比较昂贵，怎么办？可以问一下老师，你们是否有可能加入学校的音乐俱乐部，这样就有乐器用了。

还有一件很重要的“乐器”——嗓音需要练习。要尽可能多地练习清唱，也就是说，在没有伴奏的情况下练习独唱或合唱。多练习清唱，合唱才会整齐，而且无须任何花费。多数的才艺秀节目第一轮都需要清唱，所以，台下先习惯了，展示时才能赢得评委的称赞。

舞蹈天后

如果你们乐队决定高歌一曲排行榜首的流行金曲，乐器就不那么重要了，熟练的舞步和扎实的唱功才是王道。多看音乐录像，寻找灵感，确定乐队是一名领唱加和声的模式，还是轮流独唱的模式。

尽量让舞步与歌曲的风格相配合。如果歌曲节奏快，动感十足，就可以尝试很带劲的街舞步伐。如果歌曲节奏比较舒缓，大家最好站成一排，稍微配一些小幅度动作，如随节拍轻点手指等。

即使在卧室一个人练习，也要想象有很多观众，练习歌唱的同时要配以动作，这样观众才会被调动起来。比如，将手臂举过头顶，跟着节奏拍手，还可以鼓励观众一起来。

彰显个性

不管是什么组合，最重要的是与众不同，有自己的特色。无论是自写自唱，还是翻唱流行的歌曲，最重要的是加入自己的风格和个性。这一点很重要，是让大家爱上你们的理由。

依据乐队中每位成员的个性，通过服饰及招牌动作将每位成员不同的个性展示出来。如果其中一人很柔和、很甜美，那么她的队服就应该多些粉色，招牌动作可以是向观众抛个飞吻。

小贴士：乐队成员要定期集合，集思广益，为新的歌曲和舞蹈动作出谋划策，而且要确保大家对于自己在乐队中的位置都满意。

如何搭建快乐大本营

自己动手，搭起帐篷，构建自己的快乐大本营，这样既可以和好朋友一起出去玩，同时又可以拥有一个相对独立的空间。搭帐篷的方法如下：

寻找根据地

要找一块足够大的地方，放得下大家的物品，而且有足够大的空间让大家坐下来。阁楼、车库或者卧室的一角……自己找找看，只要合适都可以。

个性化定制及装饰

要想让你们的帐篷看上去漂亮、别致，那就得开动脑筋，发挥创造力。可以参考以下建议：

◎ 可以在墙上悬挂大大的钉板，方便张贴海报，每周还可以更新海报，及时更新你们关注的人和事。

◎ 购买或找他人借一些彩灯，帐篷马上就会变成少女的梦幻天堂了。

◎ 准备一个大箱子，作为储物箱，里面堆放你们的秘密零食等物品，如糖、饮料、杂志和游戏卡等。

◎ 当然了，还得有每个人落座的地方，这么说来，何不准备一块彰显个性的垫子呢？

制作野营睡垫

你需要用到以下物品：

◎ 一块旧垫子、布料、剪刀、别针、针。

◎ 和布料颜色相似的线、织物专用染料、旧报纸、画笔。

◎ 织物胶水、纽扣或小的金属片。

操作方法：

❶裁出一块布料，尺寸在旧垫子的两倍大小的基础上，长和宽各加 5 厘米。

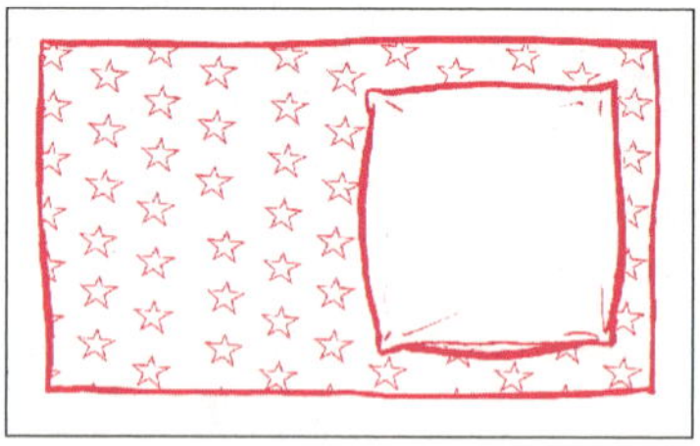

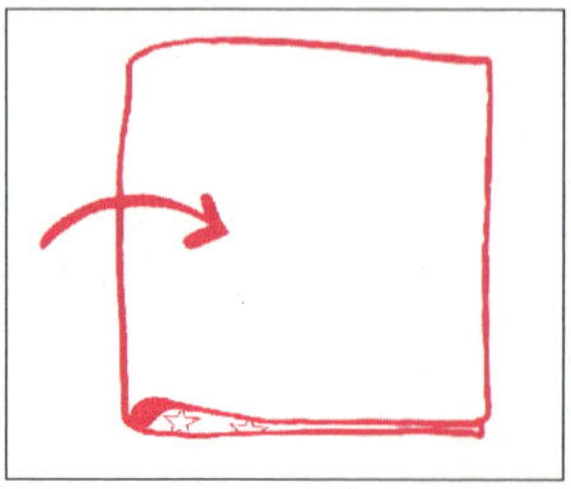

❷将裁好的布料对折，有图案的一面朝里。

❸用别针将织物的边缘别起来，留出一边不要别上。

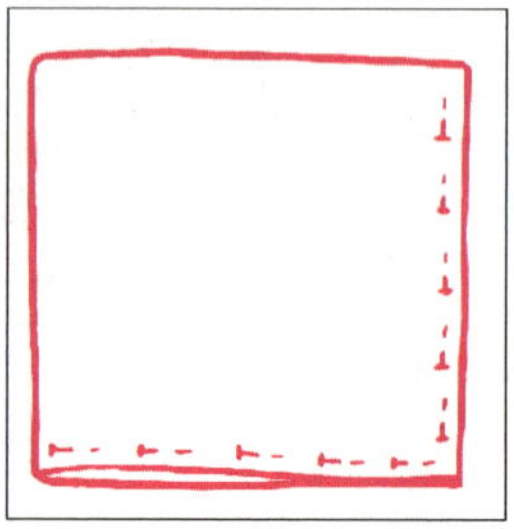

❹将大约 1.5 米的线穿到针上，在末端打双结。然后将别针别的两边细细缝好，末尾打结。

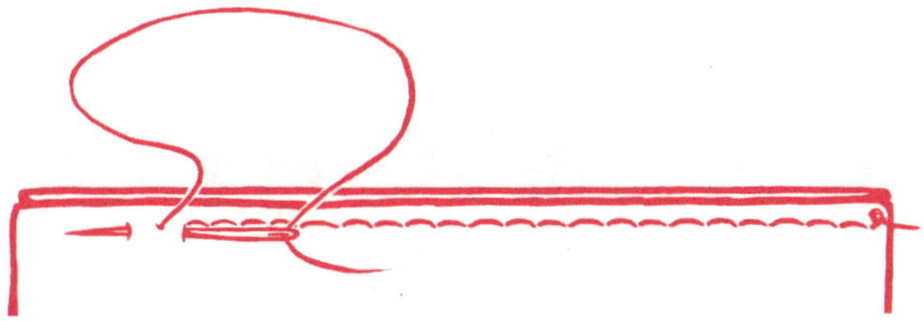

❺缝的针脚要成直线，且距离布料的边缘不超过 1.5 厘米。缝制的时候，一个针脚大约 1.5 厘米，每往前缝一针，针尖都要回到前一针的针脚处，线要拉紧，然后把针拔出，针尖再往前送 1 厘米，这样就能缝出密实的针脚。

❻一边缝制结束后，留出和邻边大约 1.5 厘米的距离，然后按照步骤 5 的方法继续缝邻边。缝好之后，在同一位置，来回缝 10 次，打结，以便将针脚固定好，然后剪掉多余的线。

❼把缝好的垫子套翻过来，里面垫上报纸。

❽用织物专用染料给垫子套做装饰，可以画上团队的徽章或其他自己喜欢的图案。记住，还要把自己名字的首字母也画上去，这样便于大家分清垫子的主人是谁。完成后，用胶水在上面粘上小的金属片、纽扣等，然后晾干。

❾把旧垫子装进去，敞口边的每一边都往里折 1.5 厘米左右，然后将两片布料也缝在一起，方法和之前一样。这样睡垫就做好了。

小贴士：快乐大本营搭建完成后，可以问问父母，是否可以在这儿举办疯狂的“睡衣派对”。

如何让你的睡衣派对永远难忘

有时候白天特别忙，根本没空和朋友出去走走，那么你和朋友们可以来一场睡衣派对。看看下面这些小建议，让你们的派对之夜永远难忘吧！

睡衣派对的十个要点

要穿上可爱的睡衣和温暖舒适的短袜，这才是睡衣派对的标配。

要遵守父母的规定（尽可能全部遵守）。音乐音量放低，不大声喧哗，这样才能保证父母不会制止你们。

要做一份派对音乐清单。每个人要带上自己最爱的三张音乐光盘。一开始可以播放声音较大的歌曲，在父母认为你们该上床睡觉的时候，可以换成较为舒缓的抒情曲目，音量要调小。

要备足巧克力。让每个人带一种自己最爱的口味，然后相互分享。

要选一些精彩的电影，大家一起观看。

要尝试一下新发型。让大家自带发梳、发卡、发带，然后就大显身手吧！睡衣派对最大的好处就是，就算发型特别丑，其他人也看不到。

要畅聊。此时才是吐露秘密、大快朵颐的最佳时刻，因此，一定不要错过。

要准备杂志。让大家尽可能多带自己最爱的杂志，这样大家就可以一起翻看，讨论一下最爱的超级巨星了。

要把最近的心事说出来，才能离开屋子。

要准备好冰激凌哦！每个人

带一桶自己最爱的口味，然后全部倒进大碗里，冰激凌大杂烩就做成了。或者各自用勺子分开吃，这样也很美味。

如何在瞬间摧毁无聊

和再有趣的朋友待在一起也会时不时感觉无聊。学会下面两招，简单又便捷，无聊瞬间消失了。

后排的宾果游戏

这个游戏适合坐长途车或学校组织旅行坐大巴车时玩，特别有意思。

出发前，按照下图所示，准备宾果卡，每个人一张。每个人还要再备一支笔。

途中看到卡片上的物品或发生了卡片上写的事情时，就大声告诉他人。等大家都看到时，就可以把这个物品从卡片上划掉了。谁先把卡片上的物品都划掉，谁就取得了胜利，大声说“完胜”即可。

老师/家长对我们说：“嘘！”	环状交叉路口	白色厢式货车超了我们的车	某个人的电话响了
田野里的马	无线电播放的广告	路边的咖啡吧	加油站

拇指大战

拇指大战适合两个人一起玩。

伸出右手，做出握手的姿势，两个人除拇指之外的其他手指卡在一起，拇指相互抵着，竖起。

游戏开始，要边玩边说：“1、2、3、4，拇指大战开始。5、6、7、8，拇指要竖直。”游戏的最终目的是要把对方的拇指压在自己的拇指之下，而且其他手指不能松开。一旦将对方的手指压下来，同时说出口令：“1、2、3、4，我赢了！”就算获胜。如果没有压下去，游戏就得继续！

如何玩“大冒险”游戏

试着勾勒出这样一幅画面：一个星期天的下午，外面下着雨，电视台也没有任何节目播放，因为无聊，你已经将卧室整理了一遍，百无聊赖。

好了，别再无聊了，找个朋友陪你一起玩“大冒险”游戏吧，无聊的下午立刻就会充满冒险的乐趣，让你们笑个不停！

“大冒险”游戏的规则很简单，轮流给对方设定不容易完成的任务让对方完成就可以了。每个人只有两张“通行证”，也就是说，每个人只有两次机会拒绝完成对方设定的任务，让对方换个任务，所以，要谨慎使用。

一开始可以尝试下面 5 个任务，然后再想一些新的。

任务 1：把所有衣服反着穿，然后去商店。

任务 2：站在房子外面，用最大的声音唱歌（不要打扰邻居休息哦）。

任务 3： 让朋友用脸部彩绘笔把她的名字写在你额头上，然后在小区走一圈。

任务 4： 倒立喝掉一杯水。

任务 5： 模仿小狗。

小贴士： 记住，游戏一定要有趣，并且气氛一定要友好，让大家清楚，实在不愿意做的事，可以不做。

如何玩“暗夜眨眼杀手”游戏

对于派对来说，“暗夜眨眼杀手”是最令人毛骨悚然的游戏啦！这个游戏该怎么玩呢？

邀请至少三位朋友，围坐成一个圆圈。每个参加游戏的人面前都放一张纸牌，牌面朝下摆放，其中一张牌必须是黑桃 A。

每位玩家都看看自己的牌面（但不可以展示给其他玩家看）。持有黑桃 A 的玩家就是杀手啦！

玩家们安静地坐好，凝视着彼此。在不引起其他人注意的情况下，杀手要通过向受害人眨眼而将他“杀死”。当一位玩家接收到眨眼的暗示时，他必须“死去”。他可以发出戏剧性的尖叫或直接倒在地板上，只要他能明确地向其他玩家展示出自己已经“死去”的信息即可。

如果杀手将其他所有的玩家都“杀死”的话，那他就获胜啦。如果有人在玩家被“杀死”之前发现了凶手，并正确地指认出，那扮演杀手的这位玩家就输了。

如何玩“名字”游戏

用“名字”游戏来打发休闲时间再有趣不过啦——这很快就会让你和你的朋友们爆发出“咯咯”的笑声。

首先，每个人必须想出一位名人或电视节目、电影或书中一个人物的名字，并将名字写在便利贴上，不能让别人看到。然后，转身面对坐在你右边的玩家，将你的便利贴粘贴在他的前额上（确保他看不到便利贴上写的名字）。

接下来，游戏从房间里最年轻的玩家开始。玩家必须猜出粘贴在自己前额上的名字。玩家只可以问答案是“是”或“否”的问题。比如，“我是一个男人吗”或者“我是一位肥皂剧明星吗”，如果他得到的答案都是“否”，那么他就没有机会啦，轮到下一位玩家猜测粘贴在自己前额上的便利贴上的名字。

第一个猜出便利贴上名字的人就是赢家。持续玩这个游戏，直到每位玩家都猜出了便利贴上的名字。

小贴士： 如果你和你的朋友们在猜名字时遇到了困难，可以将选择范围缩小，把名字仅仅局限在电影明星或知名人物中。

如何玩“点鼻子”纸牌游戏

“点鼻子”是一种可以让你捧腹大笑的纸牌游戏，操作起来十分简单。你只需要一副纸牌和 4 ~ 13 名玩家。

从牌中拿出任意一个数字不同花色（红桃、梅花、方块和黑桃）的四张牌，比如四张 2 配成一套。在参与游戏的每名玩家面前都放置这样一套牌，如果有五名玩家，就拿出五套不同数字的牌，将其余的牌放在一旁。充分洗牌后，将牌发放给玩家，确保每名玩家手中都有四张牌。

玩家们围坐成一个圆圈。每个人从自己的手中取出一张牌，牌面朝下放置在自己的左边，然后再捡起放置在自己右边的牌。

一旦有玩家收集齐同一个数字不同花色的四张牌，他就是获胜者，他必须用一根手指点一下自己的鼻子，并停止传牌。其他玩家必须也用手指在自己的鼻子上点一下，以此示意他们注意到游戏已经结束了。最后一名没有用手指点鼻子的人必须接受惩罚，如讲一个笑话、倒立或跳一支角笛舞——这就取决于大家的选择啦！

如何玩“袋子中有什么”游戏

“袋子中有什么”是一个令人毛骨悚然的游戏，在派对上玩这个游戏再合适不过了。参加这个游戏不拘人数。

在你的朋友们抵达之前，你先收集一些不透明的塑料袋（这意味着大家无法看到袋子里面的东西），以及少量下列物品：去皮生胡萝卜、去皮葡萄、煮熟的意大利面、捣碎的香蕉、松软的干酪和熟米饭。将每样食材单独放进一个袋子中。

在派对开始前玩这个游戏是个不错的主意，因为你准备的食材在新鲜时才能发挥最好的效用。当你的朋友们抵达后，将他们聚集在一起，给他们讲一个令人毛骨悚然的故事，营造出一种恐怖的氛围。告诉他们，早些时候，当你路过墓地时，你注意到一位着装怪异的妇人坐在一个巨大的烹饪锅前。她在喃喃自语并不时将一些东西扔进锅里。你问她使用的是什么食材，她要求你猜一猜，但只能用手摸，不准看。

故事讲完后，告诉你的朋友们你拿到了一些袋子，袋子中装有妇人所使用的可怕食材，现在轮到他们来辨识食材啦！然后让你的朋友们传递这些装有不同食材的袋子，告诉他们用手去感觉，但不能向袋子里看。

他们极有可能猜不到每只袋子中装有什么食材，因此，你可以将下列令人毛骨悚然的食材告诉他们。

手指（胡萝卜）、眼球（葡萄）、蛆（米饭）、蠕虫（意大利面）、蝙蝠的脑子（松软的干酪）、青蛙的内脏（捣碎的香蕉）。

如何迷惑你的大脑和身体

有很多种方式可以迷惑你的大脑和身体。下面介绍了两种简单的方法，你可以找一个朋友尝试一番。

说何时停止

让你的朋友将他裸露在外的左臂向外伸直，手肘内侧朝向上方。告诉他你要用手指在他手臂的皮肤上轻轻挪动，当你的手指抵达他手肘内侧的凹陷处时，他必须喊停。

让他闭上眼睛并集中注意力。你开始用手指在他手腕上方的手臂内侧轻轻挪动至手臂内侧的凹陷处，直到他喊停。很可能出现这样的情况，就是他很难精确地喊停。

混淆动作

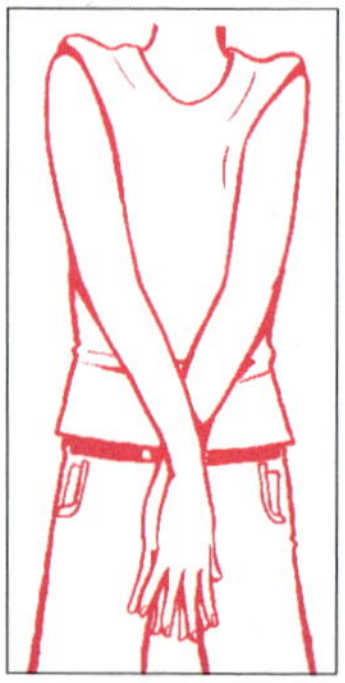

让你的朋友伸出双臂，并且交叉，把手掌合并压在一起，手指交错。接着将双手翻转，将双手置于胸口附近的位置上。

让你的朋友移动右手的中指。你可以用手示意，但不可以触碰到他的手指。他很可能会发现要做到这个动作十分困难，因为他的大脑已经被手指摆放的奇怪姿势迷惑了。

如何表演吃“金鱼”

不要惊慌，你不用真的吃一条金鱼，这只是一个神奇的小把戏。无论何时，当你表演这个小把戏时，都会引起一场不小的轰动。你所需要的仅仅是一个装满水的金鱼缸，在水中放一片剪成金鱼形状的胡萝卜，接下来你就可以表演了。

❶站在你的朋友和金鱼缸之间的位置上，转身背对着朋友，用手指搅动鱼缸里的水，让胡萝卜“金鱼”游动起来。

❷转过身，向你的朋友宣称你感觉很饿。你的朋友可能会建议你吃一块饼干或一个水果。礼貌地拒绝她的提议，告诉她你手边就有一种高蛋白的绝佳零食。

❸把你的手伸进鱼缸中，将“金鱼”捞出来。

❹将胡萝卜“金鱼”塞进嘴里咬碎吃掉，然后面带甜美的微笑，离开房间。而你的朋友呢，张大嘴巴，又惊恐地合上嘴巴，看起来有点儿像……好吧，那可是一条“金鱼”呀！

如何玩“观察钟表”游戏

想要玩这个游戏，你所需要的仅仅是一只闹钟和至少三位的玩家。游戏过程中要确保房间里的其他钟表都被遮盖住，并且玩家们身上没有手表和手机噢！

让玩家围成一个圆圈站立。给闹钟设定时间，到了 2 分钟就会响。游戏的规则是，当玩家认为闹钟快要响时就要坐下，坐下的同时要大声喊出自己的名字。在闹钟响之前，最后一位坐下来的玩家就是赢家。在闹钟响时，仍然保持站立姿势的玩家必须接受惩罚。

如何“秀”友谊

谁是你真正的朋友你肯定很清楚，好了，现在就把你们的友谊告诉其他人吧！遵照下面的秘诀，让全世界都知道谁才是你真正的朋友！

“死党”握手礼

偶遇朋友，走上前去，按照你们自己的方式握手，握手时声音和动作幅度都要大，这样其他人才能明白你们是“死党”。“死党”握手礼可以独创，也可以学学下面的方法：

和朋友面对面站立，双方右手握拳，轻轻击拳。然后换左手，做同样的动作。右手击掌，然后慢慢分开。最后相互拍背，紧紧拥抱。

将友谊穿上身

和朋友穿得一模一样看上去太夸张，如果能相互协调一下，看上去就酷多了。比如，一个人穿黑色牛仔裤，白色上衣，那另一个人就穿白色牛仔裤，黑色上衣。这样穿既有品位，又吸引人的眼球。

一起美，一起靓

选择双方都喜欢的颜色，每天都把这种颜色穿在身上。上学的话，可以简单一些，如加一条紫色的发带，或在衬衫下加一件淡紫色的背心都可以。这样做既不违反穿校服的规定，又能显示出你们是“死党”。周末，只要是你们挑选的颜色，想怎么穿就怎么穿！

取个昵称

真正的好朋友从来不会直呼大名，而是喜欢用昵称来称呼对方。给自己和朋友选择昵称的时候，可以在各自名字的基础上动动手脚，如“林恩”改成“林嗯嗯”，“马克辛”改成“马克心肝儿”，等等。昵称也可以按照性格来取，举个例子，如果你的朋友总喜欢哈哈大笑，那就叫他“哈哈”好了。颠倒事实的昵称也可以尝试一下，如朋友个子很高，可以叫他“小矮子”，朋友头发很黑，可以叫他“金毛儿”，等等。

小贴士：选择昵称要很认真，昵称要双方都认可才行。如果朋友不喜欢你对他的昵称，会显得你对他不够友好，会让他伤心，甚至会影响你们的友谊。

如何为友谊做一个回忆盒

现在或许你不信，但等你白发苍苍、满脸皱纹的时候，你就会发现，小时候和好朋友在一起的很多趣事都记不清了。所以，赶快为友谊做个回忆盒，将所有值得回忆的事情都放进去吧！多年后打开回忆盒，那些美好的场景依然会浮现在眼前。

你需要用到以下物品：

◎ 一个饼干或巧克力盒子、各种颜色的水溶漆。

◎ 防褪色的马克笔、钢笔若干、密封胶带。

◎ 书写纸、信封各若干。

◎ 和朋友一起收集一些值得回忆的事或信息。

操作方法：

❶用肥皂水清洗盒子，去掉饼干碎屑或巧克力碎屑。再用清水冲洗一遍盒子，然后晾干。

❷用浅色漆（如淡蓝色或黄色）涂刷盒子的表面和盒盖，晾干。涂刷的时候用水溶漆，因为水溶漆更容易服帖。

❸在盒底的里面画上漂亮的图案。可以画心形、花朵或直接画团队的徽章（具体参考“如何自己动手做队服”一节中徽章的制作方法）。画好后，将盒子侧过来，开始画侧面。

❹用马克笔在盒盖上写下未来你准备再次打开盒子的日期，如“到 2050 年 8 月再打开”，然后等盒子晾干。

❺选取准备放进盒子的东西。想一想，有哪些回忆你准备保存到未来？以下这些都适合保存到友谊回忆盒中：大家的合影，最喜欢的照片，大家一起做过的项目得奖证书，大家一起参与的表演节目单，最喜欢的那部电影的电影票，观看过的体育赛事的剪报，等等。

❻给每人发一张书写纸、一个信封、一支笔，让大家写一封信，等到可以开启盒子的时候再拿出来看。在信中自己想写什么就写什么，可以是大家共度的一段时光，可以是你喜欢的每个朋友的优点，甚至可以写当朋友们打开盒子的时候，你希望他们做什么。

❼写好后，把信装进信封，然后密封。

❽把信收齐，连同美好的回忆一起放入友谊回忆盒。

❾将盒盖盖上，在接合处多贴几层密封的胶带。

⑩每个人用马克笔在胶带上写出自己名字的首字母，这样就能确保在说好的日期之前，没有人会偷看了。

⑪将回忆盒藏在平时不常去的地方。比如，阁楼上、大衣柜最里面或床下，甚至征得父母同意后，在花园里挖个洞，将回忆盒埋进去。

小贴士：如果搬家了，千万别忘了把回忆盒带走。否则，几十年后，房子的新主人也许不会欢迎一群老头、老太太来敲门，然后要求到阁楼找什么友谊回忆盒。

如何制作友谊手链

又酷又时髦的手链很容易制作，戴在手上也很有趣。赶快动手，做几条你和朋友们都喜欢的友谊手链吧！

你需要用到以下物品：

◎ 剪刀、大钢夹、一张厚卡片、五种颜色的绣花线、尺子。

操作方法：

❶五种颜色的绣花线各一根，用尺子量 45 厘米长的一段，将它们裁截下来。

❷将五根线放一起，对折，在线头一端打结，打好的结距离线头顶端大约 5 厘米。

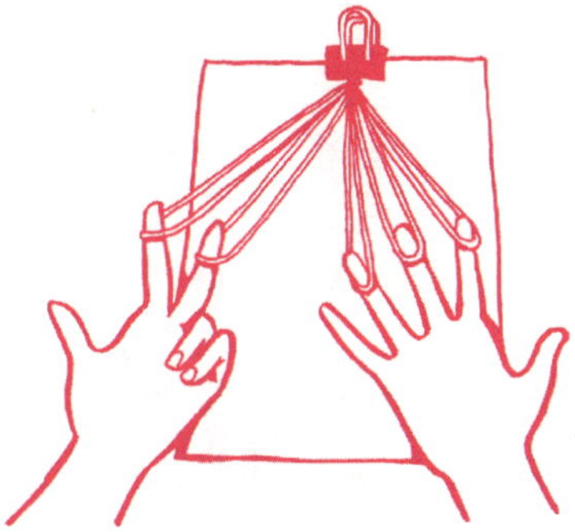

❸用大钢夹把打好的结夹在纸板上，让线的其他部分自然垂下来。

❹把五种颜色的线分开，用右手的食指、中指和无名指分别钩住三根，剩下的两根用左手的食指和中指钩住。

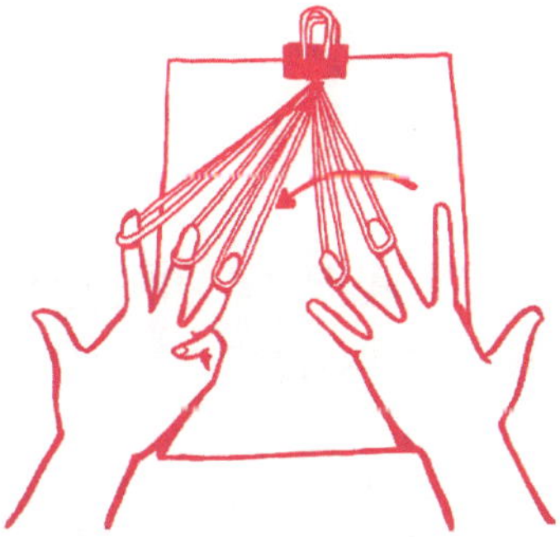

❺如左图所示，将右手食指上的线挪到左手空着的无名指上。五根线要始终拉紧，保持整齐，以免缠在一起。

❻右手的两根线分别挪到右手的食指和中指上。

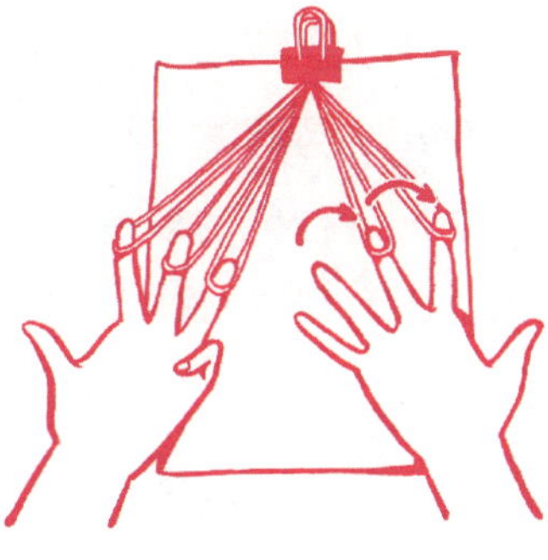

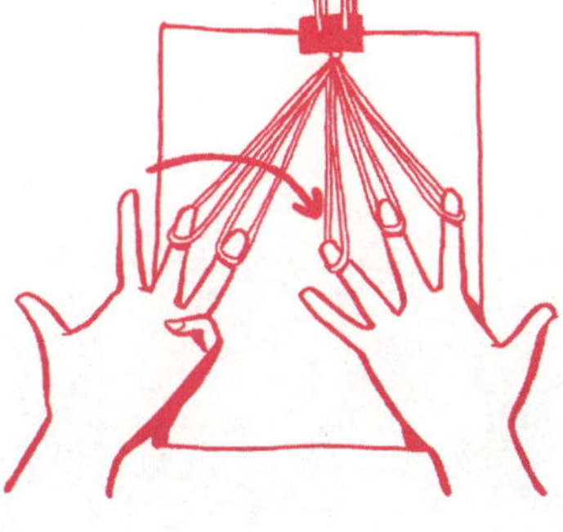

❼将左手食指上的线挪到右手无名指上。线要一直拉紧。

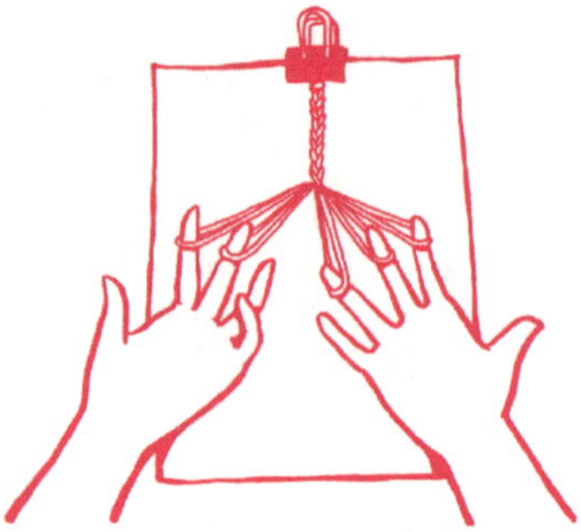

❽重复步骤 5～7，直到线的末端只剩 5 厘米为止。现在手链应该足够长，可以系在朋友的手腕上了。

❾将手链从钢夹下取出，戴在朋友手腕上，然后打双结固定。

❿相互把手链系在对方手上之后，就尽量不要拿下来了，能戴多久就戴多久，这也是友谊的象征。

如何做个友谊吊坠

友谊吊坠是一种可以挂在颈部的小饰品，打开之后，里面是你和闺蜜的照片。佩戴友谊吊坠意味着无论距离远近，你都可以和好朋友心贴着心。

你需要用到以下物品：

◎ 剪刀、铅笔、两张你和朋友的小照片。

◎ 一张漂亮的礼物包装纸。

◎ 一个小的金属折页（长 2.5 厘米，宽 2 厘米）。

◎ 50 厘米的缎带、PVA 胶水。

操作方法：

❶将缎带从金属折页一面靠顶端的孔里穿过。

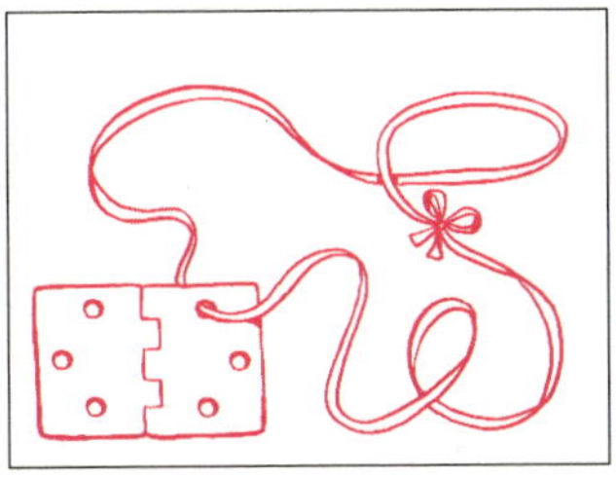

❷将漂亮的包装纸翻过来，有图案的一面朝下。打开折页，放在包装纸上，描绘其轮廓，然后裁剪下来，这样就有了一块长方形的包装纸。将这个长方形短边对折后分成两半，变成两个更小的长方形。

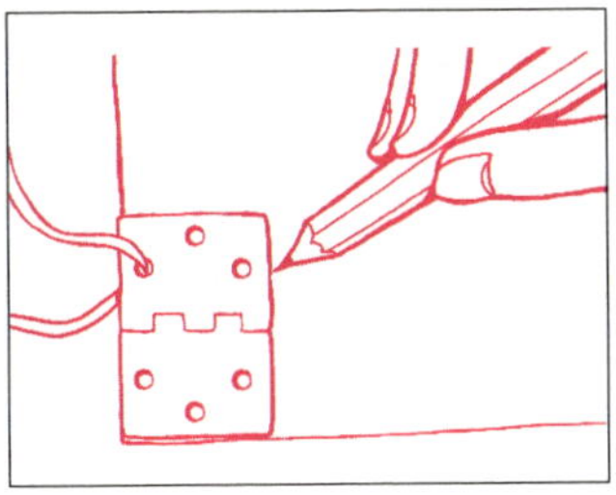

❸在折页外侧两面涂抹一层薄薄的胶水，然后将两张小长方形包装纸贴在折页上，趁胶水没干活动一下折页，确保包装纸贴整齐。

❹将折页晾干后，取一张照片，放在关闭的折页上。然后在照片上画出轮廓，剪下来。另一张照片按照同样的步骤操作。

❺把折页打开摆放好，在里侧小心地涂抹薄薄一层胶水，然后捏着一张照片的边缘，仔细贴在折页里侧。另一张照片按照同样的步骤操作，然后晾干。

❻胶水晾干后，把折页合上，就可以佩戴了。

如何做一个友谊救生包

友谊救生包就是一个漂亮的小袋，里面装着一些小玩意儿，制作起来很容易，当作礼物送给贴心朋友也很理想。看到它，朋友就会感受到你对彼此友谊的珍视。

你需要用到以下物品：

◎ 一条干净的大手帕、一团棉绒。

◎ 一根金线或包装礼物用的丝带、一支小蜡烛。

◎ 一粒纽扣、一贴膏药、一块鹅卵石、一小卷胶布。

◎ 一张书写纸（A5 大小最好）、一支钢笔。

操作方法：

❶将手帕铺在面前，除了金线或丝带、书写纸和钢笔，其他物品全都放在手帕上。

❷在书写纸上用最漂亮的字体写出友谊救生包的使用指南，内容如下。

友谊救生包里的物品：

◎ 一根金线——友谊就是将你我的生命连在一起的金线。

◎ 一团棉绒——铺平未来路上的沟沟坎坎。

◎ 一支蜡烛——你就是光源，照亮了我的世界。

◎ 一贴膏药——治愈所有的伤痛。

◎ 一条手帕——为你擦干泪水。

◎ 一块鹅卵石——你我的友谊坚如磐石。

◎ 一卷胶布——好朋友就是要“粘”在一起。

◎ 一粒纽扣——如果说不出好听的话，那就把嘴巴“扣”起来吧！

❸将友谊救生包的使用指南对折，再对折，尽可能折小一些，放在手帕上，和其他小玩意儿放在一起。

❹将手帕的四角捏起来，形成一个小袋。

❺用金线或丝带在顶部系个蝴蝶结，把所有东西都包在里面。

❻将友谊救生包送给好朋友，让他知道，你就是他永远的好朋友。

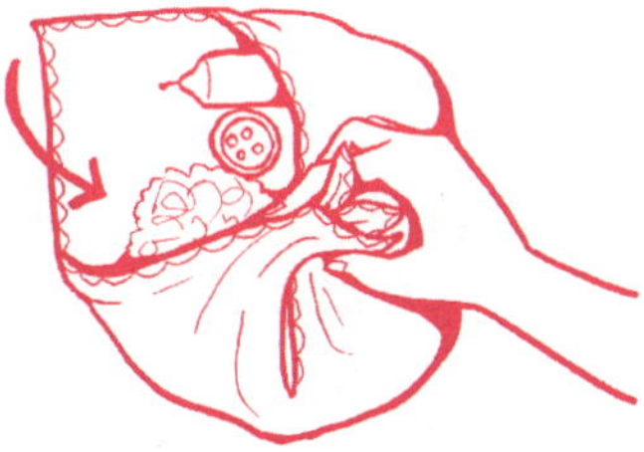

如何制作象征友谊的盾形纹章

盾形纹章是一块小的盾形装饰物，上面画着代表纹章主人的图案。你也可以和朋友一起制作象征你们友谊的盾形纹章。

你需要用到以下物品：

◎ 一张 A3 大小的卡片、尺子、剪刀、铅笔、签字笔。

◎ 旧杂志、固体胶、你和朋友的合照、你们居住地的图片。

操作方法：

❶用铅笔在卡片上画出盾牌的形状，如右图所示，能画多大就画多大，然后剪下来。

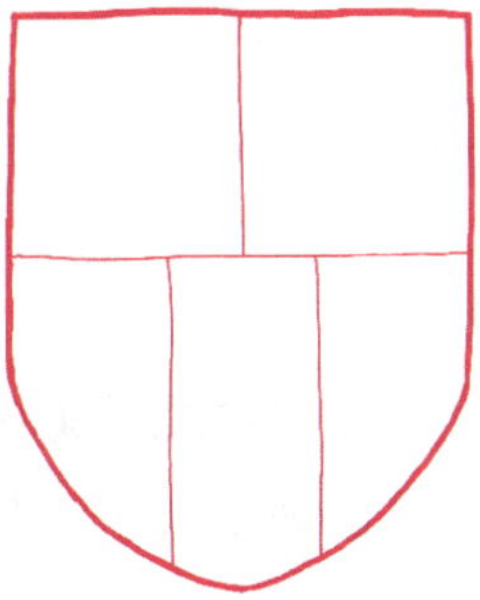

❷借助尺子在盾牌上画线，如右图所示。

❸把你和朋友的合照裁剪成适合的大小，并用胶水贴在盾牌上半部分的左边区域。

❹一起翻看旧杂志，从中找出你和朋友都喜欢的图片，并剪下来。如果找不到合适的图也没关系，拿一张白纸画一幅，然后剪下来也是一样的。将剪下来的图贴在盾牌上半部分的右边区域。

❺把你们居住地的图片剪裁成合适大小，然后贴在下半部分的左边区域，也可以给当地的著名地标建筑拍一张照片贴上去。

❻在下半部分的右边区域贴上你和朋友都崇拜的人物图像或都认识的某个人的照片。

❼想一想你和朋友最喜欢的座右铭是什么，然后

用签字笔写在下半部分的中间区域。

小贴士： 盾形纹章很珍贵，因为它代表的是你们的友谊。大家轮流保管，一定要确保万无一失。

如何做个四人份的比萨

外卖比萨很贵，而且大家讨论选择什么口味简直就是噩梦。不用争吵，也不用花那么多钱，只要喊来三个朋友，就可以搞定美味的比萨。

你需要用到以下物品：

◎ 225 克自发粉、半茶匙盐、55 克黄油。

◎ 50 毫升水、50 毫升牛奶、5 汤匙番茄酱。

◎ 各种美味馅料，如芝士条、火腿丁、蘑菇丁、青椒丝、明虾、橄榄油、菠萝块、金枪鱼片、甜玉米等。

操作方法：

❶让家长帮忙将烤箱预热，调至 7 挡（220 摄氏度）。

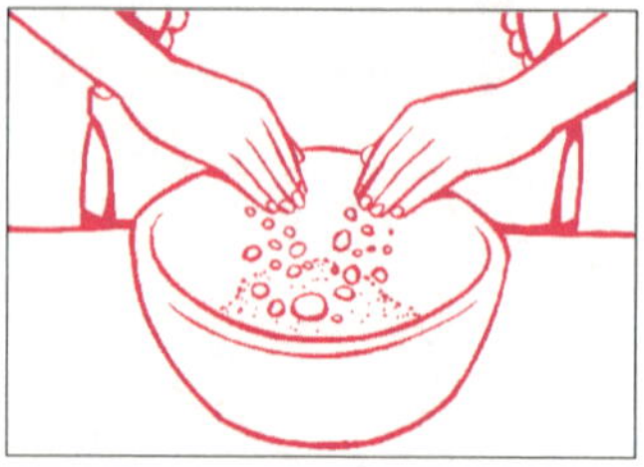

❷把自发粉倒入大的搅拌碗中，然后加入盐和黄油搅拌，直到碗中的混合物看起来就像面包屑。

❸将牛奶和水各倒入碗中一半，用餐刀搅拌。

待碗中的牛奶和水被充分吸收之后，继续加入，直到面粉和黄油完全粘在一起。

❹用双手将碗中的混合物揉成面团。如果面团很黏手，就加一些面粉。

❺在工作台上撒一些面粉，用擀面杖把面团擀成一张约 1 厘米厚的圆饼，然后放到烤盘上。

❻用勺子将番茄酱舀到面饼上，用勺背均匀摊开。

❼好了，现在充分发挥创造力，在你们的四人份比萨上撒上你们喜欢的馅儿，再铺上一层奶酪。然后请家长帮忙，把比萨放入烤箱，烤 15 分钟。

❽ 15 分钟后，请家长帮忙把比萨从烤箱中拿出，等比萨不烫了就可以开吃了！

如何自己动手做队服

你需要用到以下物品：

◎ 糙面纸、每人一件干净的白色 T 恤、硬纸板、铅笔。

◎ 织物专用笔、织物颜料。

操作方法：

❶大家聚在一起，先给团队取个名字。团队的名字只要你们喜欢，就可以随便选择。例如，大家都喜欢有女生特色的、亮闪闪的饰品，那就起名为“迷人星星”。名字是什么不重要，重要的是大家意见一致。

❷一起确定团队的徽章，也就是可以代表团队的图案。这个图案大家都要会画，而且要和团队的名字相配才行。例如，团队叫“迷人星星”，那就选择皇冠

加星星的图案，皇冠在上，星星在下，如右图所示。

❸把一张硬纸板放在 T 恤里面，既方便把布料铺平，将设计好的图案画在 T 恤上，也能防止笔墨印到 T 恤背部。

❹用铅笔将徽章画在 T 恤胸前右上角的位置，在肩线以下大约 12 厘米处。在图案下方用黑体字写出团队的名字。

❺硬纸板不动，用织物专用笔把图案和团队的名字描一遍，然后晾干。

❻用颜料刷蘸取织物颜料，给徽章涂色。然后将 T 恤放在一边，晾干。

❼颜料晾干后，将 T 恤翻过来，开始设计背后。用铅笔在两肩之间以黑体字的形式写出你的名字或者昵称，然后在下面画上徽章（比胸前的要大），徽章下面写上团队的名字。

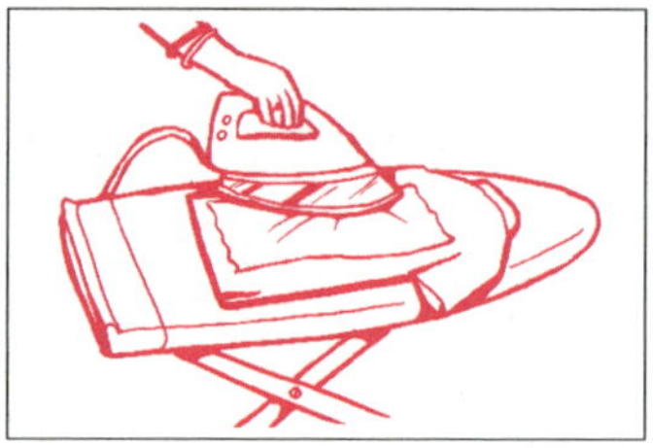

❽用织物专用笔将团队的名字和徽章描一遍，晾干。

❾重复步骤 6 给徽章涂色，然后晾干。

❿要想让你的设计持久、耐洗，就按照织物专用笔和织物颜料包装上的说明来做。多数织物颜料要想持久、耐洗，都需要在织物的上面铺一层棉布，然后用熨斗高温熨烫。这一步可以请家长帮忙。

小贴士： 试着用小饰品来装点一下你设计的 T 恤吧！可以用胶水把小金属片、纽扣或蝴蝶结粘在 T 恤上哦。

如何做一份友谊曲奇

人们常说，要打动一个人的心，先要打动他的胃。这么说来，真的想受朋友欢迎，何不尝试做一盘美味的友谊曲奇呢？去拜访朋友的时候，带上一盒你亲手做的曲奇，他们肯定会缠着你要制作秘方的！

你需要用到以下物品：

◎ 250 克煮粥用的麦片、125 克巧克力屑。

◎ 125 克棕色绵糖、2 枚鸡蛋。

◎ 125 克软化的黄油。

操作方法：

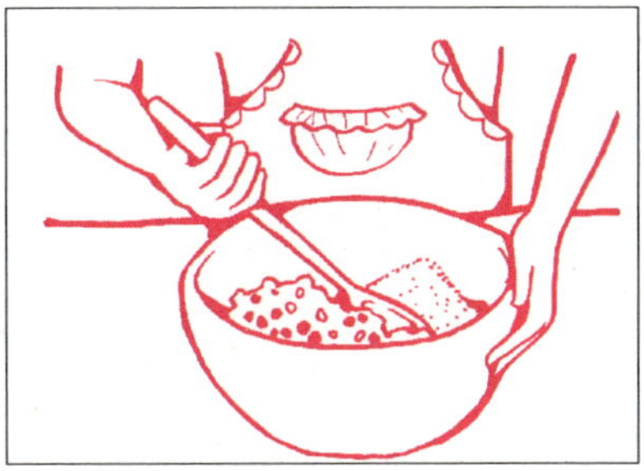

❶请家长帮忙把烤箱预热，刻度调至 5 挡（200 摄氏度）。

❷把麦片、巧克力、糖倒进一只大碗中，充分搅拌。

❸把鸡蛋打入一只小碗中，用勺子搅拌，让蛋黄和蛋清充分混合。

❹将搅拌好的鸡蛋液慢慢倒入盛有燕麦片的那只碗中，然后加入黄油，继续不停地搅拌，和成面团。

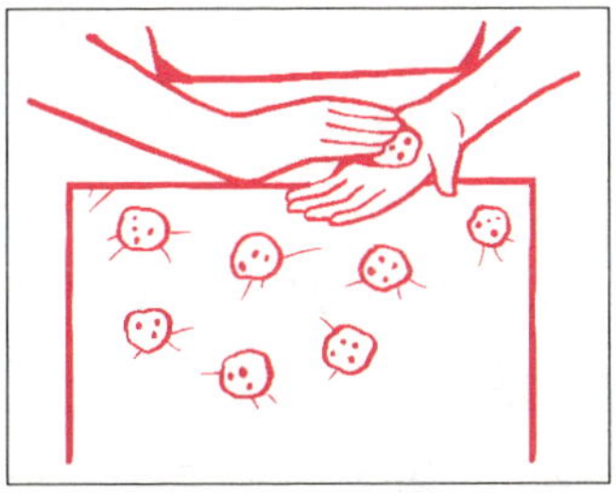

❺用手将面团揪成一个个板栗大小的球，然后在烤盘上压平。

❻让家长帮忙把烤盘放入烤箱，烘烤 8 分钟。

❼曲奇冷却后，将其从烤盘中取出，放入密封盒里，带给朋友就可以了。

小贴士：做曲奇很简单，但是，这些简单的小圆饼却可以将快乐在朋友间传播。科学家已经证实，燕麦和巧克力中含有特殊的化学物质，有助于让低落的心情恢复愉快。如果朋友心情不好，为什么不送一盒曲奇给他呢？这款美味的小零食足以让微笑重新回到他的脸庞。

如何做友谊之花

喊一帮朋友，大家一起做一朵友谊之花，让幸福快乐涌上心头，永不停歇。

你需要用到以下物品：

◎ 剪刀、茶盘、铅笔、不同颜色的薄卡片。

◎ 固体胶、钢笔。

操作方法：

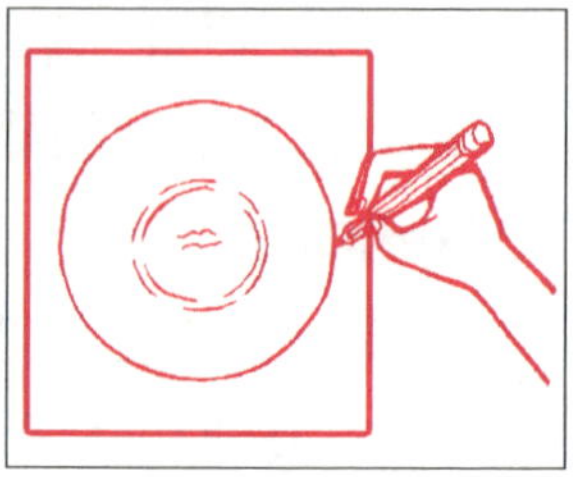

❶每人取一张卡片，然后轮流将茶盘扣在卡片上，用铅笔描出轮廓。

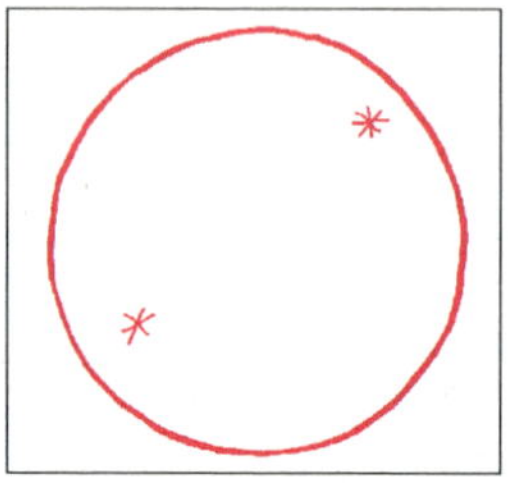

❷把画好的圆形剪下来，每人用黑体字将自己的名字写在圆形卡片的中心。这就是友谊之花的中心部分了。

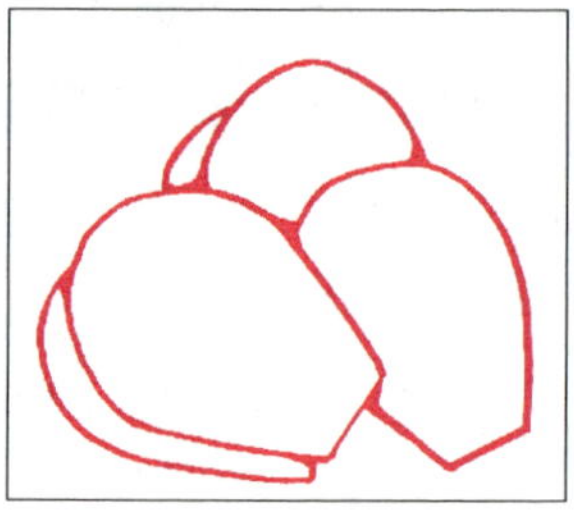

❸用剩下的卡片剪花瓣，先剪出一瓣，然后再以第一瓣为模板，剪出更多的花瓣。花瓣的形状取决于个人喜好，不过，一定要确保留出足够的空隙写字。

❹当每人至少有五片花瓣时，就可以开始最有意思的部分了。从一个朋友开始，让他大声说出自己的名字，其他人认为他最大的优点是什么，就在花瓣上写什么，比如，“他做的鬼脸最搞笑”“他的足球技术太炫啦”，等等。写完后，全部交给这个朋友。

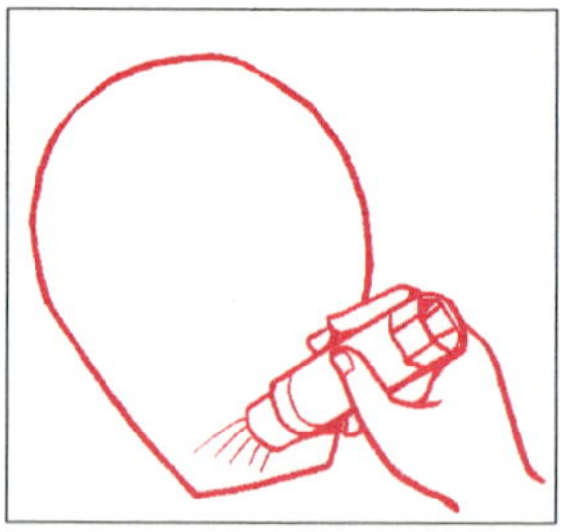

❺每个朋友都重复这一步骤，最后，每个人面前都会有至少五片花瓣。

❻在每片花瓣的最底部涂抹一层薄薄的胶水，如右图所示，将其粘在裁剪好的写有名字的圆形卡片的背后，要确保花瓣上的字从前面可以看到。

❼把所有花瓣都粘贴好之后，就做成了一朵漂亮

的友谊之花了。把做好的花贴在家里的墙上，或者保存在某个地方，需要的时候，可以翻出来看看，想一想你在朋友心中多么特别吧！

如何制作友谊之石

一块友谊之石可以作为馈赠你最好朋友的特殊礼物。他可以满怀骄傲地将它摆放在卧室的窗台上，或将它作为压纸器放置在桌子上。

你需要用到以下物品：

◎ 一块鹅卵石、一些颜料、画笔。

◎ 几支签字笔、水性丙烯酸清漆。

操作方法：

❶将鹅卵石洗净，并把它晾干。

❷用画笔蘸取颜料在鹅卵石上画出你设计的图样，将你朋友的原创图样添加进去就更棒啦，将它晾干。

❸用签字笔（或颜料）在鹅卵石的底面写下你朋友的名字或一条信息，如“你永远是我最好的朋友”。

❹在鹅卵石上涂一层水性丙烯酸清漆，将你设计的图样和写的字永远封存起来。

❺等待石头完全晾干，就可以将它赠予你的朋友了。

小贴士：别在沙滩上随便捡一块石头，要查看一下石头的状况。花卉商店里出售各种形状、大小不一的袋装石头。你甚至有可能在公园里、你的花园里或你朋友的花园里找到一块合心意的石头。

如何做一个友谊盒子

把这份特别的礼物送给好朋友，向他保证，无论何时，你都会陪着他。

你需要用到以下物品：

◎ 一个空的火柴盒、剪刀、铅笔、一张你和朋友的合影。

◎ 固体胶、包装彩纸、一张较小的彩色书写纸。

◎ 五彩纸屑、丝带。

操作方法：

❶把火柴盒的抽屉拉出来，放在照片上，然后用铅笔在照片上描出轮廓，沿着轮廓把照片剪好，贴在火柴盒抽屉的底部。

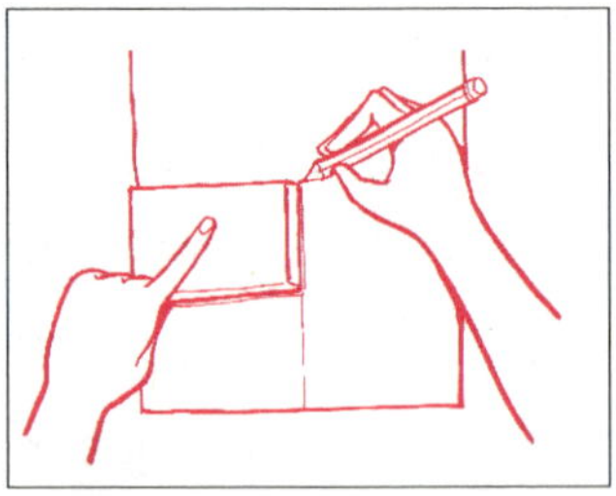

❷将包装彩纸的正面朝下放置，把火柴盒横着放在左下角，沿着四周描出轮廓，然后把火柴盒往上翻一下，继续描轮廓。重复同样的操作，直到在包装彩纸上描绘出火柴盒连续四个面的轮廓组成的长方形。

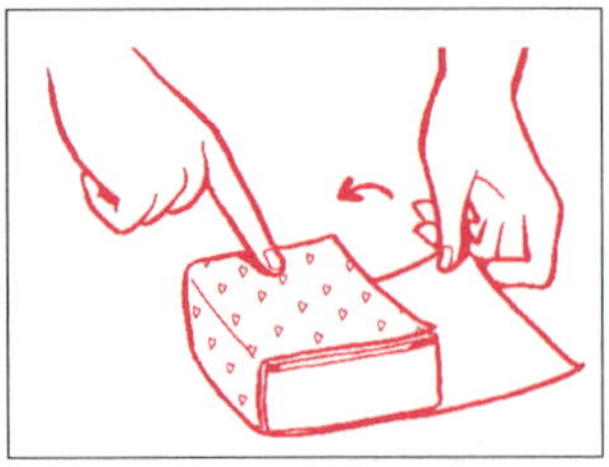

❸把长方形裁剪下来，然后在空白面涂上一层薄薄的胶水。

❹把长方形整齐地包裹在火柴盒的外层，晾干。

❺用最漂亮的字迹在彩色书写纸上抄写下面的诗句。或者自己作诗也行，这个视情况而定。最后将其折叠之后放入火柴盒中。

友谊之诗

这个友谊小盒里面，
藏着最重要的信息。
我把它放好，等着你去看，
因为，只写给你的双眼。
珍惜盒中的信息，
把它放在你的心里，
这是友谊天长地久的印记，
没有什么可以将我们分离。
心情不好，感觉低落，
盒子就会对你说：
“无论何时，你还有我。
今天，我做出这个承诺。”

❻最后在火柴盒抽屉里塞满五彩纸屑，等朋友拉开抽屉的时候，五彩纸屑就会飘散出来。

❼把火柴盒的抽屉合上，然后用丝带系好，打一个漂亮的蝴蝶结。

小贴士： 如果朋友情绪很低落，做个友谊小盒子送给朋友，一定可以逗朋友开心。或者在和朋友争吵之后，借此向朋友道歉也不错。不过，要记住一点，如果你收到了这样的礼物，一定要好好保管，用心珍藏，这可是你们友谊天长地久的见证哦！

如何预测你们的友谊

按照下面的方法，做个时髦的预测器，预测一下你和朋友的未来吧！

你需要用到以下物品：

◎ 一张 A4 纸、剪刀、钢笔、签字笔或彩色铅笔。

操作方法：

❶将 A4 纸较长的一边作为底边，将右上角折下来，与底边重合。用剪刀将左边留出的长方形剪下来，剩下对折的三角形。

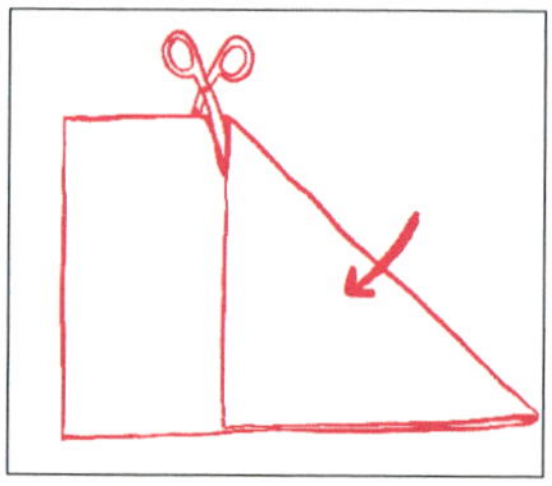

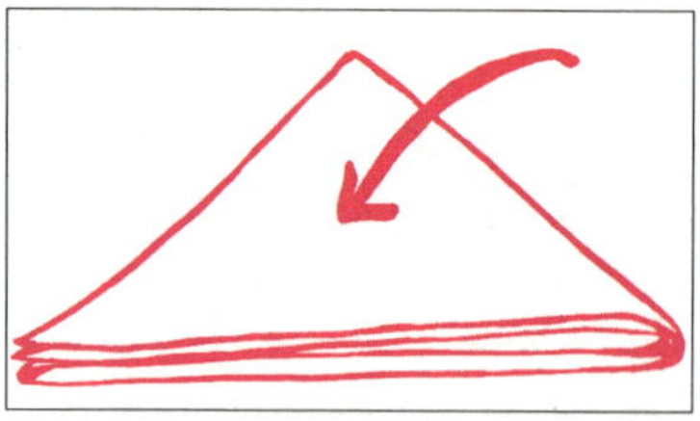

❷把对折的三角形的两条直角边对折，使右角和左角完全重合。

❸重复步骤 2，折出更小的三角形。

❹打开折叠的三角形，恢复成一个正方形，纸上会有四条穿过中心点的折痕。

❺将正方形的四个角分别往中心点对折，折出一个小正方形。

❻将折好的小正方形翻过来，重复步骤 5，折出一个更小的正方形。

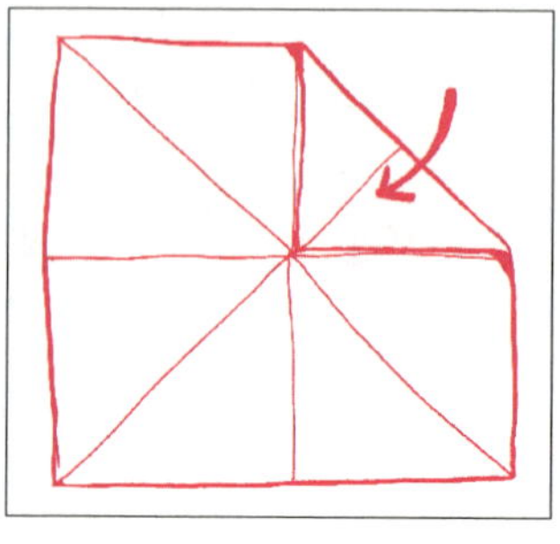

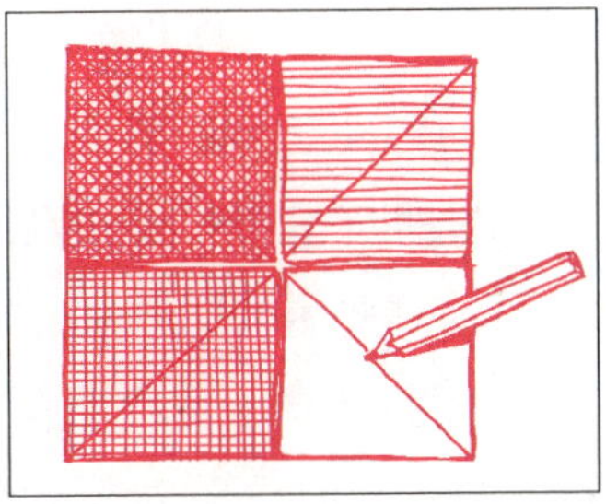

❼把折好的正方形翻过来，用签字笔或彩色铅笔在四小块正方形上都涂上不同的颜色。

❽再次将正方形翻过来，在八小块三角形上标号1~8。

❾打开标记了数字的三角形，在其内侧写一些对友谊的预测。想写什么就写什么，但是内容一定要神秘、有趣，如：穿粉色衣服，你就会交到新朋友；周二，你喜欢的人会误解你；小心青蛙或蟾蜍，它们或许会露出原形；等等。共八块区域都写好，然后将三角形全部折回去。

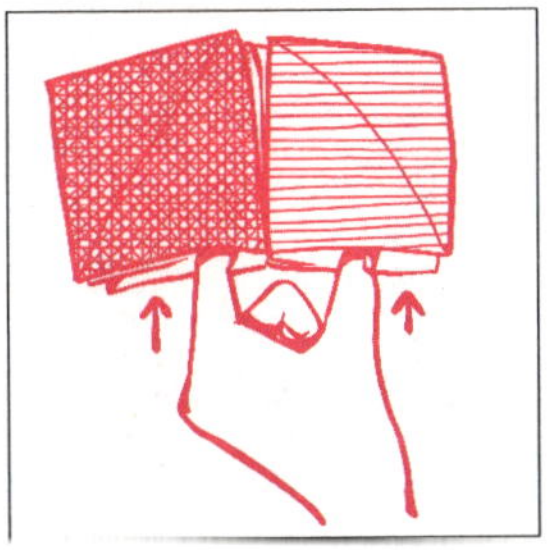

❿将正方形沿中线对折，折出一个长方形，露出涂有四种不同颜色的彩色方块。

⓫用大拇指和食指把四块彩色方块分别撑起来，并将顶端拼挤在一起，成为小小预测器的中心。

预测一下未来

现在就可以使用预测器预测未来了。让朋友挑一个颜色，这个颜色的英文单词含有几个字母，预测器就动几次。例如，朋友选了“蓝色”，英文为“blue”，四个字母，那就将预测器动四次，四次开合动作做完后，预测器的顶部是打开的状态，让你的朋友从看到的数字里面挑选一个。然后按照这个数字，继续开合预测器，最后顶部依然是打开的状态，让他再选一个看到的数字，这个数字对应的内侧的文字就是朋友的预测结果啦！

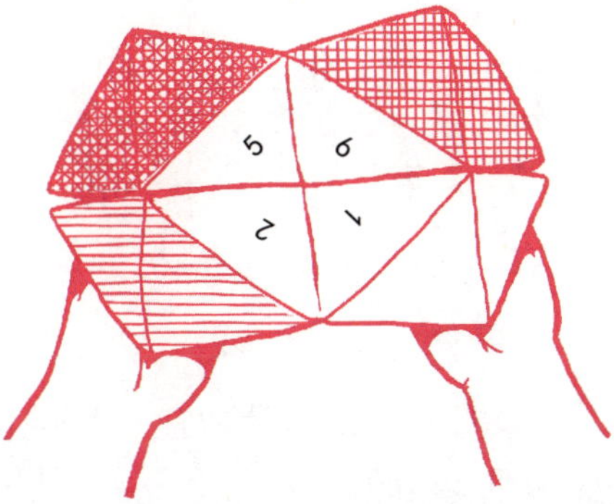

如何为朋友量身打造生日卡

为朋友量身打造的生日卡比商店里买来的酷多了，只要用心，一张旧生日卡片也可以变成个性化的生日卡。下次朋友过生日时，送一张这样的生日卡，朋友一定会喜欢的。

你需要用到以下物品：

◎ 一张旧生日卡、剪刀、尖头铅笔、雕塑黏土。

◎ 固体胶、胶带、朋友的照片、旧报纸或旧杂志。

◎ 一张空白纸。

操作方法：

❶在旧生日卡片正面下垫一块雕塑黏土，然后用铅笔的尖头在想要对生日卡进行改动的那部分戳一个洞。

❷将笔拔出来，将黏土挪走，然后将剪刀小心地插入戳出的洞里，在生日卡片上剪出一块你想要的形状，作为新卡片的“窗口”。

❸选朋友的一张照片，然后从旧杂志上选一些他的偶像或最爱的宠物的图片。大小应适合剪出的“窗口”，可以将卡片放在照片上试一试。选好之后，将其剪下来，四周多留出一些，用于粘贴。

❹把图片和照片放在卡片前页（“窗口”的后面）用胶带贴好。

❺把卡片铺在空白纸上，用铅笔把轮廓描下来。然后拿走卡片，将描出的形状剪下来，这样你就有一张和卡片同等大小的白纸了。

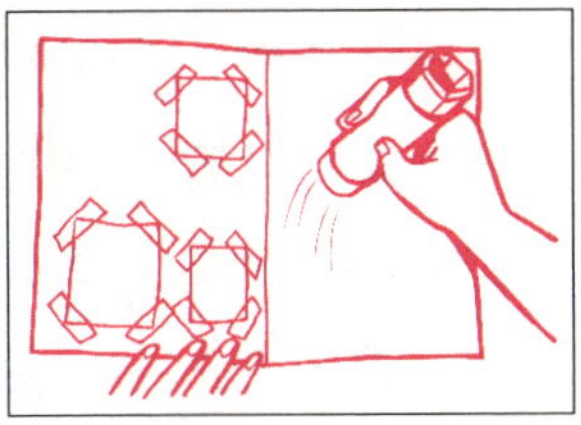

❻用固体胶把白纸贴在卡片的里面，将以前的信息以及胶带覆盖起来。

❼胶水晾干后，在内页空白处写下对朋友生日的祝福语，然后送给朋友。

小贴士：制作卡片也不一定非为了生日，重要节日或纪念日都可以按照上述方法为朋友制作卡片。朋友不开心，也可以试着做一张卡片，把自己置于有趣的场景中逗朋友一笑。如果是生日卡，就得避免旧生日卡片的封面上有表示年龄的数字了，除非你的朋友刚好要过那一岁的生日！

如何制作剪影画

剪影画特别容易出效果，看上去特别酷，而且跟真人也很像。和朋友一起轮流画剪影，按照下面的说明进行制作。

你需要用到以下物品：

◎ 三张 A3 白纸、两张 A3 黑纸、铅笔、台灯、剪刀。

◎ 大头钉、固体胶。

操作方法：

❶用大头钉将一张白纸钉在墙上（事

先询问父母是否可以这么做）。

❷点亮台灯，选好位置，使光线正对着纸张。如果是白天，就把窗帘拉起来，尽可能将自然光挡住。如果是傍晚，就把其他灯都关掉，只留台灯。

❸让朋友在台灯前侧身站着或坐着。

❹调整台灯的位置，直到朋友头部的影子清晰可见地投射在白纸上。

❺用铅笔仔细把朋友的头部侧影描出来，然后把白纸从墙上取下，沿着投影裁下来，作为模板。

❻将模板放在一张黑纸上，描出轮廓，然后剪下来。

❼用固体胶把黑色的剪影贴在一张新的白纸上。

❽按照步骤 1 到步骤 5 的方法，请朋友帮你制作剪影。

❾将你的白色剪影贴在黑纸上——也就是说，你和朋友的剪影图颜色完全相反。

❿用精美的边框把你们的作品装饰一下，或者直接用大头钉钉在墙上比较明显的位置。

小贴士：干吗只用白色或黑色？可以尝试不同的颜色组合，创作有特色的艺术作品。蓝色背景、桃红色剪影就很漂亮，或者用礼品包装纸制作也不错。

如何制作友谊奖章

举行友谊颁奖仪式，给朋友颁发友谊奖章，是向小伙伴证明你在乎他的好方法。可以趁和朋友们一起活动时举行，也可以在某天放学后把大家喊到一起举行。

计 划

在颁奖仪式活动开始前，你先要想好所要颁发的奖项有哪些，以下是可供你参考的奖项。

最有趣的朋友	最擅长出谋划策的朋友
最有品位的朋友	最擅长运动的朋友
最好的倾听者	最公平的朋友
最聪明的朋友	最细心的朋友
最忠诚的朋友	最有耐心的朋友

获奖名单要由你和其他朋友作为裁判团一起准备。为公平起见，要保证每个朋友都能获得一个奖项，而且只能获得一个奖项。把自己的想法写在一张纸上，藏好，等到举行仪式时再公布。

制作奖章

确定获奖项目之后，就可以制作友谊奖章了，这样朋友们就可以把这种荣誉骄傲地佩戴出来了。制作奖章的方法很简单。

你需要用到以下物品：

◎ 一张彩色的卡片（最好是 A4 大小）。

◎ 一张薄薄的白纸、铅笔、荧光笔、剪刀、安全别针。

◎ 胶带。

操作方法：

❶将薄薄的白纸放在如图所示的五角星上，用铅笔仔细将轮廓描出来，然后剪下来，制成五角星模板。

❷将五角星模板放在彩色卡片的左下角，用铅笔勾出轮廓。

❸将五角星模板往右挪动，继续勾出轮廓。重复这一步骤，直到彩色卡片上画满五角星为止，然后将所有的五角星都剪下来。

❹在每个五角星上用荧光笔写出获胜者的名字以及奖项，如“莫利，最有趣的朋友”。

❺待荧光笔的书写晾干后，用胶带将安全别针仔细粘在每个五角星背后。注意，一定不要粘住可以活动的针，而是粘住将针别住的一边。这样奖章就做好了。如果想让奖章看上去非常特别，可以用闪光胶水以及金属片等装饰品进行装饰。

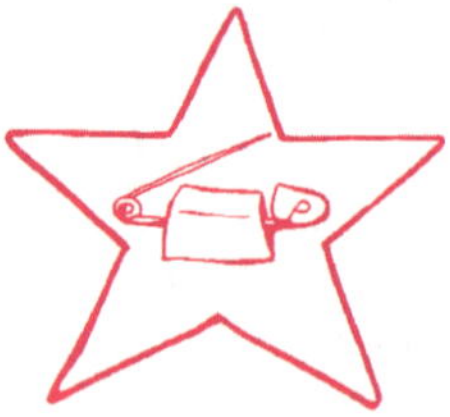

宣布结果

举行仪式时，把每个人对应的奖章发下去的同时，还要说出获奖理由，如“尼娜被选为最有品位的朋友，因为她任何时候都不会穿错衣服，什么时候都美美的”。

如何玩“不许笑”的游戏

和好朋友一起有说有笑自然很棒，不过，有时候玩“不许笑”也很有意思。“不许笑”游戏特别适合派对开始时或者沉闷的下午，这样沉闷就一去不复返了。

和朋友们围成一个圆圈，选择其中一人当“笑脸”，其他人必须尽可能绷着脸，一点儿笑容都不许有。

充当“笑脸”的人开始笑，能笑多夸张就笑多夸张。笑的同时，要伸手摸脸，做擦拭动作，就像把笑容从脸上“擦掉”了一样，“擦掉”之后，恢复严肃表情，把笑容“握”在手里，然后“扔给”另一个人。另一个人要“抓住”笑容，放在自己脸上，同第一个“笑脸”一样开始笑，然后把笑容“擦掉”，再扔给下一个，依此类推。

游戏只有一个规则，即每次只有一个人可以笑。如果其他人没有“接到”笑容就笑了，他就会被罚下，从圆圈中撤出去。这个游戏听起来容易，可做起来要难得多！

小贴士： 要增加游戏的趣味性，轮到你当“笑脸”的时候，尽可能笑得傻乎乎的。比如，把眼睛瞪大，嘴巴张大，牙齿全部露出来，或者嘴巴紧闭，只有两颊在动。尝试不同的笑容，看看哪一种最能把大家逗乐。

如何让友谊蛋糕永远传递下去

好朋友总是会一起分享蛋糕的，不过，现在要说的蛋糕可不是普通的蛋糕。这块蛋糕会随着友谊一起成长，而且在未来的很多年可以一直传递下去。就像友谊一样，这块蛋糕需要你付出努力去保存，但是，所有的努力都很值得。

你需要用到以下物品：

◎ 100 克纯面粉、225 毫升的水、小半袋速发酵母。这是第一天要用到的物品。

◎ 100 克纯面粉、225 毫升的水、200 克精白砂糖。这是第二天和第七天要用到的物品。

◎ 1 枚打散的鸡蛋、125 克纯面粉、3/4 茶匙小苏打、100 毫升植物油、1 茶匙发酵粉、半茶匙盐、1 茶匙香草香精，以及 5 根熟透的、捣碎了的香蕉。这是第十二天要用到的物品。

操作方法：

❶第一天，把面粉倒入小碗，加入酵母，加入水，充分搅拌。用保鲜膜盖住碗，放在一边（常温即可，不要放入冰箱），等待 24 小时。这就是你的“酵头”了。

❷第二天，揭掉保鲜膜，往碗里加面粉、水、精白砂糖，充分搅拌，待面粉充分黏合之后，盖上保鲜膜，放入冰箱。

❸从第三天开始，每天把碗从冰箱中取出，揭掉保鲜膜，充分搅拌“酵头”。换新的保鲜膜，盖好之后继续放入冰箱。

❹第七天重复步骤 2 的操作，从第八天开始，连续四天每天重复步骤 3 的操作。

❺第十二天，让家长帮忙将烤箱预热，刻度调至 4（180 摄氏度）。

❻在长 23 厘米、宽 13 厘米的面包烤盘里面均匀涂上油。

⑦把“酵头”从冰箱里取出，充分搅拌。用测量器皿量出 300 克，倒入较大的搅拌碗内。将剩余的“酵头”放回冰箱。

⑧把剩余的配料加进去，用木勺充分搅拌，直到面粉无小块为止。小块香蕉不用担心，这样做出来的蛋糕口感会更好。

⑨把搅拌好的配料倒入涂抹好黄油的面包烤盘里，让家长帮忙放入烤箱，烘烤 35 分钟。

⑩让家长帮忙把蛋糕从烤箱中取出，放在一边，凉了之后就可以当作下午茶点，享受你做的友谊蛋糕了。

⑪从冰箱里将剩下的“酵头”取出，分成三等份。一份自己留着，另两份分别倒入两个有盖的干净的玻璃罐或塑料容器中。

⑫把玻璃罐或塑料容器送给朋友，并告诉他们重复步骤 2 至步骤 11 的做法。这样，他们也可以做美味的友谊蛋糕，并留些“酵头”继续送给其他朋友。

⑬按照步骤 2 至步骤 11 的做法，你也可以用自己那份“酵头”继续做美味的蛋糕，然后留出多余的“酵头”送给其他朋友。

小贴士：你还可以尝试其他口味，如把香蕉泥用苹果泥、葡萄干、巧克力条或坚果代替。用心保管，“酵头”可以用很多年。

如何创办易货商店

如果商店的购物狂欢开始了，而你却腰包吃紧，这个时候，你可以试试易货商店，不用花钱，有些宝贝就可以到手。现在就按照下面的方法，尝试一下吧！

❶易货前 3~4 周

首先要征得父母的同意，然后就可以向朋友发出邀请了，邀请卡的书写格式可以参照下面例子。

诚邀您光临

“马克辛易货商店”

日期：11 月 11 日

地点：马克辛家里

具体时间：上午 11 点

请用包包或盒子将自己不需要的衣服、书、唱片等打包带来。

❷易货前 2 周

开始将自己要和他人交换的物品打包。尽量避免把破损的物品拿出来交换，东西有破损，可能其他人也不会想要。其他如穿小了或是不喜欢了的衣服都可以，朋友们或许会很中意。大家的身材不同，所选衣服的尺码、品位也不同，所以，你要舍弃的说不定正是别人想要的呢！还可以问问家里的哥哥姐姐，他们是否愿意捐赠，比如一些长大之后不再玩的小玩意儿。

❸易货前 1 天

家里要整理出一块干净的区域，专门用来做易货商店。别忘了给易货客人准备一些零食，去商店买或自己做都可以。

❹易货当天

把自己要交换的东西摆在地板上或桌子上。朋友到达之后，让他们把各自的东西摆出来，易货商店就可以开张了！

可以浏览一下所有物品，让大家各自介绍，如果有人想要某件物品，大声说出来即可。也可以采取义卖的方式，大家各自寻找自己喜欢的东西。如果羞于当众试衣服，可以给大家准备一个简易试衣间。

既然是交易活动，就要遵循一些义卖的规则：每人只能带回家一袋东西，不要太贪心；在义卖正式开始前，禁止预定物品；不要嫌弃这些别人不要的东西，可能这些东西不合你的品位，但说不定别人喜欢；如果两个人同时相中了一件物品，谁能给物品主人一件他想要的物品，这件物品就归谁。

小贴士：看中的衣服一定要试穿，否则，刚处理了一批不合适的衣服，又收到了一批，那就没意义了。

大功告成！现在至少你有一整套新装备了，而且还有不少对你来说是“全新”的小玩意儿。易货结束后，或许还有一些大家都没选中的物品会留下，秉着宁交换不丢弃的原则，想办法把它们捐给当地的慈善二手商店吧！

魅力女孩懂这些

如何处理青春痘

通常来说，青春痘最好不要去触碰。如果你实在忍不住要处理它们的话，记住这一点，不同的青春痘需要不同的处理方法。

红色的青春痘

永远不要用手去挤那些形成肿块但并没有痘尖的青春痘。如果你用手去挤，只会增加皮肤感染的概率，而且会有在皮肤上留下疤痕的风险。

清晨，你可以拿一个冰块敷在青春痘上，停留几秒，让肿块消下去，青春痘也会缩小噢。

在晚上，可以在脸上涂抹一些祛斑霜、消炎洗剂或一点儿茶树精油。青春痘很快就会开始消散。

黄色的青春痘

如果青春痘已冒出了痘尖，并且痘尖呈现出黄色，你可以试着处理它，但动作一定要轻柔噢。

泡一杯温热的甘菊茶，将一些脱脂棉浸泡进去。接着，将脱脂棉敷在青春痘上，停留 1 分钟。

重复这个操作几次，这样做对皮肤软化有诸多益处，而且可以预防瘀斑和留疤的风险。

接下来，用一张干净的纸巾裹住你的指尖，动作轻柔地按压青春痘周围的区域，直到青春痘缩小。千万不要用有污渍的手指触碰青春痘，以免感染细菌，使状况变得更严重，并且在脸上停留更长的时间。

当你动作轻柔地按压青春痘时，如果青春痘没有立刻破开，就停下来，可以等几天再试一试。

处理完后，再轻轻地在青春痘周围的区域擦一些茶树精油吧！

小贴士：千万不要将青春痘挤到流血——这可能会让你的肌肤留下疤痕。除非痘印完全干透，否则千万不要用面霜等化妆品敷在刚挤过的青春痘上。

如何做到自然美

想要让自己保持最佳状态，秘诀就是舒舒服服做自己。也就是说，不要总是想方设法地模仿他人，而要让你的自然美由内而外流露出来。读一读下面的小贴士，看看怎样才能绽放自然美，做真实的自己吧！

顺其自然

◎ 每天涂抹防晒霜，保护自己的皮肤。如果你的肤色较深，挑选一些颜色明亮的服装，也能让自己看上去很有活力。

◎ 如果天生卷发，那就做个美美的卷发公主。如果头发天生直顺，不妨试试时髦的发夹，将头发往后梳，绑个活力四射的马尾夹上吧！

◎ 不要在皮肤上涂抹化妆品。要让皮肤自由呼吸，将自然美展示给大家。

多多锻炼

经常锻炼身体，不仅能让自己有健康的体魄，也能让自己拥有良好的精神状态，自我感觉也超棒。每天听会儿自己最爱的音乐，轻快地跳会儿自己会跳的舞步，时间不用多，15 分钟，就会让你获益匪浅哦，你的皮肤会更有光泽，精力也会更充沛。或者你也可以和朋友一起到公园健步走。

好好睡觉

良好的睡眠能让身体得到充分休息，消除疲劳，促进身体发育，提高免疫力。因此，一定要好好睡觉，坚持下去，你就会发现自己精力更充沛，总有用不完的劲儿。

如何在照片中呈现出最佳状态

你有没有拍过宁死也不愿意让别人看到的照片呢？使用以下几个简单的小技巧，照片中的你就可以变得美丽动人。

◎ 不要太刻意地摆姿势。越自然，照片中的你就越美丽。

◎ 站立时挺直身体，头抬高，身体稍稍向一侧倾斜。如图所示，一条腿放在另一条腿的前方。这种姿势会让你的脸颊和身体呈现出一种“半侧面的轮廓”，显得更讨喜。

◎ 微笑。在流露出痛苦神情的情况下，任何人都不会漂亮。也许有人告诉你在照相时要说“茄子”这个词，但这只会让你的微笑看起来更像是愁眉苦脸。想要做出一个自然、柔和的微笑很简单，只要用舌头抵住上齿后端就可以了。

◎ 睁大你的眼睛（不要睁得太大，以免让你流露出震惊或有点儿疯狂的表情）。不要直勾勾地盯着照相机，这样做的后果是，照片中的你会呈现出红眼的状态。

◎ 尽可能地放松。在照相之前，深吸一口气，然后再呼出来。

如何判断自己的脸型

不同的脸型搭配的发型也不同。要想做出适合自己的发型，就需要判断一下自己是什么脸型。脸型大体可以分为四种：鹅蛋脸、圆脸、瓜子脸和方脸。

判断自己是什么脸型，可以用发带将头发全部束起来，然后看着镜子，在镜子上用口红（或肥皂的一角）沿着脸的轮廓画线。仔细端详镜子上的形状，看看自己的脸型最接近哪一种，然后参考一下，选出最适合自己的发型。

鹅蛋脸最不挑发型，属于百搭型，波波头、板寸、长发、直发等，统统都可以。

圆脸适合齐下巴的波波头、层次分明的发型或侧分发型。

瓜子脸适合末梢外翻、较为整齐的发型。稍微留些长刘海，大波浪或直挺挺的短发也可以尝试。

方脸适合层次柔和的发型，卷发、侧分发型，或用头发稍微遮住脸部的发型都可以。

如何对付打结的头发

如果头发真的打结了，那你可要好好护理了，简单粗暴地将打结的头发梳顺，很可能会对秀发造成损伤。

❶在头发上涂抹足量的护发精油，如果没有，用橄榄油也可以。

❷尝试用手指将打结的部分整理顺畅。先从发梢开始，慢慢朝发根方向整理。一只手靠近头皮，固定住头发，另一只手来整理。这样就会减少梳头时拉扯的疼痛感。

❸用宽齿梳从发根到发尾轻轻梳理头发。可以在梳齿上蘸护发精油，均匀地梳在头发上。

❹用密齿梳仔细梳理头发，直到头发完全顺滑为止。

❺将头发冲洗干净，再用洗发水、护发素做洗护。

小贴士：你是否发现自己每天早晨起床后头发总是乱糟糟的？其实，睡觉的时候在枕头上铺一块长方形的丝巾，头发就不会打结了。

如何做一个心仪的发型

头发长长了、没型了，修剪之前，总有发型尴尬的那么几天。定期修整，剪掉分叉，头发才会更健康。告诉发型师你想要什么样的发型，他们会尽快帮你打理好。但如果你表达得不清楚，最后修剪出来的发型很可能会不讨你喜欢。看看下面的小贴士，远离糟糕发型带来的烦恼吧！

◎ 不要害羞，可以把你喜欢的发型图片直接给发型师看。要有心理准备，他们可能会说，这种发型不适合你的发质或脸型，如果真是这样，就一起商量，看看哪种发型才是上上策。

◎ 用手指比画你需要的长度，你想要剪掉的长度，你想要的造型。

◎ 发型师帮你理发的时候，密切关注修剪过程，如果他们的修剪你不满意，要果断并礼貌地喊停。

◎ 完成后好好照照镜子。这也是指出问题、让发型师修正的最后时机。

小贴士：合理饮食、定期锻炼、充足的睡眠可以促进头发生长。头发长到不同长度时，可以尝试不同造型，比如，可以使用发卡、皮筋等做出不同风格的发型。

如何打理刘海

◎ 一开始先将刘海全部梳起来，可以用发卡，也可以用发带，以免刘海挡住眼睛。

◎ 然后将刘海梳向一侧，这样即使刘海长长了，也很好看。

◎ 可以考虑将部分长长的刘海梳起来，这样即使刘海不断长长，也能保持发型。

如何扎俏皮的马尾辫

马尾辫看似简单，其实也可以千变万化。几点小技巧外加简单操作，会使你扎出的马尾辫更漂亮。

绕起来

从马尾辫中抽出一绺头发缠绕在辫绳外面，遮住辫绳，然后把末梢用发卡别住。

盘起来

将马尾辫分成 6 ~ 8 股，将每股头发朝一个方向盘绕，形成一个个蓬松的结，然后将每个结用发卡随意地固定在头后即可。

卷起来

将马尾的末端用自粘式的卷发棒做卷。将头发打湿，然后将湿发轻轻绕在卷发棒上，等头发干后再将卷发棒取下来，再用头发定型剂喷一下，以便保持发型。

编起来

将马尾辫简单地编起来，末梢用橡皮筋或漂亮的发绳扎起来即可。

做装饰

将漂亮的发夹、发扣或装饰性珠宝扎在马尾的根部，或者直接梳个低马尾，在橡皮筋上插一些羽毛。

如何减少泳池中的氯对头发的损伤

游泳是保持健康的好方法，可对于头发来说，却是毁灭性的灾难。因为多数泳池的水中都有一种名为氯的化学物质，这种物质可以杀菌，但也会让头发干枯无光，难以修复。游泳时如何使头发免受损伤呢？

◎ 在头发上抹一层护发素，戴上游泳帽，保护头发不受泳池中的氯的伤害。

◎ 如果你懒得戴游泳帽，那就在下泳池之前先用淋浴喷头把头发冲湿，这样，游泳时头发就会少吸收一些含有氯的水了。

◎ 出泳池之后，立刻用游泳专用洗发水洗发，特制的洗发水可以把头发中的氯洗掉。

◎ 游泳后用护发素护理头发，减少氯对头发的伤害。

小贴士： 氯会让金发看上去发绿。如果你的头发恰好是金色的，并且你发现游泳后头发有发绿的现象，可以把四片可溶的阿司匹林放入水中，然后冲洗头发，5 分钟后再用清水冲洗。如果没有阿司匹林，也可以把一个柠檬的汁水或一些醋放入 500 毫升的水中充分搅拌后再洗发。

如何编法式发辫

编法式发辫很简单，按照头发的生长方向，从头顶编到颈部就可以了。法式发辫和普通的三股发辫很像，只不过每编一下，要加入一绺头发而已。头发的长度达到下巴处，就可以编法式发辫。和朋友一起，相互给对方编发吧！

❶先把头发分成两层，头顶两耳之间一层，剩余的不动，头顶的一层分成三等份，和编普通三股辫一样。

❷将右边的一股压到中间的一股上，然后把左边的一股压到右边的一股上，也就是普通的三股辫的编法。

❸接下来，每编一层就从底下散开的头发中取一绺加入。

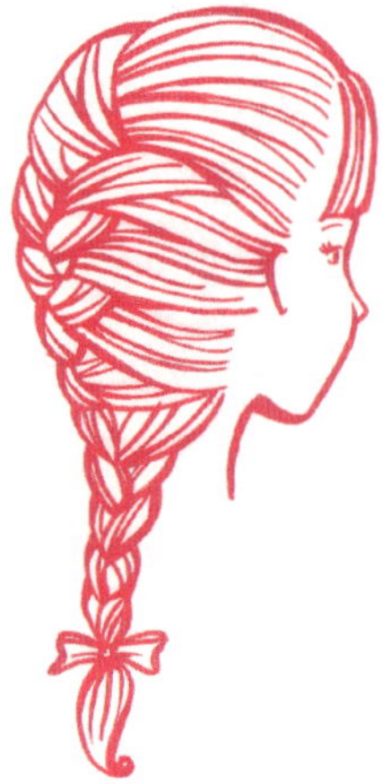

❹就这样往下编，记得每次都要加入一绺头发，而且每股头发的粗细要均等。

❺发辫会从头顶慢慢延伸到颈部，形成好看的纹路。编到最后，所有的头发都会编进发辫。

❻在辫梢处系上漂亮的橡皮筋或丝带即可。

如何应对唇部起皮

天气寒冷或因紧张轻咬嘴唇都会引起唇部起皮。按照下面的小提示来做，唇部起皮就会得到缓解。

◎ 在唇部涂抹凡士林。

◎ 保持 10 分钟，软化唇部干燥的皮肤。

◎ 食指裹上绒布，轻轻摩擦唇部。这样不仅可以擦掉凡士林，还可以去除死皮。

◎ 再涂抹一些凡士林或润唇膏，防止唇部皮肤干燥。

如何调整站姿

良好的站姿不仅可以让你显得高挑，而且还会让你充满自信。对着镜子，看看自己的站姿是否妥当。

◎ 脖子挺直。

◎ 不要往前伸头。

◎ 挺胸，肩膀自然后挺。

◎ 耸肩和塌肩都不行。

◎ 站立时挺直上身，后腰处显出自然曲线。

◎ 收腹。

◎ 脚尖不要外翻，双脚要平行。

如何在夏天护理皮肤

夏天大家都爱到海边度假，可是，被太阳晒伤就不好了。看看下面的小贴士，夏天也要学会保护好皮肤哦！

◎ 早晨穿衣服之前首先要全身涂抹防晒霜，这样才不会漏掉身上某个部位。

◎ 嘴唇在太阳照射下最容易被晒伤脱皮。因此，嘴唇也要防晒，要涂润唇膏。

◎ 中午 12 点到下午 3 点不要外出，因为这个时间段阳光最烈。最好待在阴凉处，如若外出最好穿上防晒衣，戴宽檐帽，打把遮阳伞。

◎ 如果你很想在海水中游游泳，降降温，那就选择一款防水的防晒霜吧！

如何在冬天护理皮肤

◎ 低温冷风容易引起皮肤干燥发痒。因此，冬天要格外注意保护裸露的皮肤，准备些防护装备，如温暖的连指手套、围巾和可爱的帽子。

◎ 衣物多穿几层，从头到脚都要暖暖和和的。轻薄的棉质衣服贴身穿，既保暖又可以保持皮肤舒适。

◎ 泡澡或淋浴时水温要适宜，太热的洗澡水会破坏皮肤的天然油脂，使皮肤更痒。

◎ 嘴唇发干，千万不要舔，否则嘴唇只会更干，脱皮也会更严重。可以涂抹一些润唇膏或凡士林来缓解。

如何掌控你的头发

恶劣天气对发型不太友好，试试下面的小贴士，让头发完全在你的掌控之中吧！

◎ 每次洗头都要用护发素，尽可能保持头发柔顺。使用免洗的护发素会节省很多时间。

◎ 直接用手指将头发理顺，不用发梳，这样头发更不容易打卷。

◎ 在手掌上滴几滴杏仁油，搓开，然后轻轻拍在头发上，将凌乱的头发抚平。

◎ 冬季空气干燥，头发常会因静电竖起来，用木制梳子梳头，可以减少静电。

◎ 用保湿洗发水洗头并使用护发素，避免头发干枯。

◎ 给头发做造型时，在发梳上喷洒一些防静电喷雾，然后再梳头。

如何根据脸型挑选合适的太阳镜

眼镜如果和脸型相配，可以大大提升你的魅力指数，也会给你的整体形象加分。参考本书“如何判断自己的脸型”一节的指导，弄清楚什么眼镜最适合自己吧！

◎ 圆脸的女生可以选择较宽的眼镜，与脸同宽最佳。

◎ 精致的或无边框的眼镜最衬瓜子脸。棱角分明的眼镜也是不错的选择。

◎ 线条柔和的眼镜或椭圆形的眼镜都比较适合方脸，可以让脸部轮廓柔和不少。

◎ 有一张鹅蛋脸的人真是幸运儿——不用挑拣，一切眼镜都适合！

如何接受别人的称赞

树立自信最好的方式就是能不断地听到别人对你的称赞。当然了，听到称赞时难免会感到害羞，会脸红，你可以按照下述方式试一试。

◎ 要保持微笑，向对方说“谢谢”。

◎ 态度要谦虚。

◎ 可以回赞他人。

◎ 不要皱眉、小声嘀咕或盯着地板，否则会让对方感觉你不尊重他。

◎ 不要只是说一句“我知道啊”就了事，因为一方面会让对方感觉你在敷衍他，另一方面也反映了你不够谦虚。

◎ 不要轻易否定别人对你的赞美，因为这样会让对方觉得你对他的评价不认可。

如何应对窘态

遇到尴尬的情况，聪明女孩一定要有秘密策略及时应对，确保自己不失态！

撞衫了，怎么办？开个玩笑，一笑而过。走上前去，对她说："嘿，看来今天派对上我们俩的品位并列第一呀！"

裙子被掖住了，怎么办？别慌张，说不定根本没人看到呢。如果真的被别人看到了，微微一笑，耸耸肩，然后换个话题就好了。如果大家发现你根本不在意，他们也会把这件事当作一件极小的事。

说错话了，怎么办？这要归咎于不知情就随意发言。举个例子，你刚说了"我真的很讨厌猫"，就有人接茬儿说"可我养猫了"，这个时候，一定要补救，你可以这么说："抱歉啊，我完全不知道。我敢说，看到你养的猫，我会很喜欢的！"对方会觉得你很有趣，会忘掉你刚才的小口误。

如何给人留下美好的第一印象

第一印象很重要，要尽可能地给他人留下美好的第一印象。下面有几个小技巧可以学习一下。

◎ 向他人做自我介绍，询问他人的姓名。

◎ 直视对方，微笑，说话要清晰。

◎ 对方说话的时候要注意倾听。

◎ 询问对方的兴趣爱好。

◎ 做真实的自己。

如何一觉睡到天亮

晚上睡个好觉，第二天才能拥有好气色，精神十足。养成下面的睡眠小习惯，很快就可以进入梦乡。

◎ 睡前摄入甜食、含糖的饮品或晚餐吃得太饱都会影响入睡。如果睡前一小时你感觉饥肠辘辘，可以来杯热牛奶、一根香蕉或一片全麦吐司，缓解饥饿。喝点儿薄荷茶或柑橘茶也有利于你身心放松。

◎ 睡觉前看看书或者听听轻音乐，让自己充分放松。家庭作业一定要尽早完成，如果拖到睡前才把作业完成，大脑还处于兴奋状态，你就难以入眠。

◎ 卧室的窗帘一定要拉严实，卧室里也尽量避免很明显的钟表声。如果其他房间的人比较吵，你可以在卧室门上挂一个“请勿打扰”的牌子，提醒别人尽量减少较大的动静。

◎ 睡前可以在床边放一杯水以防半夜口渴。换上舒服的睡衣，洗脸、刷牙，上床，看看书，感觉很放松，有困意了直接关灯睡觉。

◎ 枕头高度和柔软度一定要合适，被子不要盖太厚，免得太热中途醒来。

◎ 内心焦虑就很难产生睡意，如果你因为某事而无法入睡，可以尝试这么做：想象着你把问题放进了箱子里，然后把箱子放到橱柜里，一直锁到天亮。慢慢地，你就会感觉焦虑被丢到一边，一身轻松了。

晚安……

如何在第二天看起来光彩照人

想要在第二天看起来光彩照人，除了保证充足、高质量的睡眠之外，还可以在睡前对你的全身进行一些保养。

◎ 让双脚变得更美丽。没必要花费太多的时间擦洗干燥、厚硬的脚后跟，只要涂抹足够的润肤霜，穿上棉袜，就上床睡觉吧！明早起床时，你会发现自己的双脚变得细嫩柔软啦！

◎ 让唇部更柔嫩光滑。上床睡觉前，在干裂的唇部涂抹一些凡士林吧！第二天清晨，用一块干净湿润的法兰绒巾将死皮擦除。

◎ 让手部变得更柔软。在清洗完双手后，将一些护手霜涂抹在手上，当你进入梦乡时，它会给你的双手和指甲奇迹般的呵护。

◎ 让头发变得更闪亮。想要让头发拥有绝佳的闪亮锁水效果，只要在睡觉前将护发素涂抹在头发上即可。用一块旧毛巾盖在你的枕头上，防止枕头被弄脏。第二天清晨，用清水冲洗你的头发就可以啦！

◎ 让你的肌肤变得更清爽干净。不要担心脸上的青春痘会毁掉你一天的好心情，只要在睡觉前滴几滴茶树精油涂抹在痘痘上就可以啦！

如何让衣物保持味道清新

不管什么时候，千万不要把干净的衣服和脏衣服混在一起。把脏衣服直接丢进洗衣包或洗衣篮，准备清洗。

◎ 结束了一天的生活后，要把刚换下来的衣服挂在晾衣绳上或靠窗的椅背上，吹吹风。同时把鞋子也放在窗台上晾晾，以免有异味产生。

◎ 鞋子不穿时，在里面垫上带有香味的干爽鞋垫，保持鞋子气味清新。

◎ 打开一块香皂，放在衣橱最下面，速成衣物清新剂就做成了。

◎ 最后一遍冲洗羊毛制品或毛线织物时，在水里加几滴香水。下次穿时，衣物香香的，闻起来会很棒哦！

如何吃出好皮肤

好皮肤要由内而外护理才能拥有，也就是说，饮食要健康，才会对皮肤有好处。

多喝水

每天都要喝很多水，这样皮肤才能干净有光泽。每天六杯水，让身体保持滋润，但远离气泡饮料。

多吃新鲜果蔬

每天至少要吃五份新鲜的水果和蔬菜。以下食物对皮肤很有益：胡萝卜、西兰花、杏、草莓、豆瓣菜、橙子等。当然，它们不仅对皮肤好，对身体健康也有益处。

保持健康的一日三餐

饥一餐饱一餐可不行，按时吃饭、健康饮食会给皮肤带来奇迹，还会让你充满精力。下面的食谱可供参考，你也可以根据自己的习惯调整。

早餐：一杯新鲜的果汁、全麦谷物加香蕉片和牛奶，然后再来些吐司和蜂蜜。

中餐：全麦面包制作的奶酪或火腿三明治、沙拉，外加酸奶和水果。

晚餐：烤鸡、烤土豆搭配新鲜蔬菜，外加有酸奶和坚果的新鲜水果沙拉。

零食：两餐之间千万不要饿肚子。如果觉得饿，可以来点儿健康零食，比如水果、坚果、蔬菜棒、饼干、酸奶或一片全麦吐司，这些都比甜品或薯片健康得多。

如何自制润唇膏

要让双唇饱满有光泽，最好涂点儿润唇膏。动动手，自己做一支润唇膏吧！

你需要用到以下物品：

◎ 30 毫升（或 2 汤匙）凡士林。

◎ 5 毫升（或 1 茶匙）稀蜂蜜。

◎ 两滴食物调味剂——薄荷、草莓或香草都是很棒的选择。

◎ 在精品屋里挑选的一些颗粒超细的闪光片（可选项）。

操作方法：

将准备好的所有材料混合在一起，加热后充分搅拌，然后将搅拌好的混合物装入干净的小瓶或小盒中，待其凝固后，需要时涂抹双唇即可。

如何拥有一副健康美丽的牙齿

牙齿洁白又有光泽，口气清新，绝对可以让你的美丽瞬间升级。看看下面的小贴士，着手做起吧！

◎ 每天早晚刷两次牙，赶走牙菌斑。如果不及时清理牙齿，牙菌斑会慢慢累积，这也是龋齿的一大诱因。

◎ 每次刷牙至少 2 分钟。可以边听音乐边刷牙，这样时间就不知不觉溜走了。

◎ 刷一刷舌头。清理掉舌头表面的残留食物，口气才能清新。

◎ 牙刷太旧可没办法胜任清洁工作，因此，刷毛一变形就要更换，或每三个月更换一次牙刷。

◎ 定期使用牙线清理牙刷刷不到的牙齿缝隙。

◎ 一年看两次牙医，确保牙齿健康。

◎ 对健康的牙齿来说，经常吃甜食是大忌，把糖果、含糖的食品或饮料当作一种偶尔的犒赏吧！

◎ 饭后认真漱口。可以自己动手泡很浓的薄荷茶作为漱口水。

要想牙齿洁白且有光泽，还可以自己做增白剂。小苏打就是天然的牙齿增白剂，多年来人们一直都在使用，因为它物美价廉，而且多数超市都有售。用湿润的牙刷蘸取小苏打，然后轻刷牙齿表面，斑点去无踪，牙齿自然亮白。

如何拥有闪亮的秀发

头发看上去干枯无光，而且脏兮兮的？赶紧行动起来，只要做到以下几点，闪亮健康的秀发就会回来！

一是多喝水。多喝水，可以增加身体的含水量，头发干枯的状态也能改善。

二是定期洗发。如果头发不太好，一定要定期用温和的洗发水洗发，保持头发清爽干净。

三是定期修护。定期对头发进行修护，头发才会柔顺闪亮。试试下面的小秘方，不但效果好，而且省钱哦。

准备一只碗，把 5 毫升的蜂蜜、50 毫升的牛奶、少许醋混合搅拌，然后从发根涂至发梢，裹一条热毛巾，20 分钟后将头发冲洗干净即可。牛奶可以起到清洁作用，蜂蜜有滋润效果，醋能增加头发的光泽。

四是冲洗干净。淋浴的时候一定要把头发彻底冲洗干净，确保头发上没有洗发或护发用品残留。

五是充分梳理。每天梳理头发一至两次，赶走浮尘和死皮。洗发前首先要充分梳理头发，这样洗发水才能充分清洁头发。

小贴士：头发闪亮干净，梳子却脏兮兮的，那可不行！发梳要用温水和少量洗发水定期清理，然后用毛巾擦干。

如何做简易面部护理

每隔一两周，留出一些时间给自己，在家做个放松的面部护理。这样皮肤可以得到深度清洁，变得超级柔软。

❶取一定量的清洁膏、柔和的肥皂或洗面奶均匀地涂抹在脸部，停留一两分钟，让脸上的污垢充分溶解，然后用面巾擦干净。

❷取少量磨砂膏给脸部按摩，去除死皮，将被堵塞的毛孔打开，然后用温水冲洗干净。

❸碗里装满刚沸腾的水（这一步要有家长监督指导才行），用冒出的水蒸气熏脸，坚持 5 分钟，利用蒸气充分给皮肤加热，使皮肤软化。敏感肌直接跳过这一步。

❹用温水冲洗脸部，然后轻轻拍干。

❺贴上自制的水果面膜。如果是油性皮肤，就将 6 枚草莓打成草莓酱，涂抹在脸上，保持 3 分钟；如果是中性或干性皮肤，则可以将香蕉剥皮，然后用叉子绞碎，涂抹在脸上，保持 5 分钟。

❻用干净的面巾纸将脸上的面膜擦干净，然后用温水洗脸。

❼再用冷水洗脸，唤醒皮肤，然后用干毛巾擦干。

❽搽上保湿霜，充分按摩，让皮肤吸收，肤色自然就变亮了。

如何使手部皮肤不干燥

床边常备一管护手霜，早晚涂抹手部，可以保持手部皮肤柔软光滑。如果这么做还不行，可以按照下述步骤做个手部护理。

❶洗干净双手。

❷用油涂抹手部——做饭用的橄榄油就可以，指甲也不要落下哦，橄榄油有助于指甲生长。

❸再涂上厚厚一层护手霜。护手霜会在橄榄油外形成一层保护膜，更有利于营养渗进皮肤。

❹将双手浸入水中，保持 10 分钟。

❺浸泡好之后，将双手擦干，再涂一些护手霜。

接下来就看效果吧！

如何在睡前沐浴放松身心

把杂事和作业处理完毕，在睡觉前做次泡泡浴放松一下身心吧！

首先做好准备工作。浴室准备好干净的毛巾。浴缸旁放一杯果汁或水，泡澡的时候可以时不时喝几口。播放音乐，点上熏香，有助于放松神经。往浴缸放水的时候加一些有香味的精油。

接下来就可以享受美好的泡泡浴了。你可以在水中躺 20 分钟，头枕靠在浴垫上，慢慢深呼吸，想象着一天的焦虑和担心都慢慢溶解在了水中。

在水中不要待太久，时间差不多了，就用柔软的热毛巾擦干身体，然后涂抹身体乳，肘部、膝部等特别干燥的部位要格外护理。然后穿上睡衣，直接上床休息吧。你还可以在枕头上喷点薰衣草精油，这样你很快就会进入甜美的梦乡了。

如何洗发护发

科学家已经研究出了洗发护发的具体方法。在数百次试验之后，他们得出了如下结论。

洗 发

◎ 将头发打湿，最理想的水温是 36.7 摄氏度。

◎ 使用洗发水要适量，短发需要 6 毫升，中等长度的头发 8 毫升，长发 10 毫升。

◎ 轻揉头发大约 28 秒，让洗发水充分起泡，用手指部位搓洗 20 次。

◎ 用 36.7 摄氏度的水冲洗头发，大约冲洗 22 秒。

◎ 重复以上步骤。

护 发

◎ 短发只需 2 毫升护发素即可，中等长度的头发 4 毫升，长发 6 毫升。

◎ 用宽齿梳将护发素充分梳在发丝上。

◎ 让护发素在头发上停留 57 秒，然后用 36.7 摄氏度的水将头发冲洗干净。

◎ 用毛巾擦掉头发上过多的水分，然后自然晾干。

就是这样，记住了哦！

如何吹头发

在家里，你可以按照美发沙龙的吹发方式，给自己的秀发做个造型。按照下面的小贴士，一步步来，就可以掌握要领。

❶洗发护发后，轻轻将头发梳顺。

❷轻轻挤压，将头发上多余的水分挤掉。

❸用毛巾将头发包裹起来，保持 5 分钟。

❹用吹风机吹发要顺着头发的方向，从发根吹到发梢，这样头发的毛鳞片才会平整，头发才会有光泽。用吹风机的风口对准发根吹风，这样头发会更蓬松。

❺感觉头发快干了时，就可以用梳子将头发梳出想要的造型了。先打理前面的头发，然后用自己的方式梳理好两侧和后面的头发。可以用发卡，一部分一部分地打理。

❻把吹风机调到冷风模式，给头发定型。

❼最后用手指轻轻拨动头发，使发型看起来更自然。

如何去除眼部浮肿

如果因为感冒、花粉病或疲倦引起眼部浮肿，可以试试抗浮肿小窍门。

将干净的茶匙放入冰水中。几分钟后取出，然后闭上眼睛，将茶匙扣在眼睛上，感到凉爽即可。

如何让双脚变嫩滑

你知道吗下面这些与脚有关的小知识吗？

◎ 每只脚有 26 块脚骨。

◎ 步行时，接触地面的脚掌承受的压力大于身体重量。

◎ 有超过 50% 的人不喜欢他们的脚，原因通常都是脚部有问题。

◎ 脚部有大约 25 万条汗腺，分泌的汗液比身体其他部位都要多。每只脚每天分泌的汗液大约有一蛋杯。

◎ 据估计，双脚一生会走过 11 万千米的路程，可以绕地球近三圈。

从以上这些数据你有没有觉得脚其实是很辛劳的呢？你想不想拥有一双漂亮又柔软的脚呢？按照下面的小贴士，每周给双脚来一次护理，让它们保持柔软光滑吧！

每晚上床睡觉前，用热水泡泡脚，然后给双脚涂抹一层护脚霜。如果愿意，你也可以将 60 毫升橄榄油、60 毫升一次分离的稀奶油、20 毫升蜂蜡混合，涂抹在双脚上，然后穿上袜子，直接上床休息。第二天早晨将护脚霜洗掉，就可以拥有柔软光滑的双脚了。千万别忘了洗袜子哦！

如何形成自己的着装风格

亦步亦趋地跟从时尚，可能需要一笔不小的开支。如果你具备有创意的好点子，就可以既省钱又拥有属于自己的闪亮风格。

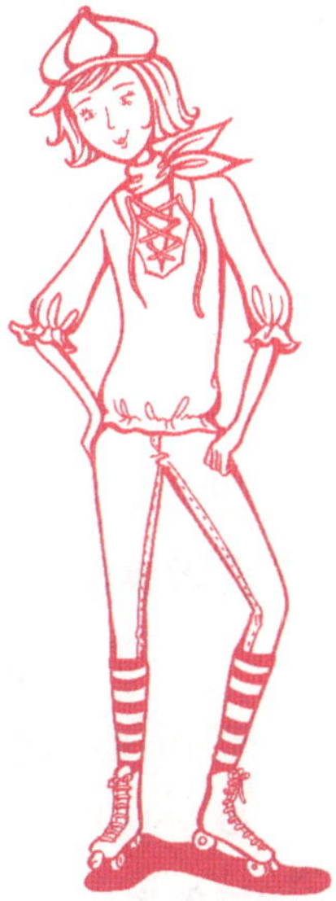

◎ 从电视和杂志上找灵感，选出自己最喜欢的风格。

◎ 把自己的衣服全部拿出来，分门别类，选出适合自己的和需要修改的。

◎ 对旧衣服或毫无亮点的衣服加以修改，比如，改变长度、用装饰物装饰等。

◎ 尝试不寻常的搭配，给配饰分层次或增加配饰。

◎ 到二手店淘宝，挑选物美价廉、适合自己风格的宝贝。这也是最环保的购物方式，因为对于二手衣物来说，也算是回收利用。

如何赶走疲惫

忙碌的一天正等着你呢，可早晨一醒来你就感觉满身疲惫，怎么办？赶紧往下看，学一些让自己神采焕发的小妙招吧！

◎ 用柠檬味的沐浴露洗个澡。如果可以，出浴时，试着用冷水冲一下，给忙碌的一天多注入一些活力。

◎ 早餐不可少。一天当中，最重要的就是早餐了，早餐可以提供白天身体所需的大部分能量。面包加一杯橙汁、无糖的什锦麦片加切好的香蕉和酸奶都是不错的选择。

◎ 简单的深呼吸，提升能级。平躺，头部枕一块垫子，双手放在腹部。闭上眼睛，将注意力集中在腹部，吸气时腹部隆起，呼气时腹部收缩。重复动作 5 分钟。

◎ 身体需要清新的空气和阳光，所以，适当的晨练是让人全天保持活力的好方法。

◎ 轻捏脸颊，可有效赶走疲惫。

◎ 平躺，用凉茶包敷眼睛，保持 5 分钟。茶里的单宁酸可以消除眼部浮肿，让眼睛看起来明亮动人。

如何用小珠子装饰头发

将头发编起来，再点缀上漂亮的小珠子，一定会让你的发型很亮眼，现在花些时间来装饰你的头发吧！

你需要用到以下物品：

◎ 一把孔很大的珠子（最好是塑料的，因为塑料的比较轻）。

◎ 一团棉线（颜色随意）。

操作方法：

❶分出一绺头发，大概鞋带粗细。

❷将其分成三股。

❸将三股头发编成辫子，发梢处留出 5 厘米。

❹打湿发梢部位，将其拧在一起，从珠子的孔中穿过。珠子的个数按照个人喜好来定。

❺穿好后，用一段棉线系好发梢，棉线也可以用编绳代替。

❻重复上述动作，将头发全部编成小辫子，就会打造出全新发型。

如何让你的包包变得闪亮

充分发挥你的设计技能，为一只单调的包包增添一些与众不同的色彩吧！

你需要用到以下物品：

◎ 一支铅笔、几张白纸、彩色手工泡沫纸或泡沫毡。

◎ 剪刀、白胶浆、高仿宝石、自粘布带。

操作方法：

❶在一张纸上描画出大小不同的一系列心形，并将它们剪裁出来，如图所示。

❷将你画出的心形模板纸放在泡沫纸或泡沫毡上并描画出来，用几种对比色填充。将心形剪裁出来。

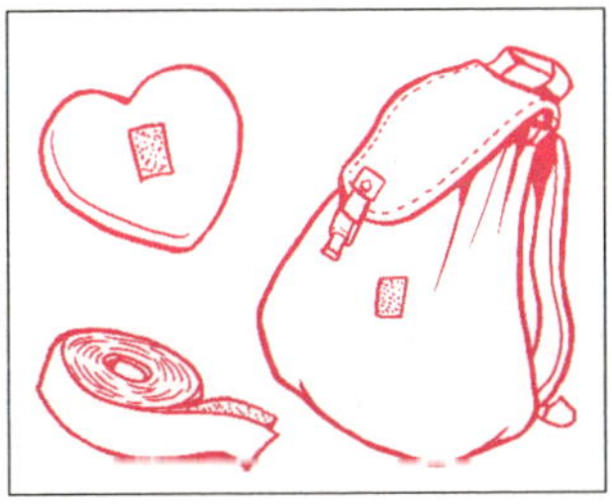

❸在最大的心形中间涂抹一些胶水，再将稍小一些的心形粘贴在最大的心形上。重复这个动作，直到将所有的心形都粘贴好。最后可以在心形上添加一些高仿宝石。

❹用自粘布带在你的包包上缠绕出一个正方形，在心形背面再缠绕出一个正方形。接着，按压心形，让它和包包粘贴在一起。

小贴士：试着使用不同的设计图案吧，比如星星、花朵或动物形状的图案。

如何擦亮你的皮鞋

想要让你的皮鞋像镜面一样闪闪发光，这需要一点儿诀窍，也要做不少费力的工作，但的确值得一试。

❶将所有的鞋带抽掉，将所有的鞋扣解开。

❷用一块潮湿的布将鞋面上的灰尘擦除干净。

❸用湿布抹点儿洗革皂擦除鞋上的污垢或污点。这种洗革皂可以在修鞋店里买到。

❹用一块干净的干布给你的鞋子“抛光”。

❺将少量鞋油轻轻涂抹在不穿的、旧的 T 恤衫上，以画小圈的方式擦拭皮鞋，直到鞋面变得闪亮起来。

❻将你的皮鞋放置在一张报纸上，等待鞋油完全晾干。

❼拿一块干净的棉布，给鞋子做最后一次“抛光”。

瞧，多么漂亮、干净的鞋子呀！

如何摆出完美优雅的身姿

在镜子中审视一番你的身姿，遵循以下这些准则来塑造完美优雅的身姿吧！

◎ 从头顶到脖颈呈一条直线，肩膀打开端平。你应该保持这个姿态，在头上放一本书也可以维持平衡。

◎ 不要在将你的头部向前伸的同时弯曲脖颈。

◎ 肩膀放松，肩胛骨保持平坦。

◎ 不要将你的胸部向内缩。将肩膀向外并向后方伸展，不要让你的双肩靠近你的双耳。

◎ 将你的脊椎向上伸，后背自然弯曲出一个小弧度。

◎ 不用力弯曲后背。

◎ 臀部收紧，收腹。

◎ 不要将双脚外撇或内撇。

如何改掉有损美丽的坏习惯

通常有些最简单的事情可以让你呈现出最佳状态。同样，有些最简单的事情也可以毁掉你的美丽。下面介绍一些有损美丽的坏习惯，现在就开始改掉这些坏习惯吧！

持续抚摸你的脸颊。你会将手指上的尘垢抹到脸颊上去，这会促进青春痘和粉刺的滋生噢。

抚弄你的头发。你如果时刻都心不在焉地玩弄你的头发，就是在加快发尾分叉的速度。

舔舐嘴唇。事实是，舔舐你的嘴唇只能令它变得比以往更加干燥，且更易于皲裂。在触手可及的地方放置一支清香的润唇膏吧！当你感到嘴唇干燥时，拿起来涂抹一下就可以啦！

揉擦眼睛。不停地揉擦眼睛会让它变红并产生灼热的疼痛感。

使用没有包裹物的橡皮筋捆绑头发。没有包裹物的橡皮筋会损伤你的发质，所以尽量使用合适的、织物包裹的橡皮筋吧。在你用橡皮筋扎头发之前，在上面涂抹一点儿护发素，也可以保护你的头发不受橡皮筋的损伤。

咬指甲。这是一个很难改掉的习惯，但如果你想拥有一双漂亮的双手，这个方法就很值得一试。试着留出一个可以啃咬的指甲，给剩余的指甲都涂上味道令人恶心的液体。当你逐渐远离了咬指甲的习惯时，在那只可以啃咬的指甲上也涂上这种液体吧。

在室温调高的室内睡觉。如果你不想让你的皮肤像鳄鱼皮一样干燥，试着在更为凉爽的房间里睡觉吧。中央制暖器会让空气变得十分干燥，还会吸走你皮肤中的水分。如果你的父母坚持要将室内的温度调高，那么在你的房间里放置一盆水分充足的植物吧，它可以保持空气中的湿度。

每天都使用加热的头发造型设备。偶尔使用头发直板夹、卷发棒和卷发夹没什么问题，但如果每天都使用这些设备的话，它们会损伤你头发上不稳固的锁水层。在使用这些设备之前，用吹风机将头发吹干吧，这样可以保护头发，避免头发干燥、不顺滑。

如何拥有优质的睡眠

遵照下面的小秘诀，你可以一觉睡到天亮。

◎ 如果一整天都坐着，睡前一小时就要进行一些强度不大的运动。可以和父母一起在小区散散步，或者在卧室里做做“跳星星”活动。

◎ 睡前尽量不要吃东西，否则，身体忙于消化食物，很难产生睡意。如果很饿，就吃一根香蕉。香蕉中含有钾，有助于睡眠。

◎ 洗个热水澡。水温不要太高，否则越洗越清醒。在水中加几滴薰衣草或檀香精油有助于放松身心。

◎ 躺在床上后，尽量清空脑海中的内容。如果担心早晨醒来把要做的事忘了，那就在睡前写在纸上。

◎ 关灯之前，喝一杯柑橘茶或热牛奶。

◎ 卧室要保持凉爽，被子或毯子要柔软舒适。如果需要，可以戴上眼罩，挡住所有光线。

好了，现在一切就绪，放松身心，甜甜地睡一觉吧。

如何向闺蜜借服装

想让你的衣服花样多多？可以和好友换着穿，这样衣服就多一倍了哦。不过，如果对方不愿意借给你衣服，那就得看你劝说的水平了。

◎ 称赞她在着装方面的好品位，强调自己也希望能像她一样会搭配。

◎ 告诉她，你想在着装方面多些尝试，但是不断购买的话，经济上又不宽裕。

◎ 主动提出让她挑选你的衣物，这样才能有来有往（如果你的衣服不多，那就等她同意交换衣服之后再让她浏览你的衣柜吧）。

◎ 承诺穿后会清洗熨烫，然后原物奉还。如果有必要，会拿去干洗。

谨记：对朋友的衣服一定要格外爱惜，如果你没保管好，以后再向她借东西就难了。

如何悄悄地提醒朋友着装出现了小事故

看到朋友的外衣穿反了，衬衫的扣子扣错了，怎么办？千万别犹豫，如果这个时候你能直截了当地提醒一下，你的朋友就可以免去很多尴尬，而不用一整天傻乎乎地四处招摇了。或许你哪一天也需要朋友的提醒呢！

你们可以事先计划，和朋友一起设计一些提醒对方的小暗号，如拉一拉耳垂、哼一段你们最爱的歌曲等。这样，如果出现意外情况，你们就能马上明白过来。

如果事先没有计划，最好的办法就是迅速拉住朋友，用只有你们能听到的声音提醒她问题在哪里。

小贴士：不要大声指出问题，这样只会吸引他人的注意力，让朋友更为尴尬。

如果朋友的着装出现了问题，你千万不能笑，这样只会引起他人注意，让朋友更尴尬；也不能先告诉他人而不先提醒朋友，这样你们以后就无法愉快地相处了；更不能模仿朋友的窘态，这样你们也就不能做朋友了。

如何确保你的鞋子没有臭味

当你踢掉脚上的鞋子，靠在椅背上放松自己时，鞋子散发的味道引发了周围人的议论让你非常尴尬。以下这些方法可以让你避免这种情况的出现，并做到万无一失。

◎ 在每只鞋子里放上几个未使用的茶包，让它们在里面挥发几天。

◎ 在鞋子里撒上一些滑石粉。

◎ 在内鞋底上滴上几滴茶树精油、玫瑰精油或薄荷精油吧。

如何制作漂亮的收纳盒

如果你有很多小纪念品需要合适的空间来收纳，不妨把家里的旧纸盒等小容器改造成精致的收纳盒。

你需要用到以下物品：

◎ 空纸盒（存放巧克力的盒子就不错）。

◎ 多种装饰用纸。（可以从旧杂志、旧报纸或包装纸上找一些插图，邮票、乐谱、闪光贴纸也都是不错的选择。）

◎ 速干液体胶水。

◎ 人造革或天鹅绒布料（用来做盒子的内衬）。

◎ 一把剪刀。

操作方法：

❶把装饰用纸裁成合适大小。

❷用胶水把裁好的纸贴在纸盒外侧，连接处要有重叠。盒子的外侧全部贴上。如果希望收纳盒有年代感，可以花些时间专门做旧——胶水晾干之后，将茶包放在水里泡几分钟，然后用茶水刷一刷收纳盒表面，晾干即可。

❸在盒子的表面刷一层胶水，这样既可以保护收纳盒，又可以增加光泽度。

❹盒子表面的胶水晾干后，开始制作内里。将选好的皮革或布料裁好，铺在盒子底部、四周以及盒盖内侧，然后用胶水粘好。

❺胶水晾干后，将你的宝贝放进崭新的收纳盒就可以了。

如何做装饰带

牛仔裤穿旧了，没有新意，不妨用几条彩色丝带编一条装饰带，给牛仔裤做做装饰。

你需要用到以下物品：

◎ 三种不同颜色的 2～3 厘米宽的丝带，长度约为腰围的三倍。

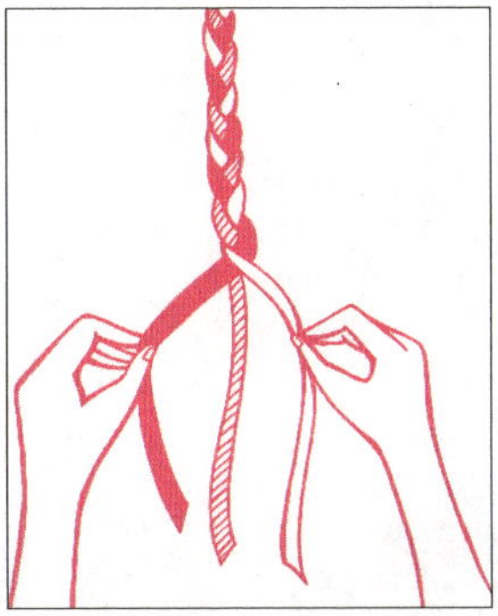

操作方法？

❶每种颜色的丝带取一段，一端打结，然后放在桌子上，开始编辫子。松紧都可以，取决于个人喜好。

❷编好后打结。

❸同样的方法，用剩下的丝带再编两条辫子。

❹将三根辫子编在一起，编成更宽的丝带辫。每一端都要打结固定。

❺将编好的装饰带直接穿进牛仔裤的腰带孔中，两端

系起来，固定好。

小贴士：要想让装饰带更漂亮，可以稍微增加丝带的长度，末端留出一部分不编，可以随风飘动。还可以选一些闪闪发光的漂亮珠子加以装饰，装饰带立刻就会很耀眼。

如何做到下楼梯也优雅

无论是参加舞会还是在学校和同学打招呼，下楼梯时保持优雅的风度都会给他人留下美好印象。看看下面的要点，学会以最佳的状态登场吧！

◎ 在楼梯最高的台阶处稍做停顿，然后充满自信地环视一下房间，直到引起大家注意为止。

◎ 事先仔细检查楼梯，迈步时避开明显的危险物或障碍。

◎ 如果穿着长裙，一定要将裙角提起，以免绊倒。

◎ 下巴微扬，面带微笑，轻轻握住扶手，帮助身体保持平衡。

◎ 优雅地迈出第一步，保持微笑，不要盯着脚看。

◎ 小心谨慎地稳步而下，直到走完最后一级台阶。

如何用织物涂料装饰T恤

可以用织物涂料给 T 恤的袖子或其他部位来几笔，把自己的艺术品位穿上身！最简单的方式就是用染料笔直接在 T 恤上作画。

❶准备一件普通的 T 恤，白色或其他柔和的颜色都行，这样作的画才比较明显。

❷先在纸上把设计好的图练习一下，可以是涂鸦风格，也可以是自己设计的标志，或者简单地画一幅简笔人脸、太阳之类的。

❸现在可以开始画了，在 T 恤的里面垫一张厚纸或卡片，以免染料浸透到背后。

❹将你的设计直接画在 T 恤上。

❺用染料笔作画，画完后需要熨烫，给图画定型。熨烫前要告知父母，听取他们的指导，如果有必要，请他们帮忙。

如何将牛仔裤变成短裙

旧的牛仔裤实在不想穿了，怎么办？按照下面的方法，给牛仔裤做一次变身吧！

❶准备好牛仔裤，将腿部剪短，长度按照个人喜好而定。

❷沿着腿部接缝处小心剪开，然后修剪掉多余的线头。前面剪到门襟下面，弧角部位重叠在一起。后面剪到腰带下 5 厘米处。

❸选一处平坦的地方，将前后弧角处重叠，缝好。

❹剪一块三角形的布，补上两条剪开的裤管中间的空隙（可以用漂亮的棉布，和牛仔布形成鲜明对比）。

❺手工或者用缝纫机将每一边缝好即可。

❻如果想立刻穿上身，不锁边也可以，毛边看上去显得更酷。

小贴士：如果你是缝纫小能手，不妨在裙子的底边缝一段丝带或花边，这样会使裙子增加几分迷人的色彩。

如何拥有健康的指甲

健康的指甲能让你的指尖多一份魅力。养指甲的一个秘诀就是要确保指甲尽可能坚固。

◎ 每天要摄入蛋白质。肉、鱼、奶制品、大豆、扁豆等都有利于指甲坚硬和健康。

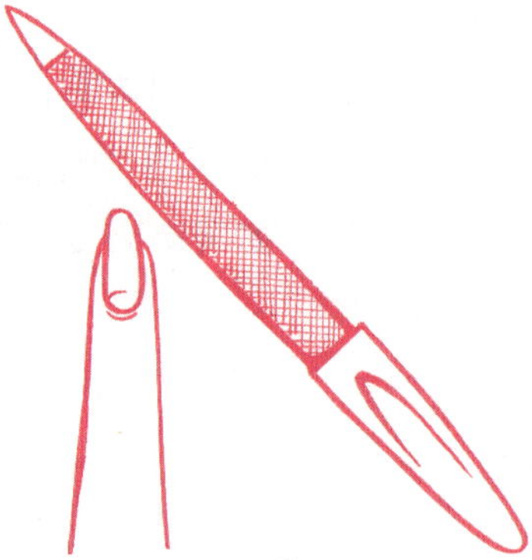

◎ 洗碗盘的时候，一定要戴上专用手套，双手经常泡在水里，指甲会变软。

◎ 在指甲生长的过程中，要经常用指甲锉修剪，以免指甲断裂。

◎ 锉指甲的时候要始终沿着一个方向，与指甲底边保持 45 度角。不要上下锉指甲，否则，指甲会劈开。

◎ 保持指甲干燥，棱角、粗糙统统都不要，用指甲锉修出完美形状。

◎ 千万不要锉到两旁的指甲缝，否则容易引发感染，也会对指甲造成伤害。

◎ 不要把指甲当工具。否则指甲又得重新养起。

◎ 将指甲浸泡在橄榄油中，每周一次，每次 10 分钟，然后用脱脂棉擦掉多余的油分。

你知道下面这些与指甲有关的信息吗？

◎ 指甲每个月生长约 3 毫米。

◎ 指甲夏天比冬天长得快。

◎ 如果事故造成了指甲脱落，大约需要 6 个月才能长回来。

◎ 长得最快的是中指的指甲，长得最慢的是拇指的指甲。

◎ 儿童的指甲比成人的指甲长得快。

◎ 脚指甲比手指甲长得慢。

如何成为手模

手模光有漂亮的双手还不够，还要会展示。看看下面的小贴士，你就知道怎样才能让小伙伴相信，你的双手就是财富，你要保护双手，所以必须远离各种伤害。

◎ 任何有可能伤害双手的工作都要做好防护。比如：做清洗要记得及时把手擦干；书写时避免手指沾染墨水；遛狗时戴手套，否则牵着狗狗的绳索可能会把双手磨出老茧。

◎ 将几样道具准备好，比如，口红、一杯咖啡、一盒洗衣粉等。充分利用准备好的道具，模仿广告中模特的姿势，让闺蜜帮你拍几张手部特写。将照片整理成册，你就有可以展示的相册集了。

◎ 戴纯棉的白色手套，随时随地保护指甲。

◎ 只要有观众，就可以练习手模的姿势。如妈妈让你递杂志的时候，就可以摆个自己喜欢的手部姿势给妈妈递过去。

◎ 学习音乐。弹奏乐器有助于保持手部动作稳定，这对拍照片来说很重要，毕竟，拍照片可能会持续几个小时！

如何根据手形修指甲

用指甲锉修指甲的时候，一定要清楚自己的手形，这样指甲和手形才会成为最佳组合。

◎ 如果双手很小，适合杏仁形指甲。

◎ 如果手指粗短，可以尝试“椭圆 + 方形”，也就是说，末梢是方形，整个指甲是椭圆形。

◎ 如果手指很长，或者指甲很宽，可以尝试末梢是方形的指甲。

如何选择最适合自己的手套

面对琳琅满目的手套，想要挑出最适合自己的真是不容易。看看下面的小贴士，给自己选一副合适的手套吧！

◎ 过肘的长手套对于舞会等盛典特别适合，可是，戴着这样的手套吃东西就不方便了，因此，请在出门之前先吃些零食。

◎ 橡胶手套是洗刷时的必备物品，可以起到保护双手的作用。

◎ 婚礼上戴蕾丝手套是老传统了，不过，蕾丝容易引起皮肤发痒，因此，尽可能选择绸缎面料，减少其对皮肤的刺激。

◎ 冬天，一双羊毛手套是上上选，如果你生活的地方特别冷，羊皮连指手套最理想，可以防止手部皲裂。

如何将配饰更好地利用起来

家里到处都是自己的配饰，如围巾、腰带、胸针、手镯等。将现有的配饰合理搭配、组合，无须再花钱，可以达到另一番效果。

◎ 将一条长围巾的两端系起来，左臂伸入围巾系好的圈中，将围巾从背后拉到右侧，另一端挂在右臂上，简易小披肩就做成了。

◎ 如果往年的大衣看上去款式有些陈旧，可以搭配胸针或胸花，将其别在翻领上或者锁骨稍下部位。

◎ 将围巾或漂亮的罩衫裹在头上，做成头巾，还可以在额头上方别一枚有品位的胸针增加头巾特色。

◎ 寒冷的冬季，凛冽的风吹起，这个时候可以把围巾对折，围在颈部，然后将一端从另一端的圈中穿过，轻松一步，寒风挡在外，美丽留在身！

◎ 漂亮的丝绸面料围巾用途多多。可以在颈部打结，可以系在腰部，可以绕在手腕，还可以系成风格独特的蝴蝶结戴在头上。

如何举止得体

看看下面这些小贴士，你就知道怎样才能做到举止得体了。

◎ 排队等待吃午饭的时候，就算肚子再饿，也不要使劲儿往前挤。

◎ 胜不骄，败不馁。失败对谁来说都不好受，但即使没有获胜，也不能失态。同样，获胜了切忌沾沾自喜，可以同表现不错的小伙伴庆贺一下，千万不要嘲笑失败者。

◎ 乘坐公交车或火车的时候，车下的乘客很容易着急往车上挤，这个时候，得体的举动是让该下车的乘客先下车。

◎ 想要赢得辩论，冷静地推理远比脾气火暴地反驳好使，如果你感觉自己情绪要失控，那就暂时离开你的辩论组，稍微冷静一下再回来。

◎ 如果朋友或亲戚给你准备了礼物，事先想好礼貌的感谢语是上策。比如："哦，我好喜欢！""真没想到我会收到这么别致的礼物！""这个真的很有用。"记得要说"谢谢"，尤其是打电话或者写感谢卡时更应该如此。

如果以上几条都能做到，那你肯定是个充满魅力的小姑娘。

如何在餐馆点餐

和家人一起出去用餐，如果你能记住下面这些小贴士，点餐时就可以做到既轻松又自如。

◎ 如果对菜单上的菜品不甚了解，千万别有顾虑，一定要问服务员，这总比应付一份糟糕的食物要好得多。

◎ 有些饭店的菜单特别长，上面有上百道菜，所以，没必要从头看到尾。选出品相不错的，然后再确定点什么。

◎ 如果需要一些时间思考，不妨先点些饮品，切忌一上来就急急忙忙点菜。

◎ 稍微关注一下邻桌的食客都在吃什

么。如果他们看上去挺享受的，那就试着和他们点相同的菜吧！

◎ 点餐不要过量。浪费食物可不是好习惯。

◎ 点菜时做些新尝试，说不定你会很喜欢哦。

祝你拥有好胃口！

如何地道地吃意面

别再想着把意面切碎或用勺子搅着吃了。意大利人吃意面只需要一把叉子外加一些小技巧。

❶将叉尖插入意面，卷起一小部分，挑出盘子，使其和剩余的意面分离，没有叉住的自然会掉入盘中。如果叉住的太多，稍微抖动叉子，让多余的掉入盘中。

❷看看餐盘上哪儿没有食物，然后将叉尖迅速在上面顿一顿。

❸快速捻动叉子，将意面绕成卷状。

❹迅速抬起手腕，将卷好的意面送入口中。

如何时尚地穿长雨靴

长雨靴似乎是时尚的大忌，其实不然，只要稍加创意，就可以轻松驾驭，走过泥泞之地。按照下面的小贴士去做，无论在城市还是乡村，你都可以保持十足的“派头”。

◎ 留意所有长雨靴的时尚款，如碎花图案、彩虹图案等，其实很多人都会选择颜色亮丽的长雨靴，给雨天的出行增加一抹亮色。

◎ 可以在已有的长雨靴上动动手脚，用防水笔或者水性漆做些装饰。

◎ 衣服和靴子要搭配。如果可以，用一些小饰品画龙点睛，那就更好了。

好啦，有了这样的长雨靴，再怎么沉闷的一天，也会变得时髦了，稍微动动手，长雨靴也会成为时尚神器。

如何自制香水

这肯定是自制香水的最简单方式了，用你最喜欢的花花草草就可以。

你需要用到以下物品：

◎ 240 毫升水。

◎ 一杯新鲜的花瓣，切碎。

◎ 口罩布（如果没有，干净的棉质抹布也可以）。

◎ 一个碗，一个平底锅，一个盘子。

◎ 一个漂亮的瓶子。

操作方法：

❶将口罩布铺在碗里，边角搭在碗沿上。

❷倒进碎花瓣，然后倒进水。

❸盖上盘子，放一夜。

❹第二天，小心地将口罩布从碗里取出，然后将带有香味的水拧入平底锅。

❺将平底锅加热，待锅里带有香味的水只剩一蛋杯时关火。

❻冷却后，将锅里的水倒入事先准备好的漂亮瓶子（将香水放入冰箱保存，可以用一个月）。

❼将自己的劳动成果送给妈妈，她一定会喜欢的。

如何拥有迷人香味

如何让自己散发出清新甜美的迷人香味呢？重要的一点就是要勤泡澡或沐浴，让身体保持清爽。可以尝试下面这些小技巧。

一是草药疗法。泡澡的时候可以将小枝草药加入水中，享受自然疗法。薄荷、迷迭香、百里香都有利于精神焕发。浴盆中的水放满后，将草药丢进去，让其散发香味。

二是在淋浴的时候，地板上洒上几滴香水，这样冒出的水蒸气都是香的。

三是用你最喜欢的香水喷洒在干毛巾上，然后将毛巾投入滚筒式烘干机加热几分钟，之后取出，给自己好好按摩一番。气味清香的毛巾一定会让你立刻精神抖擞，效果令人难以置信哦。

四是在被单上喷撒一些爽身粉，早晨醒来整个人都会香喷喷的。

五是多吃些泰式食物口气容易清新。据说泰式食物会让身体散发最好闻的味道，所以，多吃一些吧！泰式食物中含有一些芳香成分，比如，薄荷、香茅、椰子等。当然了，大蒜少吃。

如何扎染T恤

一件旧的白色 T 恤穿起来平淡无奇，想要旧衣焕新，最好的办法就是扎染。让旧的白 T 恤变成一件有颜色的新衣服，其实并不难。

你需要用到以下物品：

◎ 一盒冷水染料，挑选自己喜欢的颜色就好。

◎ 盐、金属勺子。

◎ 用来制作图案的橡皮筋。

◎ 橡胶手套。

◎ 装满冷水的杯子。

◎ 装满热水的碗。

◎ 一件白色旧 T 恤。

小贴士：开始制作之前要确定厨房里的东西可以随便使用，否则，就提前买好扎染需要的工具。

操作方法：

❶将染料打开，倒进冷水中，充分溶解。

❷加入定影剂和适量的盐。（每种品牌的染料对定影剂和盐的用量需求略有不同，因此，要仔细看说明书）搅拌，让其充分溶解。

❸将混合好的染料倒入盛有热水的碗中继续搅拌，直至充分混合。

❹准备好 T 恤，将 T 恤胸前的中间部位拧起来，然后用橡皮筋扎紧。橡皮筋扎着的部分不会吸收染料，染好后依然是白色的。

❺将 T 恤前片的布料整理好，在距离第一根橡皮筋 5 厘米的地方再扎一根橡皮筋。

❻重复上一步骤，直到 T 恤的前片全部扎完为止。

❼如果喜欢，后背和袖子也可以按照同样的方法扎起来。

❽将 T 恤浸在混合好的染料中，用勺子按一按，确保整件 T 恤全都湿透。

❾将 T 恤在染料中浸泡一个小时，然后将水和多余的染料拧掉。

⑩晾晒，自然风干。然后把橡皮筋拆掉。一件有漂亮的旭日图案的扎染 T 恤就做好了。

如何在跳芭蕾舞时单脚旋转

练习单脚旋转一定要找一块合适的场地。地毯不行，可以试试浴室或厨房的瓷砖地面。空间要够大，以防跌倒碰碎物品伤着自己。

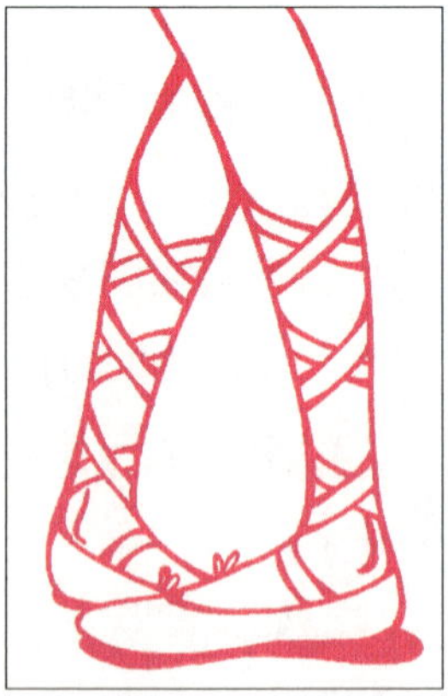

首先做好准备动作：左脚外翻，右脚的脚跟抵住左脚的脚尖。这个动作也称为“第五式”。

右臂抬起，就像胸前抱着沙滩排球，左臂向外打开，并向身体方向微微弯曲。

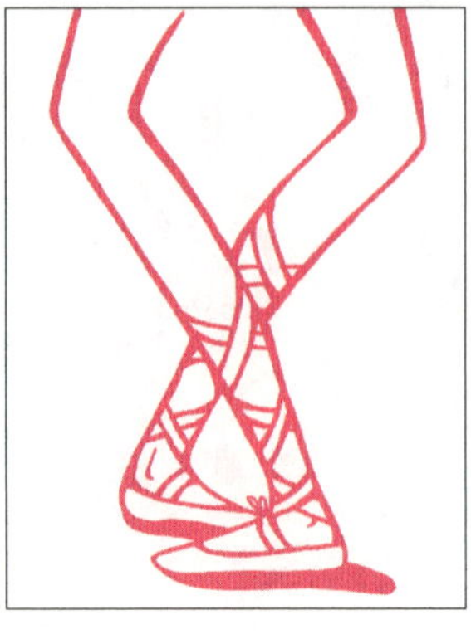

然后就是最难的部分了——背部挺直，屈膝，重心移到左右脚趾，右脚抬起，高度及膝，脚尖绷直，同时做顺时针旋转。

旋转一整圈之后，身体下蹲，左脚着地，右脚收回，回到最初的“第五式”。动作完成时一定要将身体重心放在支撑腿上。

小贴士：要学会盯一个点，这样在旋转的时候才不会头晕。一开始练习要慢，动作要准确。眼睛盯住墙上某个点，慢慢旋转身体，头部姿势保持不变，实在无法坚持时再停下来。再转一圈，甩头结束后，继续盯同一个点。

如何成为自信女王

下次感到害羞或不知所措的时候，可以试试下面的小贴士，会给大家留下自信十足的感觉。

不要穿颜色沉闷的衣服。不要再和背景色融为一体了，穿上鲜亮的红色、橙色或黄色的衣服，让大家注意到你吧！

肢体语言一定要得当。不管多紧张，都要抬起头。不要双手紧握放在身前，将双臂自然下垂，轻松放在身体两侧就好。坐着的时候，将手自然地搭在膝盖上即可。

不要用头发遮挡脸庞。让大家看到你的脸，将头发梳成整齐的马尾，说明你愿意与大家直视。

要微笑。人们通常会把害羞和不友好混为一谈。微笑表示你很友好，会让你周围的人很放松。

语速不要太快。讲话前放松，深呼吸。开口之前先想一想自己要讲什么，要从容不迫地讲话，千万不要脑海中有什么就不假思索地说什么。

要直视对方。不自信的最明显特征就是不敢直视和你聊天的人。交谈时，应大方自然地直视对方的眼睛，这样会让对方觉得你自信满满。

不要咬指甲。咬指甲会彻底暴露你的紧张。

用香味让自己精神振奋。早晨出门前在手腕处涂抹一些葡萄柚或佛手柑气味的精油，这对于增强自信很有好处。有需要的时候，悄悄闻闻手腕吧！

如何闪亮登场

偶然去街角小店也好，出席电影首映式也罢，只要你是焦点，就一定要确保你做的每个动作都充满魅力，自信自然。参考以下几个小妙招吧！

一是走上红毯，微笑、挥手，然后抬起头，这样头发就会滑到背后了。

二是从翘首等待的摄影师身旁走过，不用驻足。就在他们以为你完全忽视他们的时候，停下脚步，一手搭在腰部，回一下头，将最美的微笑送给他们。

三是避免跌跤。通常情况下，最该避免的就是跌跤，所以，应该事先做好准备，这样万一出现意外，也能优雅地起身。

好了，开始练习，练习，再练习……

如何制作自己的豪华泡泡浴

这个快速简单的方法能让你享受到豪华的泡泡浴，给自己来一个贴身护理犒劳自己。你还可以将一些制作泡泡浴的东西装进一个漂亮的玻璃瓶里，把它作为礼物送给你最好的朋友。

❶准备一个干净的小碗，将两杯清澈的或浅色的洗发水、三杯水和两勺盐混合在一起。动作轻柔地搅拌混合物，直到它稍微变浓。

❷将少量红色食用色素倒进混合物中，再次搅拌。持续添加食用色素，直到

混合物呈现出完美的粉红色为止。

❸添加 10 滴植物精油进去，营造出芳香的气味。玫瑰、薰衣草、依兰、檀香、马郁兰、没药、红木和甘菊等都有令人放松、舒缓的气味。

❹将制作好的泡泡浴倒入瓶中并密封好，准备洗澡的时候使用。

如何制作舞会贺卡

你需要用到以下物品：

◎ 描图纸（防油纸也可以）。

◎ 一些薄卡片、铅笔、剪刀。

◎ 四个蝴蝶纽扣形纸夹、签字笔、胶带。

操作方法：

❶用铅笔描画出图中皇后纸样的头部和身体。

❷将描图纸放置在卡片的上方（用一些胶带将描图纸加以固定）。沿着铅笔线再描画一遍，用铅笔在纸上按压，在卡片上留下明显痕迹（在制作小孔处也要画上大大的圆点）。

❸将描图纸移开，用铅笔在卡片上将印痕描画出来，再沿着印痕形状剪裁纸片。

❹用剪刀的一端在卡片上刺出几个大大的洞口，在你做这个工作时，请一位成年人来帮忙吧，以免使用剪刀时受伤！

❺用蝴蝶纽扣型纸夹分别将两条腿和两只手臂固定在“皇后”的身体上。

❻给皇后纸样涂上颜色，描画出她的特征。在卡片背后写上祝福语。将卡片装进一个信封，将它寄给你的朋友吧！

如何举办一场颁奖典礼

无论是庆祝你在考试中取得了优异的成绩，还是你想要庆祝你的朋友取得的成就，都可以举办一场走红毯的颁奖典礼。

首先要为颁奖典礼设计一些邀请函。邀请函的内容应该包括日期、时间和颁奖典礼举行的地点。要尽快将邀请函寄出，以保证你的小伙伴们有足够的时间做准备。

你需要决定所颁奖项的不同类别，且这些奖项应该符合你朋友的特质，可以包括“患难之交”“最注重环保的朋友”“行事最酷的怪才”“卡拉 OK 麦霸”等。确保你所邀请的每一个人至少可以赢得一个奖项。

为每个奖项类别都配备一个信封作为装饰。在信封上面写上奖项的名称和三位提名者的名字。将一张写有奖项得主名字的纸装进信封。

提醒你的贵宾们要准备一些感人的获奖感言，要感谢他们遇到的每一个人，这个奖项是大家共享的。还要提醒他们，如果别人赢得了他们获得提名的奖项，他们应该以无懈可击的微笑和热情的掌声表示对他人的祝贺。

其次，要准备好颁奖的证书。你可以制作写有“奥斯卡”字样的硬纸板，或你自己设计并影印的荣誉证书。你甚至可以发放一些小礼物，例如巧克力棒、你朋友最喜爱的杂志、一束花等。

找一块价格便宜的红布——在慈善商店中寻找红色的旧窗帘或一个亮红色的

被套，将它铺在外面，作为进入颁奖典礼现场的红毯。

再次，举行颁奖典礼。在颁奖典礼举行当晚，让你所有的朋友都穿上好看的裙子。当她们走上红毯时，请你家里的某位成员帮忙拍几张照片——这可能是她们最接近摄影师的时刻啦！你可以将最好的照片挑选出来，稍后送给她们留作纪念。

在颁奖典礼上，亲手递给每一位朋友一个装有奖项的信封——但要确保里面的信息不会泄露。

在颁奖典礼开始后，首先由你自己亲手颁发第一个奖项。向你的朋友们介绍这场奥斯卡式的颁奖奖项是怎样设置的，并无比隆重地将奖项颁发给她们。

请你家里的另一位成员来控制音乐。当有人走上颁奖台接受奖项以及离开颁奖台时，他需要将音乐打开。在你的朋友们发表获奖感言时，他需要将音乐关上。

记住啦——这都跟电影节上的典礼一样！

如何玩“时钟”单人纸牌游戏

下面介绍一种按时钟图案摆出的单人纸牌游戏。在阴雨天的下午，玩玩这个纸牌游戏简直就是打发时光的最佳消遣方式。

将纸牌中的大王和小王取出放一边，将 12 张纸牌正面朝下摆成类似钟面的图案。在“时钟”中央也正面朝下放置一张纸牌。重复同样的操作，直到 52 张纸牌都放好，每一堆都有 4 张纸牌为止。

将中央那堆纸牌的最上面一张翻过来，它会指引你去翻钟面上的任何一堆牌。纸牌 A 指向 1 点钟，纸牌 2 指向 2 点钟……整整一圈，纸牌 Q 指向 12 点钟。将你的那张纸牌放到指向的那堆纸牌下面或旁边，然后将这一堆纸牌的最上面一张纸牌翻过来，找出下面该前往哪一堆纸牌，并翻牌。

无论何时，当翻出一张 K 时，你必须将它放置在钟面的中央位置上，再从中央的一堆纸牌中翻一张纸牌重新开始。

你的目标是将 12 堆纸牌中的所有纸牌都翻一遍，但是，一旦你将所有 4 张 K 都翻出来，游戏就结束啦！

女孩必须有秘密

如何知道是否有人进了你的房间

卧室是存放秘密日记的私密空间。可是，如果有人趁你不在的时候，偷偷摸摸进去了，你怎么才能知道呢？学学下面的小技巧，你就能发现偷偷摸摸的人留下了哪些蛛丝马迹，有些小技巧连真正的密探也会使用哦！

纸张痕迹

在书桌上放一些纸，然后在上面写下“绝密”字样。用尺子量好每张纸之间的相对位置，记录下测量的数据。离开卧室几个小时，回来后，再测量一下每张纸的相对位置，如果有变化，你就可以判断出有人在未经你允许的情况下擅自翻动过这些纸张了。

粉末留痕

在卧室门口的地毯上撒一些滑石粉。轻轻撒一层就行，否则，你的这些侦探技术就会使父母起疑心了。回来后，看看地板。如果有人进来过，你就会发现地毯上的滑石粉有被踩踏过的痕迹。

平衡法

裁一张小纸条，大约 1 厘米宽、2 厘米长。打开卧室的门，小心地爬到椅子上，然后将小纸条放在门上边（从椅子上下来的时候要小心，不要把纸条碰掉了）。如果有人趁你不在的时候进来了，你就会发现纸条已经掉在地上了。

动作检测器

裁一些又细又长的小纸条，越细越好，否则容易被偷偷进入卧室的人发现。把每张纸条的一端小心地塞在衣橱的抽屉里，然后轻轻合上抽屉，纸条的一端垂下来即可。

如果你不在的时候抽屉被开过，开抽屉的动作会使纸条落在地上或掉进抽屉，因此你就知道，有人未经许可，偷偷溜进来了。

如何保守秘密

保守秘密很重要，越是擅长保守秘密，越能赢得朋友的信任，朋友也越愿意同你分享秘密。如果你总是“大嘴巴”，用不了多久，你就会发现，朋友不再向你吐露秘密了。严格保守秘密，就要做到以下几点。

换位思考

要明白保守的秘密的重要性和为什么不能对他人说。想一想，如果秘密经你之口，弄得整个学校尽人皆知，朋友那么信任你，她会有什么感觉？换位思考一下，如果大家知道了你的秘密，你会作何感受？

保管好日记本

将秘密写下来有助于抑制想要告诉他人的冲动。不过，如果把秘密写在日记里，一定要把日记本妥善收藏好，以便逃过一双双充满好奇的眼睛。

不要说“我知道，但我不能告诉你”

一定不要说“我知道，但我不能告诉你”，否则，朋友是会挖空心思从你口中套秘密的。如果你掉入陷阱，那就赶紧转移话题吧，但愿你的朋友不再追问。

想象后果，避免伤害

你有没有泄露秘密之后深感内疚的经历？一旦多嘴，将秘密泄露，就没办法挽回了，肯定会给别人造成伤害。下一次再有冲动说出秘密时，想一想那种心里七上八下的感觉有多折磨人。怎么样，嘴巴是不是很神奇地闭上了？

谨记“言多必失”

俗语说：“嘴巴不牢，大船沉掉。”这句话最初是警告人们在作战时不要走漏风声，以免被敌军听到。下次忍不住要说秘密的时候，就把这句话在心中默念3遍，省得再泄密。

不告诉任何人

保密就意味着不告诉任何人，包括妈妈、姐妹以及好朋友。如果你感觉自己难以保守某个天大的秘密，那就跟小猫、小狗说说吧，记住，一定要小声！

如何隐藏你的秘密文件

每个女孩都有一些秘密文件不想让别人看到。下面介绍了一种简单的方法，可以将你的秘密文件放置在一个安全的地方，防止他人偷窥。

你需要用到以下物品：

◎ 一只带有螺旋盖的大玻璃罐。

◎ 一个卫生纸卷筒。

◎ 一把剪刀。

◎ 纽扣、玻璃珠或糖果。

操作方法：

❶将卫生纸卷筒放置在玻璃罐旁，在卷筒上标记出罐子的高度。

❷将卷筒沿着你做出标记的位置横向剪裁，保留与罐子同高的部分。

❸将卷筒立着放入玻璃罐中。卷筒的顶端应该正好位于玻璃罐顶端的下方，这样你就可以将盖子拧紧了。

❹用纽扣、玻璃珠或糖果将卷筒周围的空隙填满，直到卷

筒被完全遮盖为止。

❺将你的秘密文件塞进卷筒里，拧紧盖子，这样你的秘密文件就可以被安全地封存起来了。

如何放心地把你的心事分享出去

对自己的心事总是守口如瓶也不好，有时候，跟他人说说自己对某件事的感受，非但不会让情况更糟，说不定会对你有帮助。如果你想将自己的心事向别人一吐为快，那就谨遵下面的 4 条黄金法则吧！

法则 1：千万不要通过电子邮件或者短信将心事告知朋友。说不定你会误发给他人，你的朋友也有可能将你的邮件误转给他人。心事还是面对面说比较好。

法则 2：确定你没选错人。你相信对方会认真帮你保守秘密吗？对方是不是那种什么都不放在心上、胡乱开玩笑的人呢？有时候，将心事告诉真正关心你的成年人可能更好。

法则 3：时间要选对。要在只有你和对方的时候，且要确定在这段时间内没人打扰你们，再分享你的心事。比如说，放学后一起回家的路上或家里只有你和妈妈，没有他人的时候。

法则 4：确定对方明白你很信任他，愿意告诉他一些私密的事情，而且只会对他说。如果他明白这对你来说很重要，就不太可能和他人“八卦”了。

如何提取指纹

你是否需要亲自在“犯罪现场”执行调查任务呢？指纹可以显示出谁曾经摸过饼干瓶，谁曾经偷窥过你的私密日记本。

你需要用到以下物品：

◎ 一些细粉（滑石粉或可可粉都有不错的效果）。

◎ 一支画笔、一些透明胶带、一张卡片。

操作方法：

❶从木纹状的表面，诸如木头桌面上提取指纹十分困难。因此，尽量寻找那些在光滑、闪亮的表面上留下的指纹，如镜面或玻璃表面。

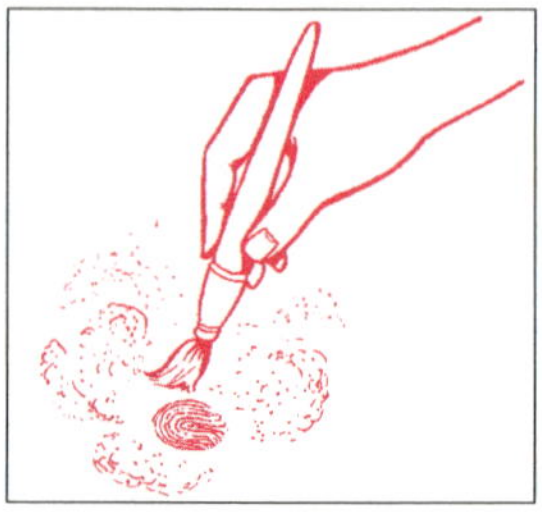

❷尽可能动作轻柔、平稳地用画笔在指纹表面上刷一些细粉，将多余的细粉吹掉。

❸剪下一段胶带并用它将指纹覆盖住，沿着侧边有黏性的一面粘贴。在用胶带将指纹提取出来之前，先将胶带在指纹区域压平。

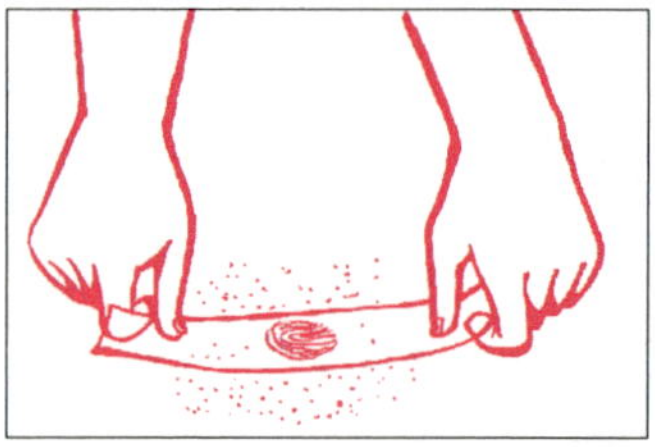

❹将印有指纹的胶带粘贴在卡片上。如果你使用的是可可粉，那就选择白色的卡片：如果你使用的是滑石粉，就选择深色的卡片。

现在，你需要破解出你提取的指纹属于谁，这意味着你要提取所有“嫌疑人”的指纹。

首先，你需要准备一盒印泥和一些白纸。然后让所有“嫌疑人”动作轻柔地将他们的每根手指在印泥上按压，接着再将指纹按压到白纸上，这样指纹就不容易被弄脏啦！

最后，用放大镜将你收集到的所有指纹和你提取的那个指纹进行比对，你就能发现完全匹配的指纹并找到“罪犯”了。

如何学会读心术

向朋友秀几招读心术，一定会给他们留下深刻印象，你的能力也会让他们惊讶不已。当然不需要什么超自然的能力，明白真相后你会感觉很简单，只是不要透露其中的秘密。

猜名字

把朋友聚到一起，让他们每人想一位名人，然后说出名人的名字。比如第一个朋友提到“大卫·贝克汉姆”，你将这个名字写下来，丢进帽子里。

现在大家依次说出他们想到的名人的名字。你假装把这些名字一一写在不同的纸上，然后丢进帽子里。注意，这个时候你并没有真正把每个名字都写下来，而只是重复写下了第一个朋友说出的名字。

现在让一个朋友从帽子里抽出一张纸条，告诉他不要跟你说纸条上写的名字是什么。

你可以抬起头，假装陷入了沉思。然后告诉大家你可以猜测出朋友手中那张纸上的名字。在一张较大的卡片上写下“大卫·贝克汉姆”，给大家看，让抽纸条的那个朋友也把他手中的名字给大家看。好了，朋友们发现你猜对了，肯定一个个满脸惊讶。

这个小把戏只玩一遍就可以了，而且结束后一定要记得把纸条都撕碎，这样才能守住其中的秘密。

指出来

这个小把戏需要一个知情者做你的助手配合一下。让朋友到你的卧室里，告诉他们你会出去，然后让他们每人从卧室里选择一种物品。等你回来后，猜出他们选的是哪些物品。

先离开卧室，等他们喊你的时候再进去，你的助手会指向卧室里的不同物品，问你是不是他们选择的。你都猜对了，朋友们一定惊讶极了。

这个小把戏的秘密其实很简单。你的助手在指向他们所选的物品之前，会指向一个有腿的物品，如椅子、桌子等，这样你就知道下一个就是他们所选的物品了。

如何玩转别样的“真心话大冒险”游戏

玩“真心话大冒险”游戏可以更好地了解朋友，还可以知道他们死死守护的秘密。不过，要准备好，小心自己说漏嘴……

你需要用到以下物品：

◎ 一只干净的空玻璃瓶。

◎ 一支笔，若干张纸。

操作方法：

❶至少三人参与。和朋友围坐成一个圈，把瓶子平放在圆圈正中心的地面上。

❷由一个人转瓶子。

❸瓶子停下来，瓶口指向的那个人要说三个秘密，当然，其中只有一个是真的。然后他把真正的秘密写在纸上，藏起来，不让其他人看。

比如，他可能这么说：

“有一次我忘了换鞋，直接穿着拖鞋去上学了。”

“爸爸妈妈给我起名叫‘格特鲁德’，上学后我自己改了个名字。”

“有一次我给小狗喂了冰激凌，结果它生病了。”

❹其他人开始猜哪个秘密是真的。大家可以一起讨论，说出自己的想法，但最后要达成一致意见。如果没猜对，说秘密的人就不必告诉大家哪个是真的；如果猜对了，说秘密的人必须把那张纸拿出来，证明大家猜对了。然后要么再说一个真的秘密，要么接受惩罚。下面这些惩罚措施都不错，可以试试看：

捏着鼻子原地转 50 圈，之后走直线；用某地的方言说一句话；接下来的 10 分钟不许说话……

❺说秘密者透露新的秘密或接受惩罚之后，他可以转动瓶子，寻找新的秘密透露者。

如何制作设计感十足的日记本

记录秘密的日记本一定要非常精美。按照下面的步骤，做一个设计感十足的日记本，记录下自己的秘密吧！

你需要用到以下物品：

◎ 一本螺旋装订的活页日记本（不超过 A5 纸大小）、两张硬卡片。

◎ 胶水、软纸或泡沫纸一张、报纸。

◎ 一块布料（颜色是自己最喜欢的，布料一定不要透明）、两根缎带（每根大约 50 厘米长）。

◎ 尺子、剪刀。

◎ 若干小饰品（如金属片、珠子、纽扣、金色或银色的小星星等）。

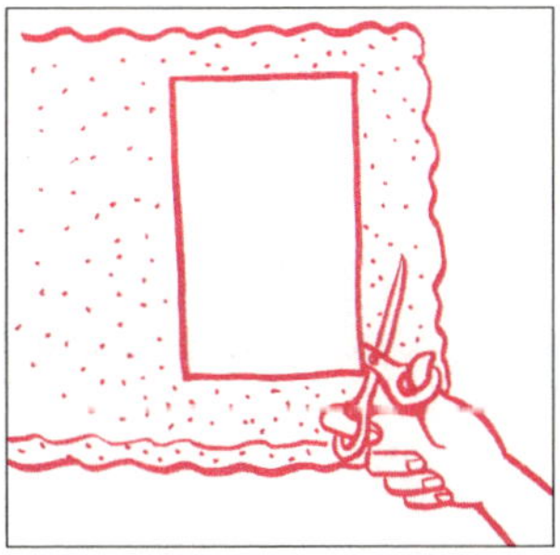

操作方法：

❶用尺子量出日记本封面的长和宽。按照这个尺寸，剪出两张大小相同的硬卡片。

❷将胶水涂抹在卡片上，然后将卡片粘在软纸或泡沫纸上，沿着卡片的边缘将多余的软纸或泡沫纸剪掉。两张卡片都是同样的步骤。

❸在布料上剪两个长方形，且每一块长方形布料的长和宽都要比卡片多出 5 厘米左右。

❹在工作台上铺好报纸，以免胶水粘在工作台上。在其中一块裁剪好的布料上涂满胶水，然后将卡片放在布料中心，卡片的一面朝上，使劲儿按压，让其与布料紧紧粘在一起。另一块布料重复同样的步骤。

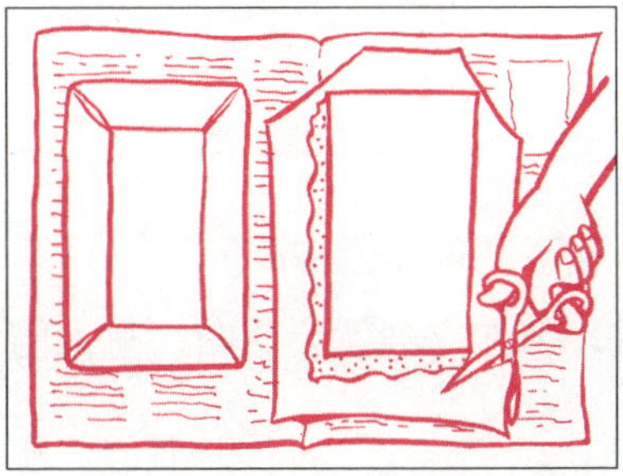

❺如左图所示，将每块布料的四个角裁剪，然后将布料折叠在有软衬的一面，多涂些胶水，将边角粘牢。

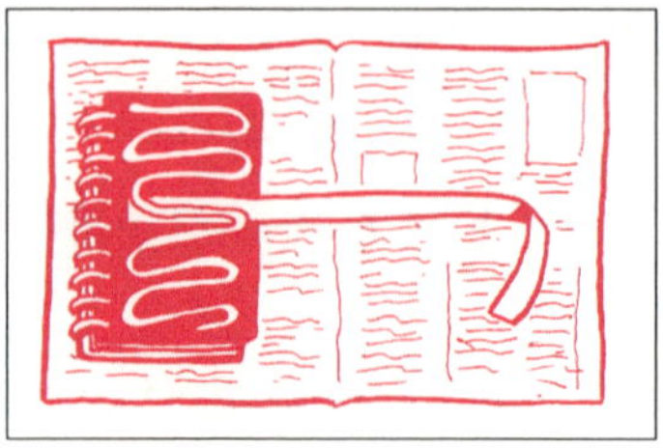

❻在活页日记本的封面上涂满胶水，将一根缎带横着贴在上面，边缘留出足够的长度，以便合上日记本之后，留出的缎带能系起来。

❼将一张卡片覆盖在缎带上面，紧紧贴住日记本的封面，使劲按压。封底也是同样的步骤。

❽将日记本晾一晾，让胶水干透。

❾胶水干透后，用金色或银色的星星、金属片、小珠子等小饰品在日记本的封面与封底摆好自己喜欢的图案，然后用胶水将它们固定。

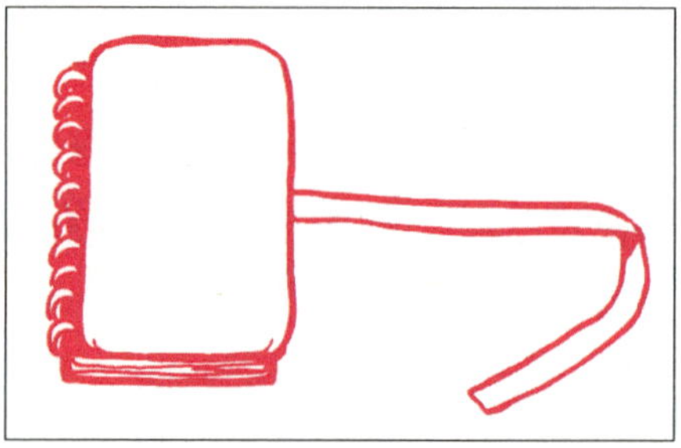

❿将两根缎带系成漂亮的蝴蝶结，合上日记本。最后，在日记本的边缘将六颗纽扣摆成一排，钉好。在布料上钉纽扣不仅美观，还可以用来设定密码，以免有人翻看你的日记本。

小贴士：你可以学做一个颜色密码锁。

方法如下：

❶找五根较粗的橡皮筋或长一些的辫绳。每两根一个颜色，剩余的一根一个颜色，一共三种颜色。

❷将橡皮筋仔细捆在日记本上，每根橡皮筋都捆在钉好的纽扣之间，按照一定顺序捆扎，这个顺序只有你自己知道。比如，你可以尝试下面这个顺序：顶部两条绿色橡皮筋、中间一条黄色橡皮筋、底下两条蓝色橡皮筋。

如果下次拿出日记本时发现橡皮筋的顺序不对，那你立刻就会明白，有人偷偷看了你的日记！

如何将日记本藏起来

学学下面的方法，看看哪些可以做，哪些不可以做，这样你的日记本就会安安全全，不会被发现。

做个“诱饵”——用一本假日记转移他人的注意力，你的真日记也就安全了。在一本颜色鲜艳的书上写下大大的“日记”二字，然后在书里面胡乱写一些容易让人相信的假信息。如果偷窥者信以为真，他就上当了。

想要写日记的时候，一定要用另一本书挡在日记本外面做掩护。如果有人问你在干吗，就告诉对方你在做家庭作业。

如果不准备写日记，就不要随意拿出日记本。不要放在包里四处带。如果有人发现了，那你的秘密就露馅了。

不要把日记本藏在枕头下，这个地方太明显了。找一件不穿的旧大衣，将日记本塞进大衣口袋，然后把大衣挂在衣橱最里面。放心吧，没有人会想起来往那儿看。

如何知道是否有人动了你的日记

日记本不在原地了！是不是有人偷看了？教你几招，赶紧把偷窥者抓住吧！

被动的可不只是一根头发。取一根头发——发梳上肯定有。将头发的一端夹在日记本封面和第一页内文之间，另一端夹在封底和最后一页之间，日记本还藏在平时的地方。下次翻看日记本的时候，头发应该还在，如果不在，那就说明有人未经允许动了你的东西。

粉末线索。在最后写日记的那一页撒一些滑石粉，量不要太多，这样才不容易被发现。合上日记本，去忙自己的事。如果有人偷看了，下次你翻看日记的时候就会发现，你放日记本的附近有滑石粉的痕迹。

给偷窥者的建议。在日记里写一些假信息。比如，如果你认为偷看日记的是你弟弟，那就这么写："我希望本（弟弟的名字）可以时不时给我买些糖，这样我就会让他用我的电脑啦。"如果弟弟出乎意料地给你买糖了，那就说明他中招了。

如何成立闺蜜社团

成立闺蜜社团可以组织很多精彩的冒险活动，设计一些神秘又有趣的小环节，让闺蜜们都兴致勃勃地参与进来吧！下面就是成立闺蜜社团的方法。

邀请大家参与

只邀请你最信任的朋友加入社团，最好选那些善于保守秘密的人。

要发邀请函，上面详细写出你们第一次集合的时间和地点。要确保信息绝对安全，可以用隐形字（具体参考"如何写出隐形字"）写在每张邀请函上。

邀请函上尽可能少透露信息。给自己和其他成员起代码名字，身份要保密。

> • 请您出席明天下午4点半在我家召开的绝密会议，请确保无人跟踪。
>
> • 给俱乐部起名，想好一个名字，不用写下来。
>
> • 今天下午6点钟暗号会以短信形式发给你，到我家时请说暗号。
>
> 粉红小姐

选择一个秘密暗号

你需要选择一个秘密暗号，社团成员进入社团时要说出暗号才行。暗号要选择不太常用的词，比如"树袋熊""棒棒糖"等。在邀请上写明通知大家暗号的时间。按照预先说好的时间，给大家发短信，短信中只有暗号。

第一次开会

开会当天，在门口放一个便签本和一支铅笔，每个成员到门口时，请她在纸上写出秘密暗号，然后从门缝里塞进来。如果暗号对了，就让她进来。如果不知道暗号，就不能开门。

第一次开会时，要选出社团的负责人，也就是以后负责组织大家开会并确保每个人都有机会发言的那个人。还得选出书写最漂亮的人，由她来做会议记录。

选名字游戏

大家到齐后，让每个人说出自己认为俱乐部应该叫什么名字，然后投票，票数最多的名字胜出。可以试着多想几个名字，让好点子多多涌现。比如“秘密姐妹团”“少女特别行动队”等都不错。

徽标设计

如果俱乐部十分正式，就得建立自己的秘密身份。设计一个徽标，也就是能够代表俱乐部精神的简单图案。将徽标用在和俱乐部相关的信息上，比如下次发秘密信息通知大家开会的时候就可以使用。

俱乐部规定

俱乐部的规定是为了保证大家都能保密。每个成员都要大声读出俱乐部的规定，发誓遵守这些规定。对于成员来说，遵守以下规定很重要。

◎ 俱乐部成员不在场时，不要讨论和俱乐部相关的事情。

◎ 提到其他成员时，只用代码称呼。

◎ 前去开会时，一定要确保没有被他人跟踪。

◎ 安全第一。如果某项秘密任务会让你或他人陷入危险，千万不要去做。

如何传递秘密信息

你有秘密想要告诉朋友，但又怕被别人发现。按照下面的方法去做，你和朋友就可以将秘密保护好，不会被别人发现了。

不起眼的文章

秘密书写。读报纸上的某篇文章，然后找一支笔尖很细的钢笔，在你需要的字母下面点针孔大小的点，这些字母按照顺序组合，就是你要传递的秘密信息。然后将报纸递给朋友，告诉他某一页（此处写下具体的页码即可）有一篇文章很有趣。他只要按照顺序将那一页有记号的字母写下来，就知道你要告诉他什么了。

将秘密贴进去。告诉朋友你想借给他一本书，你知道他一定喜欢。在把书给他之前，将秘密信息写在便利贴上，夹在书的中间，等他翻到那一页的时候，就会发现里面的秘密信息了。

秘密情报投放处

相框。下次需要告诉朋友秘密信息的时候，只要照一张你们俩的合影，然后卡在相框里就行了。照片要稍微能够晃动，将秘密信息藏在照片后，把相框交给朋友。以后需要藏秘密信息时，可以继续使用相框，你的朋友只要发现相框里的照片可以晃动，就明白有新信息了。

丝带互动。就算和朋友不在一个房间，也可以传递秘密信息哦。告诉朋友，含有秘密信息的信就在公园里的红色丝带附近，是专门写给他的。

趁没人的时候，把信埋在秋千的后面，然后在秋千架子上系一条红色丝带，朋友看到的话，就知道自己找对地方了。把信埋好后，回

家给朋友发短信，告诉他可以去找你们的秘密信件了。

谨记：不管去哪儿，都要告诉家长，天黑后不要一个人去公园。

如何保守通信秘密

如果你掌握了制作隐形墨水并让它再次显现的技能，你就可以和你的朋友秘密通信了。任何不知道这个秘密的人看到的将是一张白纸。

将同等分量的水和小苏打混合在一起，放入碗中。一点儿水和小苏打就可以维持很久的效果，所以你并不需要很多。将牙签或棉签浸泡在混合物里，之后就可以在纸上写信了。等字迹干了，纸上什么也没有，又恢复了原样。

要让纸上的内容显示出来，你只要将纸举到灯泡下方即可（不要接触到灯泡，否则会将纸烧焦）。当灯泡散发的热度加热小苏打产生化学反应时，你会看到纸上出现了棕色的字迹。

让信里的内容显示出来的另一种方法是，用油漆刷将一些紫色的葡萄汁刷到纸上。小苏打和葡萄汁会产生反应，从而改变字迹的颜色。

现在，你可以秘密地和朋友写信交流了。

如何制作秘密小口袋

用秘密口袋藏东西再好不过了，秘密纸条、钥匙、午餐费都可以藏入其中。按照下面的方法做个秘密口袋，随身携带小秘密吧！

你需要用到以下物品：

◎ 一双完好无损的短袜、一双穿破了的旧短袜（两双短袜颜色要相同）。

◎ 和袜子相同颜色的线、针、别针若干、裁缝剪刀、尺子。

操作方法：

❶取完好无损的短袜，将其中一只平铺在地板上，量出袜桩的宽度。

❷从旧短袜上剪下一块布，宽度与第一只的袜桩相同，高度为 5 厘米。

❸把袜子的里面翻过来，平铺在地板上。

❹将剪好的那块布别在袜子上，确保别针没有穿透袜子的另一面。

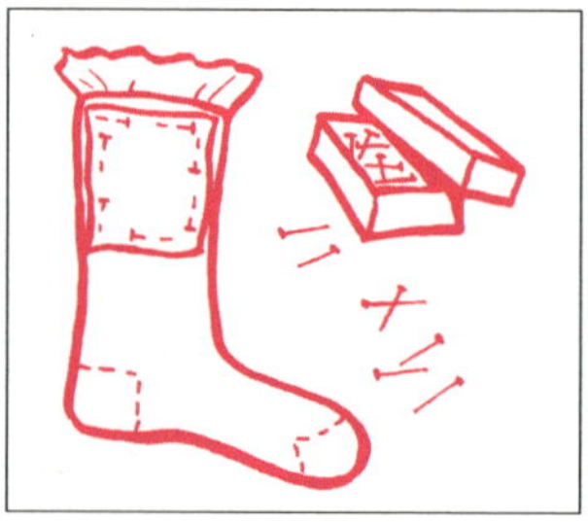

❺用针线围绕布块将底边和两个侧边全都缝好，顶端不缝，作为秘密口袋的开口。注意不要把袜子的另一面缝在一起。

小贴士： 针脚要小、要密，这样走路的时候放在口袋里的东西才不会漏出来。

❻缝好后将线打双结，以免穿的时候布块脱落。

❼将袜子翻过来，穿上脚。好了，伸手摸摸，把小秘密藏进去吧！

如何用传统暗语交流

过去，男人和女人是不允许在公开场合相互说话的。人们因此特地发明了暗语，通过这种方式交流。

下面就是现代版的暗语，你可以用这个偷偷和好朋友交流。

花 语

按照传统，作为礼物，不同的花表达的意义也不同。下面是最新的花语信息，学习一下吧！

◎ 一朵玫瑰的花语是“真爱”。

◎ 一束精选的金凤花的花语是“我心情不好的时候，你总能让我振作起来”。

◎ 粉色康乃馨的花语是“我永远都不会忘记你”。

◎ 常春藤表示你会永远忠诚。

◎ 黄色玫瑰表示你有些妒忌。

◎ 葵花的花语是“我希望你所有美梦都成真”。

扇子的秘密

在英国的维多利亚时代，对女士们来说，手里拿的精美的扇子并不是用来扇风的，而是传递信息的，扇子的位置不同，传递的秘密信息也不同。

不妨将这种扇子语言改进一下，用钢笔取代扇子试试看。

◎ 用笔的一端轻敲手掌，意思是“找个理由到外面去，我想和你说说话”。

◎ 用笔轻敲桌子，意思是“小心哦，你说漏嘴了，赶紧住口”。

和朋友一起发明更多的暗语，大家一起使用吧！

如何通过握手传递秘密信号

偶遇朋友，上前打招呼的方式可以很酷，比如用只有你们俩才明白的秘密方式握手。下面的几种方式都可以尝试，掌握之后，你也可以创造属于自己的绝密握手方式。

好闺蜜

糟糕，闯祸了

近来怎样

如何制作颜色暗语表

用颜色做暗语可以将秘密信息传递给朋友。下面就是一些颜色代表的含义。

	传统意义	颜色暗语
红色	代表诚挚的爱	如果你想让友谊天长地久，就送对方一份红色的礼物吧！
蓝色	代表和平与宁静	如果你们之间有过争执，就送对方一份蓝色的礼物吧！上半身穿蓝色（围巾、T恤或羊绒衫），代表“我很抱歉”；下半身穿蓝色（紧身裤、短裙、裤子或鞋子），代表“我原谅你了”。
黄色	让人精神振奋	如果你和对方在一起很开心，总是咯咯笑个不停，那就送给对方一份黄色的礼物吧。小组或者俱乐部开会、聚会或旅行时，大家都应该穿黄色衣服，表示都属于某一集体。

有些颜色有一些传统意义，而且与特定的情感有关。不过，你可以赋予一些颜色只有你和朋友才理解的新含义。

绿色	会带来好运	送对方绿色礼物，就是在说“很幸运有你这样的朋友”。穿绿色服饰可以带来好运，比如T恤外面穿绿色背心，穿绿色袜子，等等。
白色	代表成功或胜利，也代表有秘密	如果你充分信任对方，就送一份白色礼物给对方吧！包包或手腕上系白色缎带表示你有秘密。大型比赛的当天穿白色T恤，会给你们队带来好运。
粉色	代表美丽、奢华	如果你觉得对方秀外慧中，那就送给对方一份粉色礼物吧！扎两条发辫，用粉色辫绳系好，说明你特别想让好朋友到你家里来，把她打扮得美美的。

如何制作一个秘密的图书保险箱

你需要一个绝对隐蔽的地方藏日记本吗？试试下面的做法，很经典哦。好了，开始秘密行动吧……

你需要用到以下物品：

◎ 一本精装版的书，要比你的日记本略大、略厚（到当地的二手商店找找，最好找一本看上去特别旧的）。

◎ 一张卡片、一把剪刀。

操作方法：

❶在卡片上画一个长方形，比精装版的书页长宽各小2 厘米，裁剪下来制作模板。

❷打开书，将靠前面的几页对折，做法如右上图所示。将模板放在折叠好的书页上，然后沿着边缘画线。

❸按照画的线裁剪折叠好的书页。

❹重复步骤 2 和步骤 3，直到挖空书中大部分书页。然后将日记本塞到剪好的洞里，合上书。

❺最后，将这本假书放在书架上，和其他书摆在一起，谁也不会想到这本书里面会暗藏玄机哦。

如何制作一条暗藏机密的友谊手链

给好朋友做一条含有特殊颜色暗语的友谊手链吧！参考“如何制作颜色暗语表”，选出可以总结你们友谊特征的三种颜色。然后用这三种颜色的线编手链，让好朋友知道，他对你来说多么与众不同。

你需要用到以下物品：

◎ 四条边长约为 25 厘米的卡片。

◎ 柔软的绣花线（三种颜色）、剪刀。

操作方法：

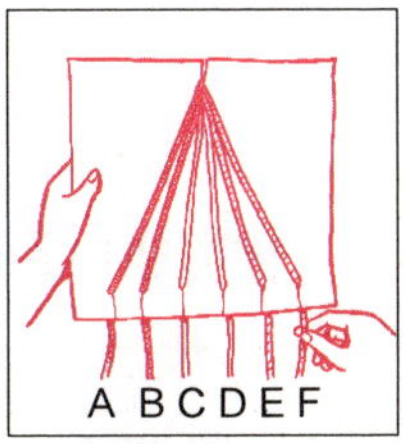

❶剪六根绣花线，每根线大约 1 米长，每种颜色两根。将这六根线的一端打结系在一起，末端留出 10 厘米。

❷卡片的顶端剪个 5 厘米长的口子，末端剪六个 5 厘米长的口子，且两两相隔大约 2 厘米的距离。

❸将打好的线结卡在卡片顶端的口子上，将六根线分别固定在卡片底端的口子上，同种颜色的两根线挨在一起。

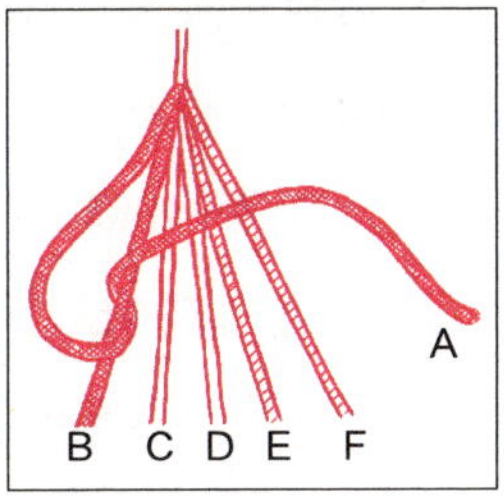

❹将 A 线压在 B 线上。

❺将 A 线绕到 B 线下面，如右图所示。轻轻拉紧，绕出的结靠近顶端。将 B 线拉回最左边。重复这一步骤，在 A 线上再绕出一个结。

❻按照上述步骤，每根线都朝左边那根线绕过去，绕出结，靠近顶端，六根线始终分开。

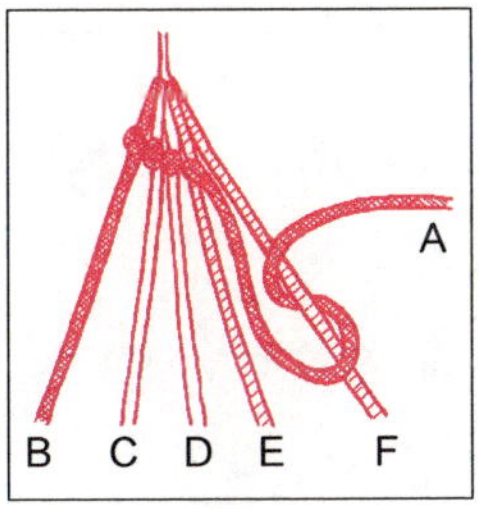

❼继续用 A 线在其他线上绕结，每条线都是绕两个，直到把 A 线拉到最右边为止，如左图所示。

❽按照 4～7 的步骤，开始绕 B 线。

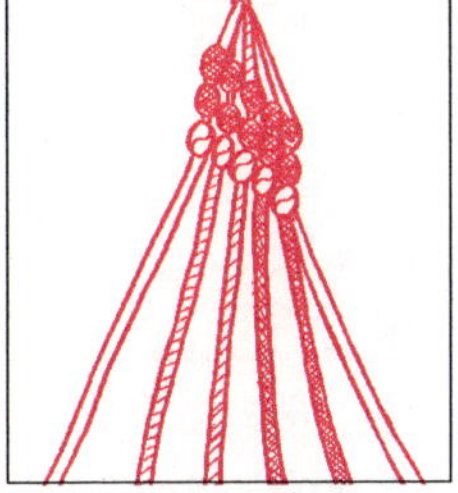

❾按照 4～7 的步骤，分别绕 C 线、D 线、E 线和 F 线。慢慢绕，六根线会呈现出漂亮的条纹图案。

❿编出的手链长度对手腕来说足够长时，将六根线一起打结，留出 10 厘米左右不编。

制作暗语珠并完成友谊手链

制作暗语珠，给手链增添一些私密信息。

你需要用到以下物品：

◎ 烤盘，较大的搅拌碗一只，小碗三只，50 克盐，150 克筛好的纯面粉，150 毫升温水，三只塑料食品袋，三支穿肉扦，PVA 胶水，一只小刷子，凡士林，三种不同颜色的食品着色剂，纸和笔，用于装饰的金属片、小亮片。

操作方法：

❶在纸上画一张颜色图表，给每种颜色的食品着色剂分别赋予特殊的含义，比如：

紫色：谢谢你对我的帮助。

橙色：你烤的蛋糕最美味。

蓝绿色：你总是对他人特别友好。

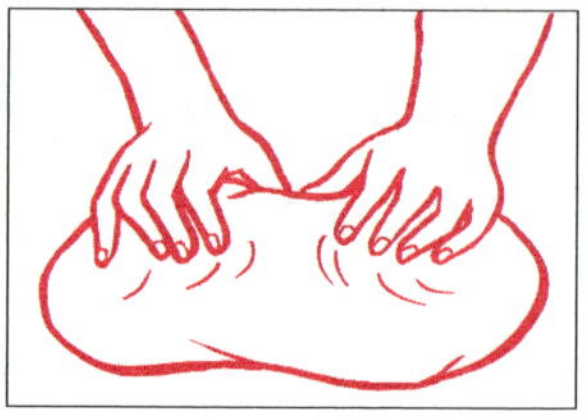

❷将面粉和盐搅拌在一起，慢慢往里面加水，不停搅拌，揉成柔软的面团。

❸将面团分到三只小碗里，每只小碗里分别加几滴不同颜色的食品着色剂，充分和面团混合。

❹把三种颜色的面团分别装在三个塑料袋里，在温暖的房间里放 30 分钟，让面团稍微发酵，变得更加柔软，这样更有利于制作出不同的形状。

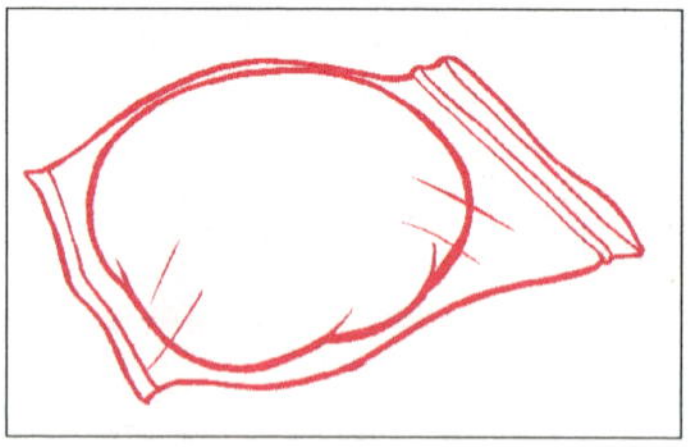

❺从面团上扯一小块，用手掌搓成小圆珠，直到将每种颜色的面团都搓成小圆珠。

❻在穿肉扦上涂抹凡士林，将小圆珠穿在穿肉扦上，然后在小圆珠上随意贴些金属片。

❼将穿好的穿肉扦放在烤盘上，放入烤箱，温度设定在 150 摄氏度，烘烤 30 分钟，直至小圆珠变硬。

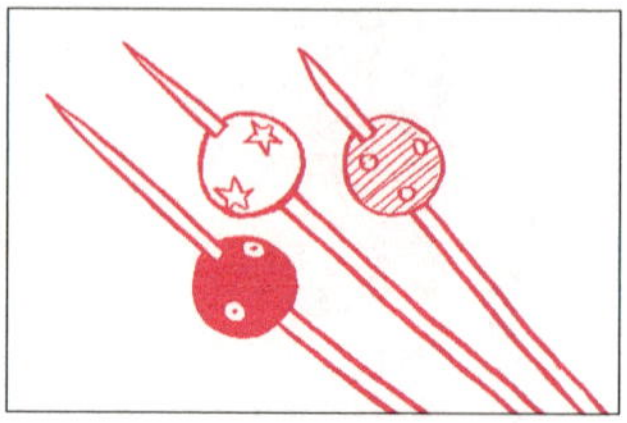

小贴士：使用烤箱时一定要让家长帮忙，一定要戴防烫手套。

❽将烤好的小圆珠放凉后从穿肉扦上拿下来，在外面涂上 PVA 胶水，增加珠子的光泽度。

❾等胶水干透后，把小圆珠穿在编好的手链剩下的 10 厘米的线上，然后打个较大的结固定。末端依然留出一段垂下来，以方便朋友戴手链的时候系在手腕上。

❿用事先准备好的颜色图案纸将手链包装起来，大功告成，可以送给朋友啦！

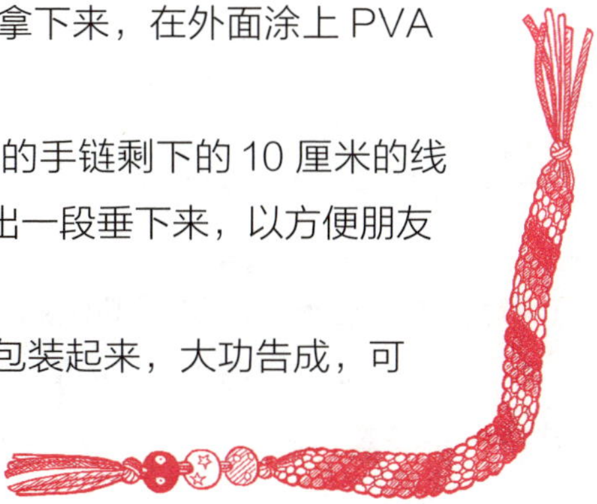

如何玩“秘密任务”游戏

“秘密任务”游戏适合在某个人生日派对的时候玩，因为生日派对时游戏的奖品也会很可爱。“秘密任务”游戏需要事先做好准备。设定一系列需要破解的线索，引导朋友到你选好的秘密地点，也就是放置奖品的地方。具体玩法如下。

❶游戏开始前先想好一个希望朋友们最终可以找到的秘密地点，可以是公园、花园或任何适合玩这个游戏的地方。将游戏用具如跳绳、羽毛球拍或者其他可以和朋友一起玩的东西藏在你选定的秘密地点。

❷写出可以引导朋友一步步到达秘密地点的线索并且藏好。举例如下：

线索 1： 下一条线索是在一处有水且有很多珍贵水生生物的地方。（鱼缸旁边）

线索 2： 寻找动画片《海底沉舟》的明星。（兔笼里）

线索 3： 找到花园里最高的那棵树。（最高的那棵树的树底下）

线索 4： 下一条线索在既有美味又寒冷的地方。（冰箱背后）

线索 5：小心，不要坐在这条线索上。（在沙发垫下面）

在最后一条线索中透露想让大家找到的最终地点。

❸给每个人一个密封好的信封，上面写着"绝密"二字。信的内容完全一样，即秘密任务以及第一条线索。

亲爱的朋友：

你的秘密任务是寻找线索。如果所有的线索都找到了，你就可以找到秘密地点，游戏就可以开始啦！你需要在 45 分钟内完成任务，45 分钟之后，快乐即将上演！

你的第一条线索就在这个信封里。祝你好运哦！

早早到达秘密地点，为派对游戏做好准备。给大家每人发一支派对烟花，庆祝任务成功完成。

如何从容大方地面对失败

如果曾经在最喜欢的比赛中输得很惨，你一定知道作为失败者的感觉。失败了一定不要歇斯底里地大哭，否则容易丢掉别人对你的尊重。看看下面的小技巧，学会大大方方面对失败吧！

❶如果你在艺术比赛中名落孙山了，千万别指着获胜的作品说些酸话，这样只会显得你小心眼。在获胜作品中找出你喜欢的三个方面，然后告诉其他人；听一听裁判对你的作品的评价，下次比赛的时候好好考虑一下；暗暗下定决心，明年比赛你还要参加，这样才会有提高水平的动力。从失败中学习才有助于将来获胜。

❷如果你在大型体育赛事中失败，比如是一场和另外一所学校举行的球赛，

一定要记得和获胜队的队员一一握手，以示对获胜者的尊重，即使心里不情愿也要这么做。这表明你很欣赏他们的技术，认可他们的成绩。

❸要学会自我批评，找出自己的不足之处。如果是舞蹈比赛，赛前你是否进行了充足的练习？头一天是否睡得太晚，以致比赛时精神不足？

失败并非坏事，重在参与。最终赢得比赛的人未必之前场场比赛都会获胜。他们也是经历了各种挫折和失败，越挫越勇，最终才获得了成功。

获胜并不代表一切。不管结果如何，都要保持良好的心态，毕竟，还有下一次机会。

如何使用符号语言

通过短信或电子邮件很容易发送秘密信息。和朋友商量好，在发送信息或邮件的时候只用以下方法，这样你们的信息就绝对私密了。

◎ 把句子倒着写，让偷看你收件箱的人一头雾水。比如，“和朋友商量好，发送信息或邮件的时候只用代码”这句话就可以写成“码代用只候时的件邮或息信送发，好量商友朋和”。

◎ 事先写出密钥并且告诉朋友，然后将真正的信息伪装起来再发送。

❶空白信息，意思是：“我有秘密要告诉你，有空的时候到我家来。”

❷信息只有一个字母“X”，意思是：“放学后召开紧急秘密会议。”

❸信息只有两个感叹号，意思是：“我今天很伤心，需要大家安慰鼓励。”

❹信息中将字母“O”重复 6 次，意思是：“我给你买了一个礼物。”

❺晚上 9:50 发送空白信息，意思是：“你没睡着吧？我要给你发莫尔斯电码信息喽，注意看窗外哦。”

如何写出隐形字

可以尝试写一些只有朋友才知道怎么看的隐秘信息。每次都用不同的书写方法，摆脱那些自以为破解了信息的偷窥者。

在湿纸上书写

❶将一张白纸浸入水中，然后铺在桌子上。

❷上面小心地覆盖一张干纸。

❸用圆珠笔在干纸上写下信息。

❹揭掉干纸，把湿纸晾干。

❺晾干后直接交给朋友并告诉朋友，要想知道纸上写了什么，只要把纸浸湿就可以了。对，就是这样！

小贴士：在给朋友发送隐形信息之前，一定要通过手机短信告诉朋友写隐形字的方法。如果是在湿纸上书写，就发送“湿”字。

化学反应

❶把等量的水和小苏打放在碗中，充分搅拌。

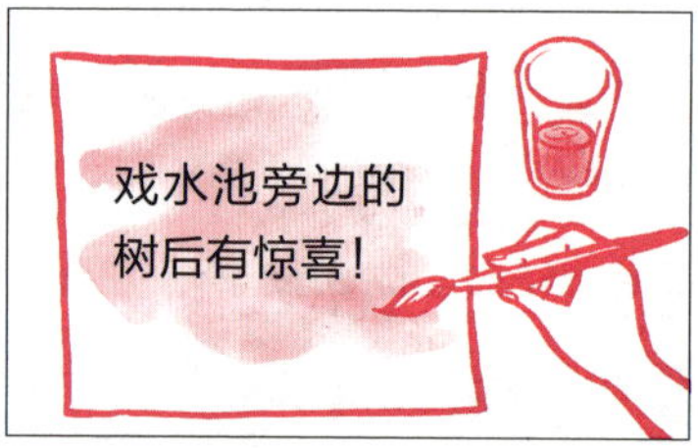

❷用玻璃笔蘸取溶液，当作笔使用，在白纸上写下你的秘密信息。

❸用短信给朋友发“葡萄”二字。意思是，要想看到信息，对方得在纸上涂一些葡萄汁，这样，经过化学反应，信息就会呈现出棕色。

可可粉编码

❶在一张白纸上将白色蜡烛当作铅笔写下秘密信息。

❷用短信给朋友发“蜡”这个字，意思是，要想看到信息，对方得在纸上撒一层可可粉，然后轻轻抹掉，这样信息就会奇迹般地显现出来。

如何给未来留些秘密

做个小箱子，里面装满自己的秘密，留给多年后的某个人去发现，怎么样？这就是留给未来的“时间囊”。

你需要用到以下物品：

◎ 一只大罐子或盒子，饼干罐、塑料质地的厨房储物盒都可以，但一定要有盖子。

◎ 封口胶纸、马克笔。

◎ 一些花朵、星星或其他装饰品。

◎ 留给未来的一些信息。

制作方法：

❶用花朵、星星或其他你喜欢的装饰品给罐子或盒子做的“时间囊”做装饰。在盖子上用马克笔写下“2050 年再打开”（具体时间可以自己定）。

❷等装饰一新的“时间囊”干透。

❸仔细想一想，你准备在“时间囊”里放哪些信息？未来发现“时间囊”的那个人通过这些信息可以了解到什么？以下这些都是不错的选择：报纸上的大标题，记录现在世界上发生的事情；你和朋友的照片；你最喜欢的电影及影星的图片；从杂志上剪下的自己最爱的服装款式；写给未来的信——信中要写出你是谁，你现在的生活是什么样子……

❹合上“时间囊”，用封口胶纸密封。

❺将“时间囊”藏起来，要保证在接下来的很多年里都不会被发现才行。比如，在花坛里挖个洞埋起来，或者藏在几乎不用的衣橱的最里面。也可以问问老师，全班同学是否可以一起做个“时间囊”，埋在学校的某个角落。

❻将“时间囊”藏起来之后，你需要做一份地图，以方便未来的“时间囊”发现者知道具体位置。

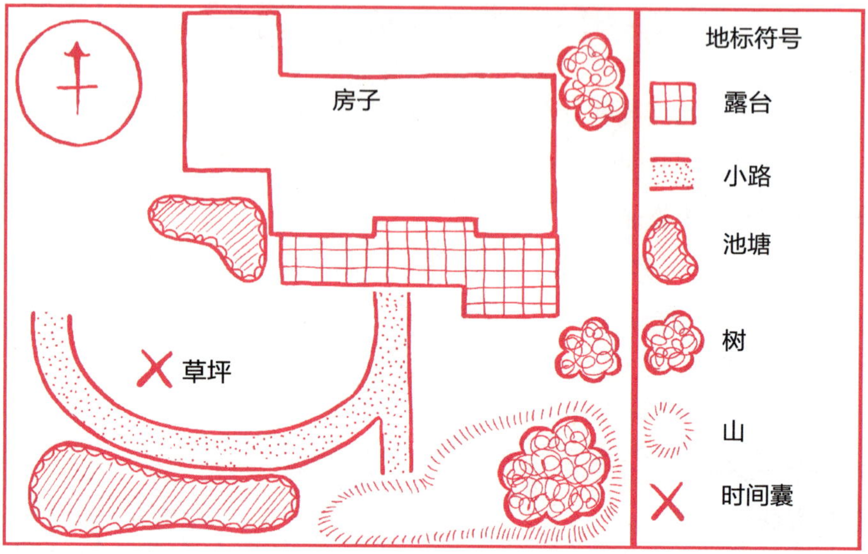

◎ 画一张你家附近花园或者房子的草图，想象着有人从空中俯瞰你家，按照这个方式画图。

◎ 在地图一侧写出以后可能还在的地标符号，如树、池塘等。如果是室内，要标清楚窗子和门的位置。在藏“时间囊”的地方用大大的“X”号标记。

◎ 为防止你做的地理标记未来有变，在地图的一角画出方向标，指示地图的方向。

◎ 将地图放在安全的位置，一定不要被别人看到。比如，你可以将“时间囊”埋在花园里，地图藏在阁楼上、塞在床后，或者藏在楼梯下的橱柜里。

如何玩“秘密路线”游戏

如果和朋友在户外一起消磨下午时光，玩“秘密路线”游戏最适合不过了。为朋友设定好路线，让他们沿路线寻找，最先走到终点的可以获得奖品。

◎ 选择一处大家都熟知的地标建筑，如公园大门或喷泉，以此作为路线的起点。指明前进的方向，如果不是他们应该走的路，就在路中间堆放一小堆树枝、石子或树叶，提示他们应该往哪边走。

◎ 如果他们要走的道路在某处分岔了，就在岔路口用一块小石头压在一块大石头上。如果需要他们往右边岔路走，就在右边再放一块小石头；如果需要他们往左边岔路走，就在左边再放一块小石头。

◎ 每隔 20 步左右，在路上用小树枝或石子摆出箭头的形状，确保朋友走的路是正确的，或者在正确的道路旁找一棵树，用粉笔在树上做记号。

◎ 在路线的终点即埋藏奖品的地方，用树枝或石子摆出“X”号，指示路线结束，奖品就在此处。

如何做颜色暗语蛋糕

为朋友做一份蛋糕最能表达朋友在你心中多么重要。参考“如何制作颜色暗语表”一节，了解不同颜色代表的含义，从中选出三种颜色用于制作蛋糕上的糖衣。下面的食材分量可以做出九块蛋糕，特别适合举办派对邀请朋友们前来品尝噢。

你需要用到以下物品：

工具：一只长方形的蛋糕盒、防油纸、两只搅拌碗（一只大号，一只中号）、木制勺子、脱模刀、网架、切菜板、三只小碗。

蛋糕配料：黄油 250 克、精白砂糖 250 克、自发面粉 250 克、鸡蛋四枚。

含有颜色暗语信息的糖衣配料：黄油 100 克、糖霜 200 克、牛奶四茶匙、三种不同颜色的食物着色剂。

制作方法：

❶烤箱预热至 180 摄氏度。

❷在蛋糕盒里铺防油纸。

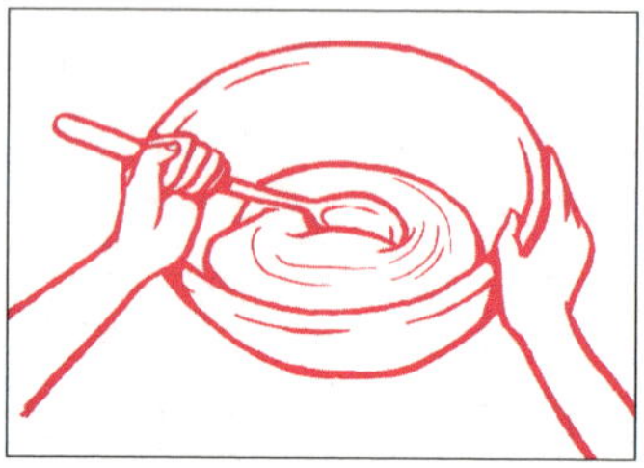

❸在较大的深平底锅或者微波炉里将黄油融化。

❹将所有蛋糕配料放在大号搅拌碗里，用木制勺子拌匀。

❺将混合好的配料倒入蛋糕盒，用勺背将表面抹平。

❻放入烤箱，烤 30 分钟，直到蛋糕变成金黄色并充分发起。

❼将蛋糕从烤箱中取出，让其冷却。

注意：使用烤箱时一定要让成年人帮忙，一定要戴隔热手套。

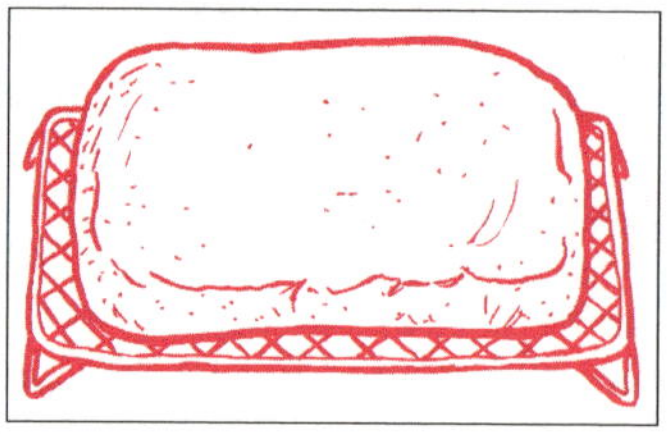

❽用脱模刀轻轻挑动蛋糕边缘，移至网架上，等其充分冷却后，揭掉防油纸。

❾开始制作糖衣，先把黄油、糖霜、牛奶在中号搅拌碗中搅拌成均匀的糊状。如果有需要，加几滴水，使其容易延展。

❿将混合好的配料分成三份，倒入三只小碗中，各加入一种颜色的食物着色剂。

⓫把蛋糕放在切菜板上，切成三份，分别涂抹一种颜色的糖衣配料。

⑫将每一份涂抹好的蛋糕切分成三小份。

现在就可以给不同朋友选择不同颜色的蛋糕了。

小贴士：朋友看到你为他们挑选的蛋糕颜色，就能明白你要表达的心意。

蓝色糖衣：你让我感觉很平静，很放松。和你在一起，我可以做真实的自己。
红色糖衣：你是我最好的朋友，我对你无话不说。
黄色糖衣：你能让我开怀大笑！和你在一起，我特别开心。

如何玩小把戏

下面介绍两个小把戏，在朋友或家人面前展示一番，一定很酷。当然，千万不要把背后的秘密透露出去。

水中取冰块

在装有水的玻璃杯里放入冰块，让朋友挑战一下是否可以不触碰冰块就将其取出来，工具只有一根线和一些盐。怎么样？朋友挑战成功了吗？

该你上场了。只要把线放在冰块中间，然后撒一些盐，大约 1 分钟，线就会粘在冰块上，扯住线的一端，就可以轻松地将冰块取出来了。

碗中找硬币

在大碗中将 500 克玉米淀粉和 100 毫升水混合。将一枚硬币投到碗底，让朋友挑战一下是否可以在 1 分钟之内找到硬币。如果朋友赢了，硬币就归他。

朋友肯定会忙着在碗里抓来抓去，可是，越抓越黏，最后手根本没办法迅速活动。这是因为，手在碗里快速搅动时，碗中的混合物会凝结成固体。

该你上场了。将手伸到混合物中，慢慢移动，寻找硬币。怎么样？是不是很快就抓到硬币了？

读者须知

书中所提供的信息，若操作不当，可能带来安全风险，请务必谨慎行事，确保安全。

要做到尽善尽美，你需要始终运用自己的常识，尤其是涉及火或者尖锐物体的时候。

一定要遵守安全警示，听从成年人的建议。离开家之前要取得大人的许可，尤其是去河边或交通繁忙的路边。在户外运动或探索时必须穿戴恰当的安全装备，在当地法律和法规的许可范围内行事。另外，还要多为他人考虑。